U0894783

本书由教育部人文社会科学研究青年基金项目“共生理论视阈下农村就业创业服务体系优化研究”（项目编号：19YJCZH196）、湖南省普通高校“十三五”专业综合改革试点项目资助

共生视阈下农村就业创业服务体系优化研究

谢秋山 著

中国社会科学出版社

图书在版编目（CIP）数据

共生视阈下农村就业创业服务体系优化研究/谢秋山著.
—北京：中国社会科学出版社，2023.4
ISBN 978-7-5227-1852-1

Ⅰ.①共… Ⅱ.①谢… Ⅲ.①农村—就业—研究—中国
②农村—创业—研究—中国 Ⅳ.①F323.6 ②F249.214

中国国家版本馆 CIP 数据核字(2023)第 076161 号

出 版 人 赵剑英
责任编辑 李庆红
责任校对 郝阳洋
责任印制 王 超

出 版 中国社会科学出版社
社 址 北京鼓楼西大街甲 158 号
邮 编 100720
网 址 http://www.csspw.cn
发 行 部 010-84083685
门 市 部 010-84029450
经 销 新华书店及其他书店

印 刷 北京君升印刷有限公司
装 订 廊坊市广阳区广增装订厂
版 次 2023 年 4 月第 1 版
印 次 2023 年 4 月第 1 次印刷

开 本 710×1000 1/16
印 张 14.25
插 页 2
字 数 213 千字
定 价 78.00 元

目　录

第一章　导论

第一节　研究背景与研究意义

一　研究背景

根据国家统计局公布的数据，截至2020年，我国仍有约5.1亿人口生活在农村，有约2.88亿劳动力人口在农村就业①。这部分农村就业人口能否实现高质量充分就业，不仅事关他们自身及其家庭美好生活向往的实现，也在宏观上影响农村脱贫和乡村振兴大计的实现，是缩小城乡差距和促进城乡共同繁荣的根本所在。而受到历史上城乡二元分割体制的遗留影响，农村劳动力在竞争性劳动力市场上往往处于弱势地位。他们不仅在人力资本和社会资本方面与城镇劳动力存在较大的差距，而且在城镇劳动力市场上还会受到诸多歧视，劳动就业机会相对较少、劳动就业质量偏低，劳动就业权益也难以获得保障。两个典型的表现就是经常见诸报端的就业流动性较强和农民工工资拖欠问题。这些都严重损害了农村劳动力的劳动就业权益，限制乃至剥夺了农村劳动力在劳动力市场上获得应有市场红利的机会。

更为重要的是，受到县域城镇化、乡村振兴、新生代农民工工作价值观转变等多重因素的共同影响，当前我国农村劳动力就业创业在结构、认知和需求等方面均已发生了显著变化，急需要政府通过政策

---

① 参见国家统计局网站，https：//data. stats. gov. cn/easyquery. htm？cn＝C01，2022年6月1日。

引导和服务提供来满足农村就业创业实践领域的新需求。首先，从就业结构上看，改革开放以来，伴随着国家城镇化战略的推进以及农村经济社会的发展，农村就业结构发生了翻天覆地的变化，日趋走向多元化。一方面，越来越多的农村劳动力从农业部门脱离出来，转向第二和第三产业就业。如图 1-1 所示，1978 年以后，农村第一产业就业人员所占比重总体呈持续下降趋势，越来越多的人转向第二和第三产业谋求发展，尤其是服务业领域就业持续增加。另一方面，农村劳动力在农村就业的具体行业领域也日益多样化，更多的农村劳动力脱离传统农业，进入其他农业农村资源依托型产业领域就业创业。根据农业农村部提供的数据，2019 年，我国农产品加工业营业收入超过 22 万亿元，规模以上农产品加工企业 8.1 万家，吸纳 3000 多万人就业；休闲农业接待游客 32 亿人次，营业收入超过 8500 亿元；农林牧渔专业及辅助性活动产值 6500 亿元；各类返乡入乡创新创业人员累计超过 850 万人，在乡创业人员超过 3100 万人①。一年后，即 2020 年，农产品加工业营业收入就增加到 23.2 万亿元；休闲农业、农林牧渔专业及辅助性活动、农村电商等营业收入超 3 万亿元②。

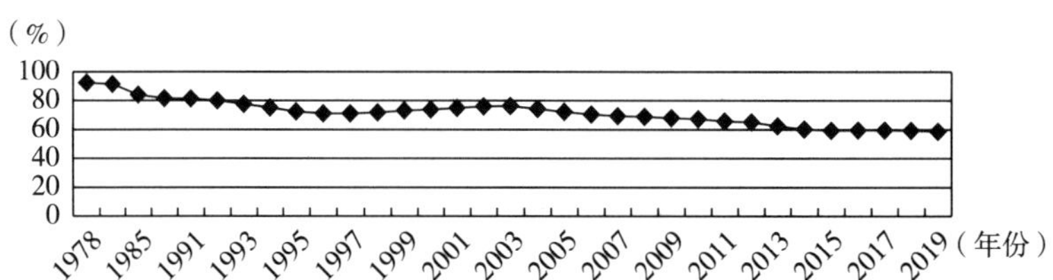

图 1-1　1978—2019 年我国农村第一产业从业人员占比趋势

资料来源：1979—2020 年《中国农村统计年鉴》。

其次，从就业认知角度看，伴随农村基础设施和公共服务建设国

① 农业农村部：《全国乡村产业发展规划（2020—2025 年）》（农产发［2020］4 号）。

② 参见《拓展农业多种功能提升乡村多元价值——农业农村部乡村产业发展司负责人就〈关于拓展农业多种功能促进乡村产业高质量发展的指导意见〉答问》，http：//www.xqj.moa.gov.cn/gzdt/202111/t20211118_6382484.htm，2021 年 11 月 18 日。

家投入的不断增加，以及县域和乡村产业的快速发展，就地就近在县域乃至农村就业创业，成为农村劳动力就业的重要选择，甚至成为一种新的趋势。尤其是近年来受到以“高房价”为代表的城市生活压力影响，农民对进城淘金发财的追求变得更加理性，返乡或留在家乡就业创业就成为越来越多农村劳动力的重要选择，进而使得农村劳动力流动呈现出明显的城乡“双向流动”趋势。这其中，不排除部分农村劳动力因年龄过大、技术缺乏等原因难以适应城市工作岗位要求而被迫回流的情况，但更为根本的原因可能还在于农民“进城梦”受挫和城乡居民生活水平差距不断缩小，农民对进城以外的其他人类需求有了更多的追求。如图 1-2 所示，近年来，农村劳动力进城务工收入虽然高于农村家庭经营收入，其增长却远远追赶不上城市住宅商品房价格增长的速度，加之受制度性因素影响农民工无法享受与城市居民同等的公共服务和社会保障，越来越多的进城务工农村劳动力意识到，“进城梦”并非唾手可得，甚至在很多大城市还显得遥不可及。一个最直接的表现就是越来越多的农民工生活方式从“两栖”变为“三栖”，即“打工在城市，老家在农村，新家在县城（或中心乡镇）”[①]。换而言之，县域，尤其是家乡所在的县城正取代大城市，成了越来越多农村劳动力生产生活的最终落脚点。

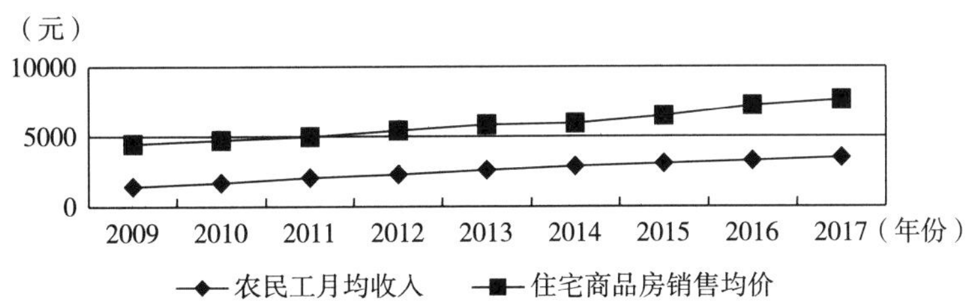

图 1-2 2009 年以来农民工月均收入与城市住宅商品房平均销售价格增长趋势比较

资料来源：国家统计局网站。

① 参见付光伟《从“两栖”到“三栖”：农民工生存方式的变化及其影响》，《西北农林科技大学学报》（社会科学版）2018 年第 3 期。

最后，从就业需求角度看，农村劳动力就业需求也发生了明显变化，高质量就业正在取代充分就业，逐渐成为农村劳动力群体的新诉求。不同于第一代农民工为代表的老一代农村劳动力满足于“打工”获得一份比“务农”更高的收入，以新生代农民工为代表的中青年农村劳动力越来越注重工作的体面。国家人力资源和社会保障部于2022年7月发布的《2022年第二季度全国招聘大于求职“最缺岗”的100个职业排行》显示：营销员、快递员、车工、商品营业员、市场营销专业人员、餐厅服务员、保安员、家政服务员、电子产品制版工、保洁员位列“最缺工”的前十位[①]。这些“最缺工”职业具有明显的低技能、低学历要求特征，绝大多数农村劳动力都能胜任这些工作岗位。之所以这些职业出现“招工难”问题，主要在于这些职业的就业质量相对较低，难以满足以新生代农民工为代表的中青年农村劳动力的“体面劳动”需求。换言之，这个“最缺岗”职业排行，从侧面印证了我国农村劳动力就业需求正在实现从充分就业到高质量就业的转变过程之中，包括农村劳动力在内的劳动力人口已经不再满足于“有一份工作”，还要“体面工作”。

总之，当前我国农村就业创业实践领域已经发生了巨大的变化，不仅给返乡就业创业和乡村产业振兴带来了更大规模就业，而且高质量就业正在成为农村劳动力就业的新诉求，并且这些新的就业诉求还与县域市民化和乡村振兴联系在一起，牵一发而动全身。然而，受到历史和经济发展水平等多方面不利因素影响，在我国农村就业创业实践领域发生巨大变化的同时，我国农村公共就业创业服务领域却依然存在着整体服务水平不高、服务质量较差等一系列制约乡村就业创业发展实践的突出问题，难以满足新时代农村劳动力日益多元化的就业创业服务需要，尤其是难以满足部分农村劳动力在县域乃至乡村追求高质量充分就业的需求。基于此，优化我国农村就业创业服务体系，为返乡下乡和本乡人员就业创业提供更多的服务支持就

---

① 人力资源社会保障部：《2022年第二季度全国招聘大于求职“最缺工”的100个职业排行》，http：//www. mohrs s. gov. cn/SYrlzyhshbzb/dongtaixinwen/buneiyaowen/rsxw/202207/t20220722_478921. html，2022年7月24日。

显得意义重大，而又势在必行。2015 年 4 月农业部办公厅发文明确指出，“农民创新创业服务能力尚待提高，服务体系尚不健全，制约了农民创新创业开展”①。为此，近年来，中央高度重视农村就业创业服务体系建设问题，在 2021 年 1 月《中共中央　国务院关于全面推进乡村振兴　加快农业农村现代化的意见》和 2021 年 8 月印发的《“十四五”就业促进规划》等中央文件中都一再强调，“推动公共就业服务向农村延伸”②，以解决农村就业创业服务能力不足问题。

很显然，通过建立健全农村就业创业服务体系，促进县域，尤其是农村就业创业，已经成为国家促进农村劳动力高质量充分就业的重要举措。尤其是党的十九大以后，中央多次发文强调，要建立健全农村就业创业服务体系，支持返乡下乡人员创新创业和农业转移劳动力在县域乃至农村就地就近就业。2017 年国务院印发《“十三五”促进就业规划》提出“加强基层公共就业创业服务平台建设，健全覆盖城乡的公共就业创业服务体系”③ 的建设目标。2018 年 4 月《农业农村部关于大力实施乡村就业创业促进行动的通知》指出，“实施乡村就业创业促进行动力，需要建立促进就业创业的政策体系、工作体系和服务体系”④。2021 年国务院印发《“十四五”就业促进规划》进一步提出要“推动公共就业服务向农村延伸，实现城乡公共就业服务便利共享。完善街道（乡镇）、社区（村）服务平台，构建覆盖城乡的公共就业服务网络”⑤。

中央政策文件和法律规章的密集出台，体现了党和政府加强农村就业创业服务体系建设的意志和决心。然而，建立健全农村就业创业服务体系的根本目的在于促进农村就业创业，提升农村劳动力的就业

---

① 农业部办公厅：《农业部办公厅关于加强农民创新创业服务工作　促进农民就业增收的意见》（农办加〔2015〕9 号）。

② 中共中央、国务院：《中共中央国务院关于全面推进乡村振兴　加快农业农村现代化的意见》（中发〔2021〕1 号）；国务院：《“十四五”就业促进规划》（国发〔2021〕14 号）。

③ 国务院：《国务院关于印发“十三五”促进就业规划的通知》（国发〔2017〕10 号）。

④ 农业农村部：《农业农村部关于大力实施乡村就业创业促进行动的通知》（农加发〔2018〕4 号）。

⑤ 国务院：《“十四五”就业促进规划》（国发〔2021〕14 号）。

质量。所以，农村就业创业服务体系的优化不能就服务论服务，而是要跳出公共就业创业服务本身，从更为宏观、更为宽广的整体性视野来看待农村就业创业服务体系优化问题，尤其是要关注县域产业发展对农村劳动力就业创业的决定性影响。中央也高度重视县域经济、乡村产业发展与农村就业创业活动间的密切关联。在2017年党的十九大报告《决胜全面建成小康社会　夺取新时代中国特色社会主义伟大胜利》中明确指出，要通过“实施乡村振兴战略”来“促进农村一二三产业融合发展，支持和鼓励农民就业创业”。2021年《“十四五”就业促进规划》中进一步提出“依托县域经济、乡村产业发展，为农村劳动力创造更多就地就近就业岗位”①。

二　研究意义

返乡下乡本乡人员在农村就业创业是促进农民增收和推动农村产业发展的重要手段，也是实现乡村振兴和县域城镇化的有效手段，对促进县域城乡融合发展也具有重要的助推作用。也正是因为如此，近十多年来，农村就业创业服务成为国家政策聚焦的重点领域。2015年农业部办公厅印发《关于加强农民创新创业服务工作　促进农民就业增收的意见》就提出，“加强农民创新创业服务，达到以创业带动和促进农民就业之目标”。

而在更深层次上，农村就业创业服务的影响已经远远超出了就业创业领域本身，还与县域和乡村产业结构优化、农村经济社会发展、农民脱贫等重大社会问题息息相关。可以说，农村就业创业实践处在一个更大的“三农”共生系统之中，尤其是返乡下乡本乡人员创新创业与农民就地就近就业之间，以及农村就业创业与农村产业结构优化和农村发展之间存在着明显的耦合共生关系。基于此，农村就业创业服务体系不仅事关农村就业创业实践，还事关农村产业调整和发展，甚至事关农村脱贫大计与“三农”事业的长久发展，也是实现乡村振兴伟业的核心保障。据此，基于共生理论，把就业、创业和产业发展作为整体，系统探讨如何进一步优化和完善农村就业创业服务体系也

① 国务院：《国务院关于印发“十四五”就业促进规划的通知》（国发〔2021〕14号）。

就成了新形势下一个重要而紧迫的时代课题，具有重要的理论与实践价值。

第一，致力于构建就业服务、创业服务和产业发展政策协同的整体性农村就业创业服务体系有助于深化和拓展农村公共就业创业服务理论体系的研究内容。基于县域城镇化和乡村振兴背景，以共生理论为基础，致力于建构兼顾农村劳动力就地就近就业诉求和向城镇转移就业诉求的整体性农村就业创业服务理论体系，整合了就业服务、创业服务和产业发展政策等原有碎片化服务和政策，有助于深化和拓展现有农村就业创业服务理论体系研究内容。

第二，为在实践中构建整体性农村公共就业创业服务体系提供理论指导。本书通过对“县域产业结构优化调整——返乡下乡本乡人员创新创业——农村劳动力就业创业”关系的社会生态学分析，提出整体性农村公共就业创业服务体系优化的价值取向、宏观战略和实施策略，以期能够为农村公共就业创业服务实践提供理论指导。

第三，促进农民就地就近就业和返乡下乡本乡人员创业实践发展。在兼顾农村劳动力向城镇转移就业服务前提下，立足于促进农民就地就近就业和支持农村创新创业的农村公共就业创业服务体系，符合当前农村社会发展需要，有利于推动农村就业创业实践发展的步伐，提高农村劳动力就业质量，实现促进农村劳动力就地就近就业和促进返乡下乡本乡人员创业的双重发展目标，并最终通过就业创业人员的消费助推县域经济，尤其是助推农村经济的繁荣发展，缓解乡村持续衰败问题。

第二节 国内外研究现状与评述

一 国外研究现状及其评述

国外研究者关于农村就业创业服务的相关研究起步较早，但集中关注农村就业创业服务主题的研究文献却很少。相关研究主要集中在三个方面：农村就业创业服务体系现状研究、农村就业创业与产业发展间的相互关联研究和农村就业创业支持服务研究。

（一）农村就业创业服务体系现状研究

在以美国为首的西方国家，就业创业服务被看作一种人力资源工具，主要在高失业时期为失业人口提供收入和临时性就业岗位。相应地，国外农村就业创业服务支持相关研究成果也主要聚焦于农村农业就业的劣势地位，主张通过以加强农业农村就业创业资金支持为核心的农村就业创业服务体系建设。比如，蒂娜·安德森（Tine Andersen,）、利兹·菲勒（Lizzi Feiler）和格雷戈·舒尔茨（Gregor Schulz）就认为转型和发展中国家公共就业服务水平较低，服务人员人均工作量较大，其服务难以顾及农村地区[①]。丹·芬妮（Dan Finn）和米格尔·佩罗明戈（Miguel Peromingo）的研究发现，即使是在老牌发达国家，如英国，农村公共服务机构也少得可怜，同时农村居民获得就业服务也需要更长的时间，绝大部分城市居民到达就业服务中心的时间都在30分钟以内，而农村地区，就业服务圈在30分钟以内的比例只有35%，甚至有10%的就业服务需求者需要用60分钟以上的交通时间才能到达就业服务中心[②]。范·萨依（Phan Thuy）、艾伦·汉森（Ellen Hansen）和戴维·普莱斯（David Price）基于全球视野的研究也发现，农村地区的地方就业服务项目较少，难以满足农村居民的需要[③]。马丁·菲利普（Martin，Philip L.）的实证研究发现，美国的公共服务雇佣项目资金分配不均，相较于乡村失业人口在整个国家失业人口中所占的份额，他们所获得的公共雇用资金相对较少。他主张通过更细致更全面的失业人口普查和更分权化的资金分配体系来强化对

① Tine Andersen，Lizzi Feiler and Gregor Schulz，“The Role Of Employment Service Providers：Guide to Anticipating and Matching Skills and Jobs”，Vol. 4，No. 26 January 2016，https：//www. ilo. org/skills/areas/skills-training-for-poverty-reduction/WCMS_445932/lang--en/index. htm.

② Dan Finn & Miguel Peromingo，“Key Developments，Role and Organizationof Public Employment Services in Great Britain，Belgium-Flanders and Germany”（22 October 2019），https：//www. ilo. org/global/publications/lang--en/index. htm.

③ Phan Thuy，Ellen Hansen & David Price，“The Public Employment Service in a Changing Labour Market”，Geneva，International Labour Office，2001，p. 151.

农村地区失业人口，尤其是强化对偏远农村地区失业者的资金支持①。

（二）农村就业创业与产业发展间的相互关联及整体性合作研究

虽然尚未发现有研究者从整体共生的角度来理解农村就业创业服务体系内部各要素之间的关系，但国外也有部分研究者注意到了就业、创业与产业发展之间的相互关联。比如，马尔科维奇（Mirjana Radović Marković）在整体层面证实了创业活动可以显著地促进就业②。更多的国外研究者则聚焦于产业类型或产业结构对乡村就业的影响，认为乡村产业类型或产业结构差异对乡村就业存在显著影响③。与对乡村就业、创业与产业发展互惠性共生关系的认识相暗合，研究者们也强调公共就业服务不能仅仅聚焦于公共就业服务自身，它必须与其他部门展开合作，以更高效地为有需要的求职者提供满意的就业服务。

一方面，与其他领域公共服务相比，就业领域的私人服务的供给更为普遍。相应地，公共就业服务领域的公私合作现象也更为普遍。诸多国外研究者都强调就业服务领域多元主体跨部门合作的重要性④，并就各个国家和地区通过公私合作提供注册登记、职位发布、技能培

---

① Martin, Philip L., "Public Service Employment and Rural America", *American Journal of Agricultural Economics*. Vol. 59, No. 2, May 1977, pp. 275-282.

② Mirjana Radović Marković, "Rural Entrepreneurship and Sustainable Economic Development in Serbia", *Economics of Agriculture*, Vol. S1-2, No. 57, March 2010, pp. 583-588.

③ Dutta, Subrata, and Subhendu Chakrabarti, "Rural-Urban Linkages, Labor Migration & Rural Industrialization in West Bengal", *Indian Journal of Industrial Relations*, Vol. 50, No. 3, January 2015, pp. 397-411; Roland Beshiri and Ray Bollman, "Rural and Small Town Employment: Structure by Industry", Agriculture and Rural Working Paper Series No. 50, July 2001; David L. Barkley, Mark S. Henry and Yunsoo Kim, "Industry Agglomerations and Employment Change in Non-Metropolitan Areas", *Review of Urban & Regional Development Studies*, Vol. 3, No. 11, November 1999, pp. 168-186.

④ Barbier, Jean-Paul, Hansen, Ellen, and Samorodov, Alexander, "Public-Private Partnerships in Employment Services", ILO Working Papers No. 17, February 2003.

训等就业服务的具体机制进行了阐述①。另一方面，有国外研究者还主张要加强就业服务与其他服务项目进行整合。比如，鲍尔杜基和奥利维（Balducchi David E. and Christopher J. O' Leary）梳理了美国就业服务和失业保险项目整合的演进历程，并强调二者合作整合对于构建完整的公共劳动力服务体系的重要性②。当然，更为启发性的观点来自于范·萨依、艾伦·汉森和戴维·普莱斯的研究。在他们的著作《变化中的劳动力市场：公共就业服务》中指出，要尽可能地把职业中介、劳动力市场信息系统开发、劳动力市场调整计划管理和失业补贴管理等就业相关职能整合起来，"如果政府就业政策要发挥实效，它必须要得到很好的协调，并且要持续地聚焦于劳动者个体"③。而在关注发展中国家公共就业服务体系建设方面，他们进一步建议要基于国家经济发展导向的整体性方法去分析劳动力市场的需求。不过，他们的研究并未专门关注农村就业创业服务问题，也未能明确把就业创业服务与乡村或国家产业发展政策结合起来进行分析。

（三）农民就业创业支持服务研究

此外，还有部分国外研究虽然没有使用就业服务的概念，但却关注了农民就业创业所需的服务支持。农民就业创业服务支持研究，主要强调基础设施、信息、信贷金融、教育培训等相关配套公共服务在

① Avila Zulum and Tian Guangzhe, "Good Practices in Using Partnerships For the Delivery Of Employmentservices in China", Employment Policy Department EMPLOYMENT Working Paper No. 229, International Labour Office, June 2018; AbrahamVinoj & Karthika Sasikumar, "Good Practices in Using Partnerships For Effective and Efficient Deliveryof Employment Services and Active Labour Market Policies in India", Employment Policy Department Employment Working Paper No. 233, International Labour Office, December 2017.

② Balducchi David and Christopher J. O' Leary. "The Employment Service-Unemployment Insurance Partnership: Origin, Evolution, and Revitalization", Upjohn Institute Working Paper, 17-269. Kalamazoo, MI: W. E. Upjohn Institute for Employment Research, https://doi.org/10.17848/wp17-269, April 2017.

③ Phan Thuy, Ellen Hansen & David Price, "The Public Employment Service in a Changing Labour Market", Geneva, International Labour Office, 2001, pp. 163-165.

促进农民就业创业中的关键作用①，以及产业结构和产业政策服务对农民就业的影响②；部分研究者还关注了“40 岁或 45 岁以上的低教育水平、低职业技能的大龄农业劳动力”③ 和农村妇女就业支持问题④。当然，相较于大龄低技能农村劳动力，农村妇女就业受到了更多的关注。研究者们普遍认为，农村妇女需要照顾家庭，尤其是需要承担抚养孩子的重任，她们多数难以像男性那样全身心投入到工作上⑤；同时，农村妇女工作的环境也更为恶劣，她们多集中在低技能、低生产力、低收入行业。这些都会导致她们在就业创业上面临着更大的挑战，需要政府通过宏观政策和服务供给来支持女性就业创业⑥。

总体来看，国外相关研究存在以下三个方面的特征：

第一，国外研究文献虽然较早关注农村就业创业问题，然而绝大部分研究往往止于对农村就业创业支持项目的介绍，或者是对农民就

---

① Anderson, Dennis, and Mark W. Leiserson, “Rural Nonfarm Employment in Developing Countries”, *Economic Development and Cultural Change*, Vol. 28, No. 2, January 1980, pp. 227-248; Daniel Johnson, Marco Ercolani, Peter Mackie, “Econometric Analysis of the Link between Public Transport Accessibility and Employment”, *Transport Policy*, Vol. 60, November 2017, pp. 1-9.

② Ida J. Terluin, Jaap H. Post and Heino von Meyer et al. , “Lessons For Employment Creation in Rural Regions”, In Terluin J. Ida & Post H. Jaap eds. , *Employment Dynamics in Rural Europe*, New York: CABI Publishing, 2000, p. 227; Bhalla, Gurwinder Singh Bhalla, and Peter Hazell, “Rural Employment and Poverty: Strategies to Eliminate Rural Poverty within a Generation”, *Economic and Political Weekly*, Vol. 38, No. 33, August 2003, pp. 3473-3484; Bryden Jane. & Bollman Ray, “Rural Employment In Industrialised Countries”, *Agricultural Economics*, Vol. 22, March 2000, pp. 185-197.

③ Margit Fink, Regina Grajewski, Rosemarie Siebel and Katja Zierold, “Rural Women in East Germany”, in David Symes and Anton J. Jansen, eds. , *Agricultural Restructuring and Rural Change in Europe*, Wageningen: Agricultural University, 1994, p. 290.

④ FAO, Rural Women and Food Security: Current Situation and Perspectives, Rome: FAO, 1998; IBRD, Euroconsult and Centre for World Food Studies, “Farm Restructuring and Land Tenure in Reforming Socialist Economies, A Comparative Analysis of Central and Eastern Europe”, World Bank Discussion Papers 268, 1995.

⑤ IBRD, Euroconsult and Centre for World Food Studies, “Farm Restructuring and Land Tenure in Reforming Socialist Economies, A Comparative Analysis of Central and Eastern Europe”, World Bank Discussion Papers 268, 1995.

⑥ Chitsike, Colletah, “Culture as a Barrier to Rural Women' s Entrepreneurship: Experience from Zimbabwe”, *Gender and Development*, Vol. 8, No. 1, March 2000, pp. 71-77.

业创业影响因素的探讨，鲜有研究从完善农村公共服务体系的角度去阐述问题，存在聚焦度不足的问题。

第二，从城乡差异角度看，国外研究文献也主要是在总体上阐述就业创业服务问题，除印度等少数欠发达国家的研究专注于农村就业创业问题外，绝大部分国外研究者都在整体上探讨公共就业创业服务，缺乏对农村就业创业的系统性关注。

第三，小部分从公共服务视角进行探讨的国外文献也主要聚焦于金融服务支持，而未能从整体上分析农村就业创业服务体系建设问题。

二 国内研究现状及评述

与国外相比，国内农村就业创业服务的研究起步虽然相对较迟，但发展更为迅速、研究也更为全面。总体上看，国内相关研究形成了健全农村劳动力转移就业服务体系和完善农村就业创业服务两种研究主张。其中，健全农村劳动力转移就业服务体系相关研究又因研究对象的不同分为农村劳动力转移就业服务研究和失地农民就业服务研究两个方面；完善农村就业创业服务相关研究也可以进一步细分为农村劳动力本地就业创业服务体系优化研究和大学生返乡就业创业服务与政策优化研究两个方面。

（一）农村劳动力转移就业服务研究

农村劳动力转移就业服务相关研究成果最为丰富，进一步可以分为“城乡统筹就业服务”视角下的研究、“城乡公共服务均等化”视角下的研究和“提升农业转移劳动力就业质量”视角下的研究。

1.“城乡统筹就业服务”视角下的研究

城乡统筹就业服务主题下的研究都强调推进城镇化、工业化和产业发展对于解决农村劳动力就业的重要性。杨璟通过对安徽省农村的调查研究指出，农村劳动力转移就业受到就业创业观念淡薄、技能素质偏低、公共就业服务滞后、组织化程度低、城镇化建设滞后等因素影响，要因地制宜加强转移就业技能培训，深化转移就业公共就业服务；推进新型城镇化建设，加快产城融合，产业优化升级，创造更多就业机会[①]。周泽炯认为现阶段，农村剩余劳动力转移面临乡镇企业吸纳能力减弱、城市难以再大规模吸纳、农业内部吸纳能力有限等诸多困难，通过大力发展小城镇来吸纳农村剩余劳动力的道路是一种最佳的战略选择[②]。程怀儒认为解决农村剩余劳动力问题是关系到农业乃至整个国民经济发展的重大战略问题，而农村剩余劳动力的转移取决于工业的发展，只有农村工业化才是解决中国农村剩余劳动力转移的主渠道[③]。陈际华和韩振燕认为，我国农村剩余劳动力转移过程中，存在公共就业服务管理和服务不到位、农村剩余劳动力就业培训体系不健全、劳动力市场就业中介不规范、农村特殊就业群体缺乏就业援助等问题，提出从建立城乡统筹的就业管理制度、建设信息网络和发展就业中介、完善农村劳动力就业培训制度和促进自主创业、帮扶农村弱势就业群体和建立就业援助长效机制、强化就业服务制度的法制化等来构建城乡统筹的公共就业服务体系的建议[④]。

2. “城乡公共服务均等化”视角下的研究

与“城乡统筹就业服务”视角着重强调城镇化、工业化等以城市为中心的发展战略的重要作用不尽相同，“城乡公共服务均等化”或“城乡公共服务一体化”视角下的研究，明确上升到公共服务的高度，强调公共就业创业服务城乡一体化的重要性。麻宝斌和董晓倩认为，现阶段我国依然存在公共资源投入不均、就业歧视普遍且严重、失业救助体制不健全等影响公共就业服务均等化的问题，需要通过推进公共就业服务法制化、完善促进公共就业服务均等化的公共财政制度、健全公共就业服务体系和加强公共就业服务的绩效管理等措施加以改

---

① 杨璟：《安徽农村劳动力转移就业与农民持续增收互动共赢》，《安徽农业科学》2020 年第 21 期。

② 周泽炯：《试论我国农村剩余劳动力转移与小城镇发展》，《农业经济问题》2004 年第 11 期。

③ 程怀儒：《农村工业化是解决中国农村剩余劳动力的主渠道》，《甘肃社会科学》2008 年第 1 期。

④ 陈际华、韩振燕：《论构建城乡统筹的公共就业服务体系——以农村剩余劳动力转移为视角》，《甘肃社会科学》2009 年第 1 期。

善[①]。孙德超和贺晶晶认为，目前我国地区、城乡公共就业服务不均等的状况较为突出，迫切需要从完善公共就业服务均等化的政策法规体系、加强公众对公共就业服务均等化的认知、加大政府对公共就业服务的投入力度、统筹城乡公共就业服务制度、完善网上公共就业服务体系等几个方面实现公共服务的均等化[②]。张文礼和卢少波则基于对甘肃省 14 个地州市城乡居民的问卷调研，发现甘肃省在包括公共就业服务在内的公共服务和基础设施方面存在明显的城乡差距，需要进一步加大经济落后地区城乡基本公共服务均等化的政策支持力度[③]。李文琦认为，从解决农村富余劳动力非农就业问题着眼，公共就业服务体系存在诸多缺陷，建立城乡一体化公共就业服务体系具有紧迫性与可行性，应重点从法制建设、资金投入、效率提升、技术支撑四方面推动我国公共就业服务体系建设[④]。许佳贤等从就业收入、就业机会和就业保障三方面分析城乡公共就业服务的差距，并据此提出推进小城镇综合改革，消除城乡分割体制、加大农村劳动力转移培训工作力度，提升农村劳动力的就业素质，拓展其就业空间、逐步推广城乡统筹就业试点县经验，构建城乡一体的公共就业服务体系、加强农民工就业平等意识，切实保障农民工的就业权益、创新公共服务投入机制、加大公共就业基础设施建设力度等促进城乡公共就业服务均等化的对策建议[⑤]。张宏军认为，为了维护公平正义、构建和谐社会、逐步实现我国公共就业服务的均等化，应明晰政府公共就业服务的财政责任，完善公共就业服务保障体系，建立多元化的公共就业服务供给

---

① 麻宝斌、董晓倩：《中国公共就业服务均等化问题研究》，《东北师大学报》（哲学社会科学版）2009 年第 6 期。

② 孙德超、贺晶晶：《公共就业服务不均等的现实考察及均等化途径研究》，《河南师范大学学报》（哲学社会科学版）2011 年第 5 期。

③ 张文礼、卢少波：《甘肃省城乡基本公共服务均等化状况调查分析》，《西北师大学报》（社会科学版）2011 年第 4 期。

④ 李文琦：《论中国城乡一体化进程中的公共就业服务体系建设》，《云南行政学院学报》2012 年第 6 期。

⑤ 许佳贤、郑逸芳、苏时鹏、林丽梅：《福建省城乡社会保障服务均等化分析》，《福建农林大学学报》（哲学社会科学版）2013 年第 12 期。

模式[①]。王丽娟、刘彦随和翟荣新认为市场经济环境为农村剩余劳动力转移提供了基础平台，工业化是农村就业结构转换的原动力，城市与农村经济结构调整是农村就业结构转换的直接推动力，产业收入比较利益是促使农业剩余劳动力流动的根本动力，要通过加强农村劳动力培训和职业教育，促进思想观念转变和劳动力素质提高，为农村劳动力转移创造良好的外部环境[②]。蔡昉通过揭示农村剩余劳动力的存在和特点，指出农业劳动力转移仍然面临着制度性的障碍，其根源则在于户籍制度的存在，使得农民工虽然能够自由地进入城市务工与居住，却因没有本地户籍而被排斥在许多基本公共服务项目之外，要通过推进户籍制度改革，实现农民工市民化是转移农业剩余劳动力的可行途径[③]。

3. “提升农业转移劳动力就业质量”视角下的研究

近几年来，更多的研究者开始从提高农村转移劳动力就业质量的目标或视角出发来优化农村就业创业服务体系。比如，谢玲红和吕开宇认为“十四五”时期我国农村劳动力转移就业形势将更加复杂多变，要通过提高农业现代化水平、稳住立足国内国际双循环的城镇转移就业渠道、稳步拓展农村就地就近非农就业空间、加快相关领域制度改革来促进更高质量的农村劳动力转移就业[④]。朱艳艳和唐衡认为，要着力推动农民转移就业、破除劳动力流动的体制机制弊端，推动基本公共服务均等化才能有效促进农村劳动力转移与高质量就业[⑤]。许晓红认为提高农村劳动力转移就业质量是促进他们融入城镇社会和实现城镇化可持续发展的基础，提出要通过构建统一的劳动力市场，完善城乡统筹的社会保障制度，深化农村土地制度改革，加大对农村的

① 张宏军：《公共就业服务均等化及其实现路径》，《商业经济研究》2015 年第 10 期。

② 王丽娟、刘彦随、翟荣新：《苏中地区农村就业结构转换态势与机制分析》，《中国人口·资源与环境》2007 年第 6 期。

③ 蔡昉：《如何进一步转移农村剩余劳动力?》，《中共中央党校学报》2012 年第 1 期。

④ 谢玲红、吕开宇：《“十四五”时期农村劳动力转移就业的五大问题》，《经济学家》2020 年第 10 期。

⑤ 朱艳艳、唐衡：《城市化进程中北京市农村劳动力转移与高质量就业问题探析》，《粮食科技与经济》2020 年第 4 期。

人力资本投资力度等路径提升农村劳动力转移就业质量的建议[①]。谢秋山和陈世香系统地梳理了新中国成立以来国家农民公共就业服务政策，指出为适应农民高质量充分就业之需要，未来农民公共就业服务政策设计要进一步引导优化服务目标、重塑服务价值取向、创新服务理念、扩展服务功能，实现政策供给“从优到精”的转变[②]。

（二）失地农民就业服务研究

不同于一般的农业劳动力转移就业的主动选择行为，失地农民多位于城市边缘，他们被迫脱离了祖祖辈辈赖以生存的农用土地，其就业方向主要是融入城镇劳动力市场，相应的就业创业服务供给也有其特殊性。

聚焦于失地农民群体就业服务的研究，主张从制度、资金、培训支持和就业保障等方面加强对失地农民在城市就业创业的政策支持。这些研究主要从两个研究进路出发，一个是强调增加服务资源供给，另一个是强调构建失地农民职业发展，乃至构建促进失地农民市民化的全面支持体系。

强调服务资源供给的研究，主要强调增加服务机构网点建设和技能培训等专业服务资源供给。典型代表如，陈晨、陆铭和周国良等认为，被征地农民的技能较低制约了他们在城市中的就业，政府要有序高效安排被征地农民的就业、大力发展农村服务业，增加农村收入渠道和就业机会、加强就业服务机构建设，为被征地农民提供更好的就业服务[③]。翟年祥和项光勤认为，地方政府对失地农民就业重视不够且社会就业环境不利于失地农民就业、农村职业教育缺失、就业培训缺乏组织协调机制及对失地农民的补偿标准低、间接影响农民再就业，要通过消除失地农民再就业的制度缺陷、为失地农民就业和创业

---

① 许晓红：《农村劳动力转移就业质量的个体特征及影响因素分析》，《内蒙古农业大学学报》（社会科学版）2021 年第 1 期。

② 谢秋山、陈世香：《中国农民公共就业服务政策演变的逻辑、趋势与展望》，《中国农村经济》2021 年第 2 期。

③ 陈晨、陆铭、周国良、阮杨、罗仁勇：《关注城市化进程中的弱势群体——对被征地农民经济补偿、社会保障与就业情况的考察》，《经济体制改革》2004 年第 1 期。

提供各种资金支持、积极拓宽到非农产业就业的渠道、搞好就业培训工作、重视失地农民的就业保障等途径来解决失地农民就业问题[①]。

强调构建全面支持体系的研究则从失地农民长久生计和融入城镇实现市民化的高度，强调对失地农民进行全方位的支持。金丽馥和陈红艳提出通过建设促进失地农民就业的支撑机制、培训机制、市场服务机制、配套机制和扶持机制等措施，建立促进失地农民就业的长效机制，帮助其从根本上解决生计问题[②]。国务院发展研究中心课题组提出通过切实贯彻落实好现行有关征地管理及补偿的政策、加快征地制度改革、多渠道促进失地农民就业、完善失地农民社会保障制度等措施解决失地农民问题，使失地农民的长远生计有保障[③]。叶继红的研究发现，失地农民的总体就业率较高，经济收入尚可，但工作稳定性不足，向上流动空间有限，要从人力资本、社会资本、政策支持、就业机会、创业氛围等方面着手建构失地农民职业发展的支持体系，促进失地农民市民化进程[④]。

（三）农村劳动力本地就业创业服务体系优化的专门研究

农村劳动力在家乡县域就地就业服务体系优化专门研究，主要关注为农村剩余劳动力在家乡县域，尤其是为农村就业提供支持，目标是推动农村就业服务体系的完善，并在总体层面对农村劳动力就业服务的现状及改进对策进行了阐述。比如，农业部课题组认为，乡镇企业仍将是农村剩余劳动力转移的重要渠道、加快城镇化进程是农村剩余劳动力转移的根本出路、形成城乡统一的劳动力市场是农村剩余劳动力转移的重要保障、继续发挥农业部门作为农村剩余劳动力蓄水池

---

① 翟年祥、项光勤：《城市化进程中失地农民就业的制约因素及其政策支持》，《中国行政管理》2012 年第 2 期。

② 金丽馥、陈红艳：《构建失地农民充分就业的长效机制》，《青海社会科学》2009 年第 6 期。

③ 国务院发展研究中心课题组：《中国失地农民权益保护及若干政策建议》，《改革》2009 年第 5 期。

④ 叶继红：《失地农民职业发展状况、影响因素与支持体系建构》，《浙江社会科学》2014 年第 8 期。

的作用等四个方面转移农村剩余劳动力的基本思路①。劳动部就业问题研究小组主张从加强职业技术培训、提供就业信息、在乡镇企业建立社会保险制度、在农村建立就业服务机构等方式建立农村就业服务体系②。程国秀提出，在后扶贫时代，为了进一步巩固扶贫成果，增强农村发展的内生动力，必须加大农村就业创业服务体系建设，提高农村地区对人力资本的吸引力；在具体实施过程中，要明确农村就业创业服务建设的重点，构建完善的保障和支持机制，为农村就业创业营造良好的外部环境③。谢小青和吕珊珊认为当前贫困地区农村剩余劳动力转移就业质量评价总体水平较低，主要反映在农村剩余劳动力转移就业整体工作条件差、劳动关系不和谐、薪酬福利水平较低、职业发展不理想等方面，要从积极推行终身职业技能培训制度、加快促进农民工返乡创业和深化户籍制度改革等方面着手提升贫困地区农村剩余劳动力的就业质量④。姜晓萍、范逢春、郭金云等主张“健全农民工就业的服务体系，并逐步建立城乡间双向流动的就业机制，促进城乡间劳动力的双向流动”⑤。年猛认为，为确保农村就业创业高质量发展，应将提高农村公共就业服务能力、完善农村创业政策体系、促进农村产业多样化以及吸引优秀人才、社会资本下乡等作为政策着力点，让农村地区成为全国新增就业“蓄水池”的政策建议⑥。

在农村创业服务和政策支持方面，程国秀认为，在后扶贫时代，为了进一步巩固扶贫成果，增强农村发展的内生动力，要从完善政策

---

① 农业部课题组：《21世纪初期我国农村就业及剩余劳动力利用问题研究》，《中国农村经济》2000年第5期。

② 劳动部就业问题研究小组：《中国农村就业问题研究》，载王郁昭、邓鸿勋《农民就业与中国现代化》，四川人民出版社1999年版，第149—158页。

③ 程国秀：《后扶贫时代农村就业创业服务体系的革新与完善研究》，《农业经济》2021年第12期。

④ 谢小青、吕珊珊：《贫困地区农村剩余劳动力转移就业质量实证研究——以鄂西为例》，《中国软科学》2015年第12期。

⑤ 姜晓萍、范逢春、郭金云等：《建设服务型政府与完善地方公共服务体系》，中央编译出版2015年版，第463—473页。

⑥ 年猛：《“十四五”农村就业创业的战略思路与政策》，《中国劳动关系学院学报》2020年第5期。

引导机制、环境引导机制和就业创业服务衔接机制三个方面完善农村就业创业服务体系，更好地满足贫困群众就业创业服务[①]。韦吉飞认为要从积极构建农村创业人力资源团队、建设农民创业信息与科技服务平台、优化面向农村创业型经济的财政税收政策、支持农民二次创业等四个方面支持和鼓励农民创业[②]。王德召、梁成艾和黄玖琴认为，要通过构建就业服务体系和创业支撑平台等途径来提升西部农村劳动力的就业与创业能力[③]。樊振佳和程乐天认为农村就业信息服务部分政策尚未在农村地区有效实施，农村现有信息服务体系与农村创业信息需求仍然存在较大差距，要从服务主体职能界定、信息资源整合、信息服务规范化、创业主体信息能力赋权等方面完善面向农村创业的信息服务体系；同时，相关决策部门整合信息化、创新创业、扶贫脱贫等政策中涉及农村创业信息服务的资源，进一步优化面向农村创业者的信息服务机制，强化以公共信息服务平台为主的专业化主体信息服务能力，形成精准化的农村创业信息服务体系完善策略[④]。

此外，也有研究者专门关注了县级和乡镇级公共就业服务体系建设问题，比如，曹立前和李圣田认为随着农村经济社会的发展和城市化进程的加快，农村富余劳动力的就业问题越来越严峻。但是，我国现行的公共就业服务主要是定位在县级以上，乡镇公共就业服务仅处于辅助地位，其功能有限，不能有效地解决农村劳动力的就业问题。因此，必须加快乡镇公共就业服务体系的建设，建立与县级公共就业服务体系对接的功能完善的乡镇就业服务体系，以满足农村劳动力的就业需求[⑤]。

---

① 程国秀：《后扶贫时代农村就业创业服务体系的革新与完善研究》，《农业经济》2021 年第 12 期。

② 韦吉飞：《新形势下农民创业问题研究》，博士学位论文，西北农林科技大学，2010 年，第 190—203 页。

③ 王德召、梁成艾、黄玖琴：《西部农村劳动力就业创业问题研究综述》，《中国成人教育》2014 年第 12 期。

④ 樊振佳、程乐天：《面向农村创业的信息服务体系：政策分析和田野调查》，《中国图书馆学报》2017 年第 3 期。

⑤ 曹立前，李圣田：《乡镇公共就业服务体系建设探析——基于山东省广饶县花冠乡的专题调研》，《农村经济》2013 年第 8 期。

（四）大学生返乡就业创业服务和政策优化研究

在为大学毕业生到农村就业创业提供配套服务与政策扶持方面，楼栋和郭红东认为，大学生农村就业的意愿受到大学主修专业不符、农村就业的国家政策待遇与社会偏见压力、大学生自身的发展成长空间不足等阻碍，要通过尊重大学生就业选择、号召和鼓励大学生农村就业、提高“政策待遇满意度”、增加大学生农村就业宣传力度、支持高校专业改革、加强高校与地方合作等措施为大学生到农村就业提供支持①。范明和肖璐的研究认为，社会资源并非创业意愿的必要条件，相反有时会成为阻碍大学生村官创业的主要因素②。郑兴明和曾宪禄认为吸引农科类大学生到农村基层就业，是对农村人口低素质化的纠偏，也是培育新型职业农民的重要举措，进而提出从学校教学改革、农村生产条件改善以及政策扶持等方面促进农科类大学生向新型职业农民演进的建议③。赵美玲和李小静认为大学生到农村创业就业不仅可以解决农民工结构性失业、农村隐性失业的问题，而且对于促进农村经济发展和实现农业现代化具有重要意义，但当前大学生农村创业比例依然较低，还面临种种困境，亟须从社会、学校、个人三个层面支持和引导大学生农村创业，从而实现创业带动就业的倍增效应④。

总体来看，伴随着国家政策导向从“经济增长优先”到“就业优先战略”的转变，农村就业创业服务相关研究在国内受到越来越多的关注，并呈现出一些明显态势：一是关于农村就业创业服务相关主题研究有所展开，但研究成果的数量与质量和该主题日益凸显的重要性不匹配，尤其是相较于农村公共文化、卫生和教育服务以及城市就业创业服务，农村就业创业服务在很大程度上被忽视了；二是已有农村

---

① 楼栋、郭红东：《影响大学生农村就业意愿的实证分析——以浙江省大学生为例》，《西北农林科技大学学报》（社会科学版）2008年第6期。

② 范明、肖璐：《基于社会网络视角的大学生村官创业意愿研究》，《农业经济问题》2012年第5期。

③ 郑兴明、曾宪禄：《农科类大学生能成为新型职业农民的主力军吗？——基于大学生农村基层服务意愿的实证分析》，《华中农业大学学报》（社会科学版）2015年第5期。

④ 赵美玲、李小静：《经济新常态下大学生农村创业前景及实现路径研究》，《未来与发展》2016年第9期。

就业创业服务相关研究主要倡导的是一种“城市化”导向的“农村劳动力转移就业公共服务”，对农民在乡村就业创业服务的考虑不足；三是在为数不多的乡村就业创业服务主题研究文献中也呈现出对就业创业服务关注较少、聚焦度不够的特征。此外，除了以周其仁为代表的少数学者提醒我们农村就业问题与粮食政策、所有制政策、技术选择政策、资金分配政策和宏观调控政策息息相关①以外，绝大多数研究未能从整体协调高度探讨农村就业创业服务体系问题，更未能从就业、创业与产业共生关系的高度来探讨农村就业创业服务体系建设问题。

综上所述，国内外关于农村就业创业服务的研究取得了一定的成果，但研究系统性和精准度不足，研究目标定位也存在一定偏差，尤其是未能立足于农村社区自身繁荣发展的目标来构建农村就业创业服务体系。而在县域城镇化和乡村振兴背景下，处于后发劣势的乡村要实现全面振兴，农村劳动力要想实现高质量充分就业，就需要在县域城乡融合发展的高度构建整体性的农村就业创业服务体系，尤其是需要从就业、创业和产业耦合共生视角出发，注重多维度政策与服务协同，系统重构农村就业创业服务体系，兼顾农村劳动力转移就业服务与就地就近就业服务，也兼顾农村劳动力充分就业需求与高质量就业需求，把县域，尤其是将乡村就业服务、创业服务和产业发展政策相协调，追求政策和服务的整体有效性。

第三节　研究目标、研究思路与基本概念

一　研究目标与思路框架

（一）本书的研究目标

基于县域（乡村）就业、创业与产业发展间的互惠性共生关系分析，本书以构建整体性农村就业创业服务体系为主要研究目标。旨在

① 周其仁：《机会与能力——中国农村劳动力的就业和流动》，《管理世界》1997 年第 5 期。

通过构建符合县域城镇化和乡村振兴战略要求，以农村产业兴旺和农村劳动力高质量充分就业为发展方向的整体性农村就业创业服务体系。从理论逻辑上看，在县域城镇化和乡村振兴背景下，我国农村劳动力就地就近就业诉求、返乡下乡本乡人员创新创业需求和县域尤其是乡村产业发展之间存在着明显对称性互惠共生关系，又共同事关“三农”和统筹城乡发展的大局，必须在共生理论指导下进行系统性的优化和整合。

本书研究的具体目标，可以归纳为以下三个方面：一是在梳理我国农村就业创业服务的演变历程基础之上，厘清新时代县域城镇化和乡村振兴背景下农村就业创业服务体系的新形势、新要求，为未来农村就业创业服务体系优化确立战略方向。二是在充分辨识乡村，乃至县域就业、创业与产业发展互惠共生关系的基础之上，建构县域就业服务、创业服务和产业发展政策间相互协同的整体性治理框架。三是系统提出农村就业创业服务体系优化的宏观战略和实施策略。共生理论视域下的农村就业创业服务体系优化到底如何实现，是本书研究的重点和归宿。在价值取向分析基础之上，本书分别从宏观战略和具体实施策略两个层面系统阐述农村就业创业服务体系优化的对策体系。

（二）本书的思路框架

如图 1-3 所示，为了实现上述提出的研究目标，本书将沿着“问题是什么——导致的结果是什么——未来怎么办”的基本研究思路，立足于社会共生系统的整体性和适应性特征，围绕县域城镇化和乡村振兴背景下国家有关实施乡村就业创业促进行动的有关目标要求，聚焦于农村公共就业创业服务体系优化之研究主题，主要探讨我国农村就业创业服务体系建设的历史演进过程、当下实然状态、理论应然图景和实然问题导致的负面结果，并在此基础之上提出优化我国农村就业创业服务体系的对策建议，从而回答农村公共就业创业服务体系实然现状和应然图景分别是什么、实然问题出现的主要原因是什么、在共生理论视域下应该如何进一步优化和完善我国农村就业创业服务体系等问题。

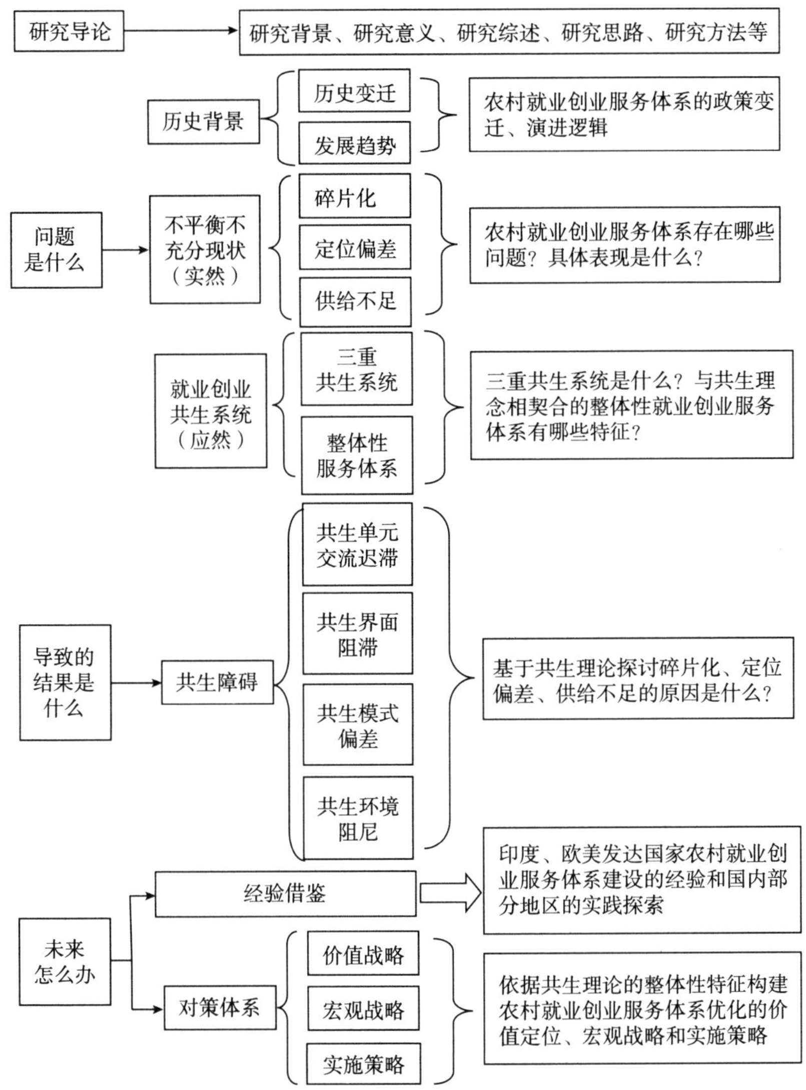

图 1-3 本书研究思路框架

二 基本概念

（一）就业创业服务、农村就业创业服务与农村就业创业服务体系

1. 就业创业服务

就业创业服务是就业服务和创业服务的总称。二者之间相互关

联、密不可分，但也存在较大区别，服务内容和重点有所不同。一般来说，就业服务主要包括职业指导、职业介绍、就业信息、就业培训、失业登记、失业保险、就业援助、职业技能鉴定、劳动关系协调等具体内容。创业服务主要包括创业政策咨询、创业项目推介、创业培训、开业指导、财政金融支持等具体服务内容。同时，也有部分服务内容是就业和创业服务领域都要履行的职能，如职业技能鉴定、失业登记、失业保险等。

显而易见，就业服务和创业服务在具体服务内容上有很大差异，但也有很多服务项目是共有的，二者之间难以进行清晰的全面划分。这也体现在我国的国家政策文本中。在我国政策文件中，创业服务有时也被纳入就业服务范围之内，即把创业看作自我雇佣就业，把创业服务看作是就业服务的一部分；有时则有意识地区分就业服务与创业服务，强调创业服务的特殊性。比如，国务院《“十四五”就业促进规划》中既有把创业服务看作就业服务体系的一部分进行表述的地方，也有单独阐述创业服务的部分。比如“规划”在阐述“健全全方位公共就业服务体系”时就指出，“推进就业创业政策咨询、就业失业登记、职业介绍等服务覆盖全体城乡劳动者”，这是把创业服务看作就业服务体系的一部分；而在报告“全面升级创业服务”时又指出“加强服务队伍建设，为创业者提供政策咨询、项目推介、开业指导等服务”，强调创业服务的特殊性①。再如，北京市在 2010 年出台《北京市社区基本公共服务指导目录（试行）》中社区就业服务就包含了社区自主创业就业服务②。可见，虽然创业服务有其特殊的一面，但更多情况下，创业服务被看作就业服务的组成部分。

综上所述，本书中我们把就业创业服务界定为：政府及有关机构为包括企事业单位、求职者、创业者所提供的有助于促进劳动者就业和创业的服务总和。当然，在本书研究中特指由政府所提供的或由政府所主导或支持开展的就业创业服务。

---

① 国务院：《国务院关于印发“十四五”就业促进规划的通知》（国发〔2021〕14 号）。

② 北京市人力资源和社会保障局：《北京市社区基本公共服务指导目录（试行）》（京人社服发〔2010〕68 号）。

2. 农村就业创业服务

毫无疑问，农村就业创业服务是国家整体就业创业服务的一部分。它具体指的是，在农村社区范围内，政府有关部门为在农村就业创业和想在农村就业创业的劳动力提供的就业创业服务。具体来说，本书中我们把农村就业创业服务界定为：以政府相关职能部门为主导，在农村社区为包括企事业单位、求职者、创业者所提供的有助于促进劳动者就业和创业的服务总和。农村就业创业服务的特殊性就在于它的服务对象主要是农村劳动力。而农村劳动力又有它的特殊性，即贫困劳动力、残疾劳动力、大龄劳动力等劳动力市场上的就业弱势群体较多。所以，农村就业创业服务更要突出强调平等和公正的价值。

3. 农村就业创业服务体系

服务体系是关于服务目标、服务主体、服务职能、服务对象、服务供给在内的，围绕服务需求进行的政府活动内容的总和。农村就业创业服务体系是农村公共服务体系的重要组成部分，具体指的是政府协调相关供给主体以满足农村劳动力高质量充分就业为目标，以全体农村劳动力为服务对象，以职业中介、职业培训、就业机会创造、就业援助、失业登记、劳动关系协调、财政金融支持等为主要内容的就业创业服务供给整体架构。

这里强调的是政府的主导与协调角色，比如，在创业服务提供过程中，政府既通过直接的财政补贴、创业政策咨询、创业项目推荐、开业指导等服务的直接供给来支持返乡创新创业活动，也要协调引导非政府主体参与到农村创业服务的提供过程中来。2021 年印发的《“十四五”城乡社区服务体系建设规划》中也强调要“支持科技领军企业、高技能人才、专业技术人才等到基层开展创业服务”①。

而在服务对象上，农村就业创业服务体系的服务对象既要为全体有需求的在农村的劳动力提供服务，也要为全体在乡村从事生产活动

① 国务院办公厅：《国务院办公厅关于印发“十四五”城乡社区服务体系建设规划》（国办发〔2021〕56 号）。

的企业和其他用人单位提供服务。关于服务在农村社区的劳动者，《“十四五”城乡社区服务体系建设规划》中有明确的规定，“加强基层公共就业服务，在有条件的村（社区）设立就业创业空间，重点为村（社区）居民中的失业人员、就业困难人员、高校毕业生、退役军人、农村转移劳动力、残疾人等群体提供服务”。[①] 而从共生理论高度看，加强对乡村企事业法人的服务也是重中之重。因为劳动供给与劳动需求互为掣肘，只有服务好县域产业企业及其他用人单位，才能真正有农村劳动力的高质量充分就业。

（二）共生与对称性互惠共生

1. 共生

“共生”概念最早出现在生物学领域，指的是不同生物种属之间的长久相互依赖关系。德国生物学家安顿·德贝里（Anton de Bary）于 1879 年将其界定为不同种属生活在一起，强调的是生物体间的永久性联系[②]。事实上，共生不仅是一种普遍的生物学现象，在经济社会领域也广泛存在。也正是因为如此，共生概念很快就被经济学、社会学、心理学等众多社会科学领域所接受，并被广泛应用。

在社会科学领域，“共生”概念有着更为广泛的内涵。袁纯清将其概括为“共生单元之间在一定的共生环境中按某种共生模式形成的关系”[③]。但这个概念忽视了共生关系影响方向差异的影响，即处于共生系统中各单元之间关键是要处于相互依赖之中，相斥的关系不可能是共生。有鉴于此，本书中我们把“共生”界定为：不同共生单元之间存在的相互依赖关系。共生模式下的相互依赖关系不因环境变化而变化，如果顺应共生依赖加以推进，则会取得较好的经济社会后果；反之，如果逆依赖关系而行，则会降低共生产出。

“共生”包括共生单元、共生模式和共生环境三大要素。“共生单

---

① 国务院办公厅：《国务院办公厅关于印发“十四五”城乡社区服务体系建设规划》（国办发〔2021〕56 号）。

② Anton de Bary，“An Introduction to Symbiosis”，In A. E. Douglas，*Symbiotic Interactions*，Oxford University Press，1994，pp. 1-11.

③ 袁纯清：《共生理论兼论小型经济》，经济科学出版社 1998 年版，第 7 页。

元是构成共生体的基本能量生产和交换单位”，是共生体内部互动的主体；“共生模式又称共生关系，是指共生单元相互作用的方式或相互结合的形式”①，是共生单元之间形成的稳定的长期的互动关系；共生环境则是共生体存在和演进的外部条件，它与共生体相互影响，是一种开放互动关系，并最终影响共生单元间互动产生的能量规模。这三大要素之中，尤属共生模式最为关键。

2. 互惠共生

从行为方式上看，共生模式可以分为寄生、偏利共生和互惠共生三类。其中，“互惠共生”强调的是众多相对独立的共生单元共处于一个生态系统之内，相互依赖、互为支撑。与寄生和偏利共生主要是单向的物质、信息和能量流动不同，作为共生关系的一种模式，“互惠共生”的物质、信息和能量流动是双向的、相互的，而且会在互动中产生新能量，形成“1+1>2”的效果。

互惠共生又可以分为“非对称性互惠共生”和“对称性互惠共生”两类。二者都会在相互作用中产生新能量，也均存在双边的物质、信息和能量的交流机制和多边的交流机制；其主要区别是与非对称性互惠共生产生的新能量会形成非对称分配不同，对称性互惠共生关系下产生的新能量是对称性分配的，而且在共生过程中双边交流更为频繁，多边交流机制也更为广泛②。

第四节　资料来源与研究方法

一　资料来源

概括起来，本书研究所用资料主要有三种来源，分别是官方统计资料、调查资料和数据、机构宣传资料。

---

① 吴泓、顾朝林：《基于共生理论的区域旅游竞合研究——以淮海经济区为例》，《经济地理》2004 年第 1 期。

② 袁纯清：《共生理论兼论小型经济》，经济科学出版社 1998 年版，第 52—54 页。

（一）官方统计资料

官方统计资料主要指的是官方政策文本和有关政府部门的统计数据。2000—2020 年《中国统计年鉴》、2019—2021 年《中国休闲农业年鉴》《中国城乡建设统计年鉴 2019》《中国教育统计年鉴 2019》、国务院和农业农村部网站相关新闻报道、部分省市自治区政府工作报告、部分县的国民经济和社会发展统计公报、2013—2020 年农民工监测调查报告等宏观统计材料都是本书分析重要的材料支撑。

与此同时，从 1953 年出台的《中共中央关于劝阻农民盲目流入城市的指示》，到 2003 年发布《国务院办公厅关于做好农民进城务工就业管理和服务工作的通知》，再到 2021 年发布的《“十四五”就业促进规划》等，跨越 70 年的中央政策文本也为本书提供了重要的资料支持。

（二）调查资料和数据

本书调查资料和数据主要来源于课题组实地调查所获得的数据，主要包括：

2019—2020 年在湖南、湖北、河南、贵州、四川、内蒙古等六省区所开展的农村就业创业服务问卷调查。课题组成员先后于 2019 年 7—8 月在湖南省江华县、宁远县、湘潭县、湘乡市、浏阳市、长沙县以及湖北省秭归县、兴山县、谷城县、南漳县、河南新郑市、中牟县进行问卷调查。2020 年 1—2 月到贵州开阳县、修文县、普定县、紫云苗族自治县，以及四川金堂县、大邑县、青川县、剑阁县进行问卷调查。2021 年 7—8 月在内蒙古宁城县、翁牛特旗、武川县、和林格尔县进行问卷调查。

（三）机构宣传资料

2019 年和 2020 年春节前后，笔者带领团队成员在湖南江华县、宁远县、蓝山县[①]、湘潭县、长沙县进行问卷调查期间，也正是“春风行动”招聘会进行时，笔者在观察招聘会现场时，与当地人力资源

① 由于春节期间参与调研的学生已经回家过年，湖南省蓝山县只进行了访谈，未发放调查问卷。

和社会保障部门工作人员和招聘单位人员进行沟通，收集了大量关注招聘的详细信息。这也成为本书后续分析农村就业创业与产业发展共生关系的重要资料支撑。

二 研究方法

科学的研究方法是深入探究研究问题的关键。本书综合采用案例研究、调查研究、文献研究等方法，在综合分析国家宏观统计数据、抽样调查数据及有关资料基础之上展开分析：

（一）案例研究

考虑到不同地区地理人口条件和经济发展阶段的差异，农村就业创业服务重点不同，不存在统一的实践模式，本书采用案例研究方法。一方面，通过深度个案解剖获得微观的事实与细节；另一方面，通过多案例比较分析，发现成功就业创业服务模式的共性特征。

（二）调查研究

使用 SPSS23.0 对抽样调查数据资料进行分析，具体采用相关分析、聚类分析、多元线性回归等数理统计分析方法，对农村公共就业创业服务现状、需求、期望及其他约束性因素进行分析，为后续对策分析奠定基础。调查抽样设计则采用多阶分层概率抽样设计，兼顾东中西部和东北地区、省会城市和非省会城市，选取中西部 6 省（中部、西部各 3 省）13 城（湖南省 3 市，其他每省各 2 个市）26 县（每个城市选 2 个县）104 个村民委员会 1040 户家庭中的成年人进行调查。同时，课题组还于 2019 年和 2020 年春节期间在湖南江华县、宁远县、蓝山县、湘潭县、浏阳县的“春风行动”招聘会现场对 780 名返乡农民工进行了调查。经过数据清理，最终获得有效问卷 1699 份。

（三）文献研究

文献研究包括两个方面：一是利用现存统计资料，进行共生度测量；二是通过对官方文献资料分析，初步了解农村就业创业服务供给现状以及了解相关领域成功经验，为后续研究提供方向指导，并与实证研究结果相对照。

（四）SWOT 分析技术

借鉴 SWOT 分析技术，本书对我国农村就业创业和产业发展面临的内外部环境进行系统分析，为探寻优化我国农村就业创业服务体系的宏观战略和实施策略奠定基础。

第二章　中国农村就业创业服务体系的历史演变

近年来，伴随着就业优先战略的实施，作为公共就业政策核心组成部分的就业创业服务，逐渐成为党中央和国务院重点关注的领域。从理论应然层面，作为“实施积极就业政策的主要载体”和“促进就业的主要手段”[①]，公共就业创业服务可以通过其本身的公平性和均等性，很好地弥补劳动力市场分割的负面影响[②]，进而成为解决弱势群体就业的关键。数量庞大且在竞争性就业市场中处于相对劣势地位的农村劳动力，自然就成为理论上最重要的就业创业服务对象之一。截至 2021 年年底，中国有 27879 万人在乡村就业[③]，13309 万进城农民工在城镇就业[④]，他们主要分布在制造、建筑、批发零售、交通运输、仓储和邮政、住宿餐饮、居民服务、修理等流动性较高且稳定性较差的行业，甚至很多还处于非正规就业状态，就业质量偏低。因此，政府需要通过就业创业服务支持农民实现更高质量的充分就业，促进其社会融入，让农村劳动力共享改革开放和市场经济发展的成果。

那么，当前我国农民就业创业服务政策的现实图景如何？我国农村就业创业服务政策是否真的把农村劳动人口作为主要服务对象？服

① 刘海莺、林木西：《公共就业服务述评：由 2010 年诺贝尔经济学奖生发》，《改革》2010 年第 12 期。

② 蒲晓红、鲁宁宁、李军：《提升我国农业转移人口就业质量的途径——基于公共就业服务视角》，《上海行政学院学报》2015 年第 5 期。

③ 参见国家统计局网站，https：//data. stats. gov. cn/easyquery. htm？ cn = C01。

④ 数据来源于国家统计局公布的《2021 年农民工监测调查报告》，http：//www. stats. gov. cn/xxgk/sjfb/zxfb2020/202204/t20220429_1830139. html。

务政策的重点和价值取向指向何方？只有厘清这些问题，明确现有政策的进展和存在的不足，才能进一步优化政策设计，推动农村劳动力实现高质量充分就业，增强农民的获得感和幸福感。基于上述思考，本章将分析新中国成立以来国家农民就业创业服务政策及其演变趋势，明确其中的进展和不足，并进一步展望其未来发展趋势，以期为未来农民就业创业服务体系的优化和完善提供借鉴。

第一节　农村就业创业服务政策演变的理论逻辑

公共政策演变的背后必然隐含着特定的理论逻辑。对于农民就业创业服务政策演变而言，基于社会学习的注意力分配理论提供了一个可能的理解政策变迁的逻辑框架。

基于社会学习的注意力分配理论是社会学习（social learning）和注意力分配（attention allocation）理论的结合，其关键机制在于人类个体通过社会学习，总结成败经验，不断进行注意力的重新分配或再固定。

社会学习是行动者学习过去或他人经验，不断调整自身的过程。在公共政策研究领域，彼得·豪尔（Peter A. Hall）较早注意到社会学习对政策演变的影响，认为政策演变过程是一个政策制定者进行社会学习的过程[①]。休·赫克洛（Hugh Heclo）则发现，即使个人观点没有发生变化，仅仅是客观环境的改变就足以使得通过公共政策所展现的集体行动发生变化[②]，而政策演变则是此种社会学习基础上的集体行动结果。戴斯蒙德·金（Desmond King）和兰德尔·汉森（Randall Hansen）则把政策变迁中的社会学习过程概括为智力谋划、对以

① Peter A. Hall, "Policy Paradigms, Social Learning, and the State: The Case of Economic Policymaking in Britain", *Comparative politics*, April 1993, Vol. 3, No. 25, pp. 275-296.

② Hugh Heclo, *Modern Social Politics in Britain and Sweden: From Relief to Income Maintenance*, New Haven and London: Yale University Press, 1974, pp. 306-307.

前政策成败得失经验的借鉴和对领域专家知识的吸纳等三个方面[①]。但无论是何种形式的政策学习，社会学习能否作用于政策变迁实践都取决于决策者们的注意力分配。如果决策者过度自信或受思想信念影响，漠视专家知识和政策实践的经验教训，或者政策资源有限和受个体有限理性约束，决策者极有可能无法把注意力转移到新的政策议程上来或无力对现有政策进行帕累托改进。可见，社会学习机制对政策演变的影响最终要通过决策者注意力分配来实现。

注意力分配是一个跨学科研究主题，不同学科从不同的角度界定和阐释注意力分配，而管理学倾向于把注意力分配看作一个计划统筹过程[②]。这与中央层面的宏观决策情境更为契合，即强调决策者审时度势的计划统筹过程。但中央决策者的计划统筹并非“随心所欲”，会受到诸多限制性条件约束，尤其是要考虑投入的时间、精力和资源约束[③]。这意味着决策者的计划统筹过程具有一定程度的被动性，或者说，政治决策机构的政策注意力分配往往是被动性回应的（reactive），而非主动性回应的（proactive）[④]。如此，中央决策者就不得不在社会学习和其他限制性条件约束的共同影响下进行政策注意力分配，进而推动政策演进。

国家农民就业创业服务政策的演变也不例外，其是中央决策者在政策学习基础之上不断调整政策注意力分配的结果。但要深入理解国家农民就业创业服务政策演变背后的政策、学习行为及建立在其基础上的政策注意力分配过程尚存在两个难点：一是作为有限理性的个体，研究者无法直接观察到政策演变背后的政策学习行为和决策者注

---

① Desmond King and Randall Hansen, “Experts at Work: State Autonomy, Social Learning and Eugenic Sterilization in 1930s Britain”, *British Journal of Political Science*, Vol. 29, No. 1, January 1999, pp. 77-107.

② 练宏：《专栏导语：中国政府行为的注意力分配研究何以有特色?》，《公共行政评论》2020 年第 1 期。

③ Ocasio William, “Towards an Attention-Based View of the Firm”, *Strategic Management Journal*, Vol. 18, Special issue, December1997, pp. 187-206.

④ Frank M. Häge, “Political Attention in the Council of the European Union: A New Dataset of Working Party Meetings, 1995-2014”, *European Union Politics*, Vol. 17, No. 24, May 2016, pp. 683-703.

意力分配过程，也无法直接观察持续渐进的政策演进过程，而只能借助于政策文本内容所体现的政策输出变化来理解政策学习基础上的决策者注意力分配过程和政策演进状态；二是具体通过哪些维度来观察和理解这些行为或过程。因为，无论是政策学习行为、政策注意力分配过程，还是政策演变过程都是难以直接观察的。幸运的是，美伊·彼得（May Peter）提供了一个可能的观察政策领域社会学习行为推动政策演化的三维框架：一是政策目标群体的改变，指的是因政策受益或受到限制的人群的改变；二是政策权利授予的改变（a change in rights bestowed by a policy），指的是政策授予某一群体新的权利或者限制先前授予的权利；三是政策目标的重新调整，指的是政策预期实现的主要目标变化①。

为了更全面地展现公共就业服务政策的阶段性特征，本书在分析农民就业服务政策权利授予的改变的同时，会兼顾阐述相关政策文件首次提出新论述的重要意义，即把“政策权利授予”维度调整为“政策权利授予和意义”维度。同时，考虑到政策价值取向对政策目标群体选择和政策注意力的潜在影响，本书在美伊·彼得的三维框架基础之上加入第四个维度——政策价值取向维度，形成“政策目标—目标群体—权利授予和意义—价值取向”的四维公共就业服务政策演变观察框架。所谓政策价值取向，指的是公共政策文本规定所体现的社会价值目标或社会价值期望，即由政策确立的社会价值目标。邓恩·威廉姆（Dunn William N.）认为政策问题就是尚未实现的需要价值，或者是有待改进的机会②。这里所谓的“尚未实现的价值”指的就是政策的价值取向，是政策希望实现的价值目标。布莱恩·琼斯则进一步指出，当注意力转变时，决策所依赖的那些价值观也会发生转变③。农民公共就业服务政策的演变也不例外。中央决策者们必须在

---

① May Peter, “Policy Learning and Failure”, *Journal of Public Policy*, Vol. 12, No. 4, December 1992, pp. 331-54.

② Dunn William N., *Public Policy Analysis: An Integrated Approach* (6th ed.), New York: Routledge., 2018, p. 69.

③ ［美］布赖恩·琼斯：《再思民主政治中的决策制定：注意力、选择与公共政策》，李丹阳译，北京大学出版社2010年版，第58页。

多重价值之间进行权衡，在不同时期或不同阶段，决策者们必须根据国家整体形势变化和问题的轻重缓急，确立不同的主导价值取向。

透过上述四个维度，研究者可以直接观察与识别农民公共就业服务政策演变所处的阶段，并反过来通过这些政策演变阶段特征来理解决策者政策注意力的调整过程，进而理解政策注意力调整背后的政策学习行为（见图 2-1）。

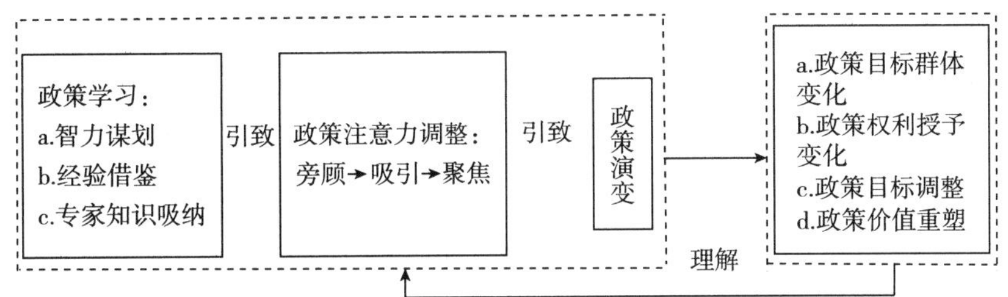

图 2-1　农民公共就业服务政策演变逻辑及演变结果观察框架

第二节　农村公共就业创业服务体系演变的历史过程

总体来看，新中国成立以来，我国农村就业创业服务体系变迁经历了三大阶段，分别是农业支持工业时期的政策注意力旁顾阶段、统筹城乡建设时期的政策注意力吸引阶段和城乡一体化建设时期的政策注意力聚焦阶段。

一　农业支持工业时期的政策注意力旁顾阶段（1949—2002 年）

政策注意力旁顾阶段也即农民就业创业服务缺失阶段。承前所述，决策者的注意力分配往往是被动回应式的，国家农民就业创业服务政策的演变也不例外。新中国成立初期，中国城镇化水平和重工业发展水平都非常低。1949 年中国的城镇化率仅为 10.64%[①]，重工业总产值占工农业总产值的比例仅为 7.9%[②]。为此，国家急需采取“城市偏向、重工业优先”的发展战略来巩固政权和恢复国民经济。1949 年，党中央在中国共产党第七届中央委员会第二次全体会议上提出了党的工作重心由乡村转移到城市、恢复和发展城市生产建设和实现从落后农业国到先进工业国转变的建设方向[③]。1953 年制定的“一五”计划则进一步指出，为了巩固国防、满足人民需要和对国民经济进行社会主义改造，必须实行“优先发展重工业政策”[④]。在此种背景下，确保城市粮食和生产资料供应以及维护社会稳定是第一要务，农业农村实质被看作“蓄水池”——主要定位于“解决城市失业问题”[⑤] 和解决几亿人“吃饱”问题。为此，国家通过土地改革让农民获得土地安心从事农业生产，并出台政策禁止农民向城市流动，甚至把农民进城务工看作“盲流”加以禁止。比如 1953 年印发的《中共中央关于劝阻农民盲目流入城市的指示》、1956 年印发的《关于防止农村人口盲目外流的指示》、1957 年印发的《关于制止农村人口盲目外流的指示》、1958 年印发的《中华人民共和国户口登记条例》、1979 年印发的《关于严格控制农业人口转为非农业人口的意见的报告》等中央文件都明确禁止农民工进城。同时，国家还在农村解决城市居民失业问题，即让部分城市劳动人口“上山下乡”，参加农林牧渔业生产。据相关研究测算，1962—1978 年共有 1792 万人先后“上山下乡”[⑥]。如此，在中央决策者看来，也就不存在促进农民再就业和为农民提供就业创业服务的需要。当然，这一时期仍然存在零星的农民就业创业服务意识。比如，1956 年中共中央批转广东省委的《关

① 参见国家统计局国民经济综合统计司《新中国六十年统计资料汇编》，中国统计出版社 2010 年版。

② 参见国家统计局工业交通物资统计司《中国工业经济统计资料 1949—1984》，中国统计出版社 1985 年版。

③ 《毛泽东选集》第四卷，人民出版社 1991 年版，第 1427 页。

④ 《建国以来重要文献选编》第六册，中央文献出版社 1993 年版，第 408—459 页。

⑤ 折晓叶、艾云：《城乡关系演变的制度逻辑和实践过程》，中国社会科学出版社 2014 年版，第 74 页。

⑥ 蔡昉、都阳、杨开忠：《新中国城镇化发展 70 年》，人民出版社 2019 年版，第 23 页。

于退社问题的报告》就指出，“对缺乏劳动力的困难户，主要采取帮助其发展力能胜任的家庭副业”[①]，强调帮助缺乏劳动力的农户从事其力所能及的工作。

改革开放以后，伴随着家庭联产承包责任制的推行，农民获得了一定的就业自主权。这一阶段的农民就业具有兼业的特点，农民或者就近就地在乡镇企业就业，或者到本市辖区内务工经商，农忙时依然会参与农业生产。由于不存在明显的农民失业问题，农民就业服务自然也就很难吸引中央决策者的注意力。比如，1984 年中央一号文件《中共中央关于一九八四年农村工作的通知》就指出，“各省、自治区、直辖市可选若干集镇进行试点，允许务工、经商、办服务业的农民自理口粮到集镇落户”[②]。其政策立足点是促进农村工业发展，尚未把农民就业看作是一个重大的社会问题，更不可能从就业创业服务的高度去审视农民就业创业问题。

直到 20 世纪 80 年代末 90 年代初，伴随着农村富余劳动力的大规模跨区流动，形成“民工潮”后，农民就业问题才逐渐进入中央决策者的注意力范围，进而成为一个显性的社会问题。1990 年印发的《中共中央关于制定国民经济和社会发展十年规划和“八五”计划的建议》、1991 年印发的《中共中央关于进一步加强农业和农村工作的决定》等政策文件均意识到了农村剩余劳动力问题的存在，并允许农村劳动力有序向城市转移[③]（见表 2-1）。但这一阶段农民就业服务问题同样未能进入国家政策视野。比如，1995 年印发的《国务院办公厅转发劳动部关于实施再就业工程报告的通知》就仅针对城市企业失业员工，而不涉及农民就业[④]。解决农民就业依然依靠“离土不离乡，进厂不进城”的农村就地转移模式。1990 年 6 月 19 日，江泽民总书记在《在农村工作座谈会上的讲话》中明确指出，“我们这么多的农

① 《建国以来党的重要文献选编》第九卷，中央编译出版社 1993 年版，第 549—550 页。

② 《十二大以来重要文献选编》（上），人民出版社 1986 年版，第 371 页。

③ 《十三大以来重要文献选编》（中），中央文献出版社 2011 年版，第 730—769 页；《十三大以来重要文献选编》（下），中央文献出版社 2011 年版，第 278—300 页。

④ 国务院办公厅：《国务院办公厅转发劳动部关于实施再就业工程报告的通知》（国办发〔1995〕24 号）。

业人口，农业发展滞后，剩余劳动力不是涌入大城市，而是就地消化。”[①] 1991 年印发的《中华人民共和国国民经济和社会发展十年规划和第八个五年计划纲要》也明确实行农村剩余劳动力“离土不离乡”的就地转移方针[②]。

综合来看，这一时期中央关于农民就业创业服务政策具有如下特征：第一，就政策目标来看，中央在禁止农民进城与有限度、有计划地利用农村劳动力资源支持城市工业化建设之间进行权衡，农民就业服务问题并未引起中央决策者的关注。第二，就政策目标群体来看，前期禁止农民进城就业的对象是全体农村居民，后期允许部分农村劳动力到城镇务工经商，但也严格控制数量和规模，受益的仅仅是小部分农民工。第三，就权利授予和意义来看，从早期通过出台《中共中央关于劝阻农民盲目流入城市的指示》《中华人民共和国户口登记条例》等文件否决和限制农民自由流动，到后期《中共中央关于一九八四年农村工作的通知》《中共中央关于进一步加强农业和农村工作的决定》等文件赋予农村劳动力进城务工经商的合法权利，中央决策者已经注意到了农民就业问题。但这一时期的国家政策设计缺乏服务意识，让农民进城“自谋生路”，没有给予他们与城市居民同等的就业创业服务权利。第四，就政策价值取向来看，国家政策设计更多的是一种政治价值考量。无论是改革开放以前禁止农民进城求职，还是改革开放后要求加强农村工业和集镇建设，致力于在农村解决农民就业问题，其核心都是为了维护社会稳定，尤其是维护城镇工业化建设的秩序稳定，而非公共服务所应关注的效率、平等、包容性等公共价值。1991 年发布的《中共中央关于进一步加强农业和农村工作的决定》明确表明“妥善安排农村富余劳动力，是保持社会稳定的重大问题”。而 1984 年印发的《中共中央关于一九八四年农村工作的通知》允许农民到集镇务工经商和办理服务业，也是为了促进“农村工业适当向集镇集中”，并期望最终能“使集镇逐步建设成为农村区域性的

---

① 《十三大以来重要文献选编》(中)，中央文献出版社 2011 年版，第 538—546 页。
② 《十三大以来重要文献选编》(中)，中央文献出版社 2011 年版，第 741 页。

经济文化中心”，强调其促进农村集镇经济发展的作用（见表2-1）。从事后反思来看，集体化末期，农村经济极为落后，国家和农民之间的关系陷入僵局[①]。推动农村经济改革，促进农村经济发展是中央的主要调整思路，也正是在此种背景下，国家开始推动乡镇企业发展，逐步放开农民进入小城镇。

表2-1　农业支持工业时期关于农民就业创业服务的主要政策表述（1949—2002年）

政策	主要政策论述	政策目标	目标群体	权利授予和意义	价值取向
1953年《中共中央关于劝阻农民盲目流入城市的指示》	县、区、乡政府对于自由进城找职业的农民，均不得开给介绍信件……盲目地自由进入城市的村干部、党团员及民兵，亦均应一律还乡……	禁止农民进城就业	所有农民	否决农民的自由流动权	社会稳定
1958年《中华人民共和国户口登记条例》	公民由农村迁往城市，必须持有城市劳动部门的录用证明，学校的录取证明，或者城市户口登记机关的准予迁入的证明，向常住地户口登记机关申请办理迁出手续	禁止农民进城就业	所有农民	进一步限制农民自由流动权	社会稳定
1984年《中共中央关于一九八四年农村工作的通知》	农村工业适当集中于集镇……使集镇逐步建设成为农村区域性的经济文化中心。一九八四年，各省、自治区、直辖市可选若干集镇进行试点，允许务工、经商、办服务业的农民自理口粮到集镇落户	促进农村工业发展	农村富余劳动力	集镇就业权	经济发展

① 折晓叶、艾云：《城乡关系演变的制度逻辑和实践过程》，中国社会科学出版社2014年版，第50—76页。

续表

政策	主要政策论述	政策目标	目标群体	权利授予和意义	价值取向
1990 年《中共中央关于制定国民经济和社会发展十年规划和“八五”计划的建议》	积极解决城乡劳动就业问题。合理开发利用我国丰富的人力资源，是发展国民经济和保障社会安定的必要条件。农村劳动力向城镇逐步转移的规模和速度，应当与经济发展和城镇的承受能力相适应	利用农村劳动力资源	农村富余劳动力	城镇就业权	社会稳定以及资源配置效率
1991 年《中共中央关于进一步加强农业和农村工作的决定》	妥善安排农村富余劳动力，是保持社会稳定的重大问题	促进农村富余劳动力工作	部分农村劳动力	首次明确提出存在农村富余劳动力就业问题	社会稳定

二　统筹城乡建设时期的政策注意力吸引阶段（2003—2007 年）

政策注意力吸引阶段也即城镇就业创业服务体系吸纳阶段。当时出于缓解城市就业压力和维护城市社会稳定的需要，农业支持工业时期的国家政策禁止或限制农民向城镇非农产业转移，妨碍了农村劳动力资源的优化配置，阻碍了农民收入的增长和农村的发展。后期国家虽然允许部分农村富余劳动力进城务工经商，但更多的是把农村劳动力看作是可开发利用的劳动力资源，未能从农民全面发展的高度来审视农民工就业问题。缺乏相应的政策设计和制度安排，使得进城农民工在劳动就业权益遭受损害时无法得到有效保护，出现农民工工资水平低、讨薪难、就业环境差等诸多新的社会问题。比如，根据王美艳在 2001 年开展的调查，在城镇就业的农村劳动力工资水平远低于城市劳动力，且有 43%的差异是由歧视等不可解释的因素造成的（详见表 2-2）；根据中国农民工与社会保护课题组 2004—2005 年的调查，27. 4%的进城农民工从事危险、有毒、有害的工作，22. 8%的进城农民工受过工伤或有职业病；21%

的进城农民工有被拖欠工资的经历①。2003 年发布的《国务院办公厅关于做好农民进城务工就业管理和服务工作的通知》也指出，农民工的合法权益得不到有效保护，拖欠克扣工资、乱收费等现象严重②。可见，正是基于对前期农民工进城务工政策的反思，国家开始关注农民就业创业服务问题。以党中央在中国共产党第十六次全国代表大会上提出统筹城乡经济社会发展为契机，为进城农民工和失地农民提供就业创业服务逐渐进入了国家政策视野。但国家在这一阶段为农民提供的就业创业服务仅限于进城农民工和失地农民，其本质是完善城镇就业创业服务体系。比如成文于 2004 年年底、发布于 2008 年的《国务院办公厅关于进一步做好改善农民进城就业环境工作的通知》就指出，要“健全和完善公共就业服务体系，对包括进城就业农民在内的所有求职者提供就业服务”③，却并未提及在乡村为农民提供就业服务问题。

表 2-2　2001—2002 年外来劳动力与城市本地劳动力的就业岗位分布和小时工资差距　单位：元

就业岗位	进城农村劳动力	城市劳动力	差额
自我雇佣者	4.66	5.68	1.02
公有单位职工	3.86	5.77	1.91
非公有单位职工	2.85	3.91	1.06
非公有单位行政管理及专业技术人员	5.46	8.27	2.81
合计	4.05	5.7	1.65

资料来源：王美艳（2005）。

① 郑功成、黄黎若莲：《中国农民工与社会保护》，人民出版社 2007 年版，第 386—400 页。

② 国务院办公厅：《国务院办公厅关于做好农民进城务工就业管理和服务工作的通知》（国办发〔2003〕1 号）。

③ 国务院办公厅：《国务院办公厅关于进一步做好改善农民进城就业环境工作的通知》（国办发〔2004〕92 号）。

中国共产党第十六次全国代表大会报告指出，“统筹城乡经济社会发展，是全面建设小康社会的重大任务”①，这是党中央对新中国成立以来长期累积形成的城乡二元结构的首次重大调整，标志着中国正式进入统筹城乡建设阶段。这其中，统筹是手段，重心在城，其核心在于采取“以工促农、以城带乡”的策略推动农业农村发展②。这反映出中央决策者的政策注意力初步由“农业支持工业”转变为“以工促农、以城带乡”。统筹城乡建设阶段的主要目标是增加农民收入，避免城乡收入差距进一步扩大，其主要措施则是促进农村劳动力向城镇转移就业。中国共产党第十六次全国代表大会报告将其表述为“农村富余劳动力向非农产业和城镇转移，是工业化和现代化的必然趋势”。

农民就业创业服务真正进入国家政策视野始于2003年。2003年，《国务院关于进一步加强农村教育工作的决定》《国务院办公厅关于做好农民进城务工就业管理和服务工作的通知》《国务院关于克服非典型肺炎疫情影响 促进农民增加收入的意见》《中共中央关于完善社会主义市场经济体制若干问题的决定》等多个中央文件都关注了农民就业服务问题（见表2-3），正式把农民就业创业服务体系建设提上了政策日程，从而使得农民就业创业服务政策实现了“从无到有”的转变。其中，《国务院办公厅关于做好农民进城务工就业管理和服务工作的通知》指出，要“全面做好农民进城务工就业管理和服务的各项工作”③，首次明确提出了农民工就业服务问题，让农民工有机会享受城镇公共就业服务。

---

① 江泽民：《全面建设小康社会，开创中国特色社会主义事业新局面》，人民出版社2002年版，第38页。

② 折晓叶、艾云：《城乡关系演变的制度逻辑和实践过程》，中国社会科学出版社2014年版，第51—53页。

③ 国务院办公厅：《国务院办公厅关于做好农民进城务工就业管理和服务工作的通知》（国办发〔2003〕1号）。

表 2-3　统筹城乡建设时期关于农民就业创业服务的主要政策表述（2003—2007 年）

政策	主要政策论述	政策目标	目标群体	权利授予和意义	价值取向
2003 年《国务院办公厅关于做好农民进城务工就业管理和服务工作的通知》	按照公平对待、合理引导、完善管理、搞好服务的原则，采取有效措施，全面做好农民进城务工就业管理和服务的各项工作。	促进农民工进城就业	进城农民工	进城农民工就业服务权	公平
2003 年《中共中央关于完善社会主义市场经济体制若干问题的决定》	逐步统一城乡劳动力市场，加强引导和管理，形成城乡劳动者平等就业的制度。	破除农民工进城务工就业的制度障碍	进城农民工	城乡劳动者平等就业权	平等
2005 年《国务院关于进一步加强就业再就业工作的通知》	对持《再就业优惠证》人员、城镇其他登记失业人员，以及进城登记求职的农村劳动者，公共就业服务机构要提供免费的职业介绍服务。	完善城镇公共就业服务体系	进城农民工	进城农民工免费享受城市公共就业服务权	平等
2006 年《国务院关于解决农民工问题的若干意见》	各级人民政府要把促进农村富余劳动力转移就业作为重要任务。要建立健全县乡公共就业服务网络，为农民转移就业提供服务。	初步建立农村就业服务体系	进城农民工	在乡村的转移就业服务权	平等
2006 年《关于做好被征地农民就业培训和社会保障工作指导意见的通知》	在城市规划区内，要将被征地农民纳入统一的失业登记制度和城镇就业服务体系。	把失地农民纳入城镇就业服务体系	失地农民	赋予失地农民城镇公共就业服务权	包容性

综合来看，在这一时期，为农民提供就业创业服务不仅吸引了中央决策者的政策注意力，还表现出一些农业支持工业时期所不具备的新特征。

一是政策价值取向日趋多元化，更多地开始关注公平、平等、包容性等公共价值。比如，2003 年 1 月印发的《国务院办公厅关于做好农民进城务工就业管理和服务工作的通知》指出，要“按照公平对待、合理引导、完善管理、搞好服务的原则，采取有效措施，全面做好农民进城务工就业管理和服务的各项工作”①；2003 年 10 月发布的《中共中央关于完善社会主义市场经济体制若干问题的决定》提出要“形成城乡劳动者平等就业的制度”②。

二是在权利授予方面，中央政策不仅赋予了农民在城乡自由流动的权利，还进一步明确了进城农民工和失地农民免费享受城镇就业创业服务的权利。比如，2005 年 11 月印发的《国务院关于进一步加强就业再就业工作的通知》就指出，“进城登记求职的农村劳动者，公共就业服务机构要提供免费的职业介绍服务”③，首次明确农民工免费享受城市公共就业创业服务的权利。中央决策者开始超越改革开放初期的工具理性思维，不再简单地把农村劳动力看作是可开发利用的人力资源，而是站在价值理性的高度，从农民权利和农民发展的角度来看待农民工④。

三是政策目标不再局限于维护社会稳定，而是有序引导农民进城就业，促进农民工“城市化”，注重对进城农民工权益的保护。比如，2003 年中国共产党第十六届中央委员会第三次全体会议通过的《中共中央关于完善社会主义市场经济体制若干问题的决定》中指出，“在城市有稳定职业和住所的农业人口，可按当地规定在就业地或居住地登记户籍，并依法享有当地居民应有的权利”⑤；2006 年印发的《国务院关于解决农民工问题的若干意见》强调“维护农民工权益是需要解决的突出问题”⑥，并对健全维护农民工权益的保障机制进行了

---

① 国务院办公厅：《国务院办公厅关于做好农民进城务工就业管理和服务工作的通知》(国办发〔2003〕1 号)。

② 《十六大以来重要文献选编》(上)，中央文献出版社 2011 年版，第 469 页。

③ 国务院：《国务院关于进一步加强就业再就业工作的通知》(国发〔2005〕36 号)。

④ 赖德胜、李长安、张琪：《中国就业 70 年：1949—2019》，中国社会保障出版社 2019 年版，第 428—430 页。

⑤ 《十六大以来重要文献选编》(上)，中央文献出版社 2011 年版，第 469—470 页。

⑥ 国务院：《国务院关于解决农民工问题的若干意见》(国发〔2006〕5 号)。

重点论述。

四是政策目标群体仅限于进城农民工和失地农民，而未考虑在农村就业的农民，即暂时忽略了农村就业创业服务体系构建问题。表 2-3 所列的政策文件均强调，要把进城农民工和被征地农民作为服务目标。在此种意义上，本书将这一阶段称之为城镇就业创业服务体系吸纳阶段，即城镇就业创业服务体系吸纳进城农民工和被征地农民阶段。

三 城乡一体化建设时期的政策注意力聚焦阶段（2008 年至今）

政策注意力聚焦阶段也即覆盖城乡公共就业创业服务体系构建阶段。这一阶段，中央政策注意力进一步聚焦于农民就业创业服务问题，不仅把在乡村为农民提供公共就业创业服务纳入政策体系，还在城乡一体化框架下逐步完善农民公共就业创业服务体系。与基于社会学习的政策注意力分配理论观点相契合，在乡村为农民提供公共就业创业服务也是党中央基于前期政策实践效果而作出的政策改进。由于当时乡村公共就业创业服务工作十分薄弱[①]、乡村产业基础较为薄弱和农业转移劳动力不能适应农村工业发展需要等原因，统筹城乡建设时期以促进农业生产发展和允许农民工进城务工经商为核心的政策举措并不能从根本上解决城乡收入差距扩大问题（见图 2-2）。

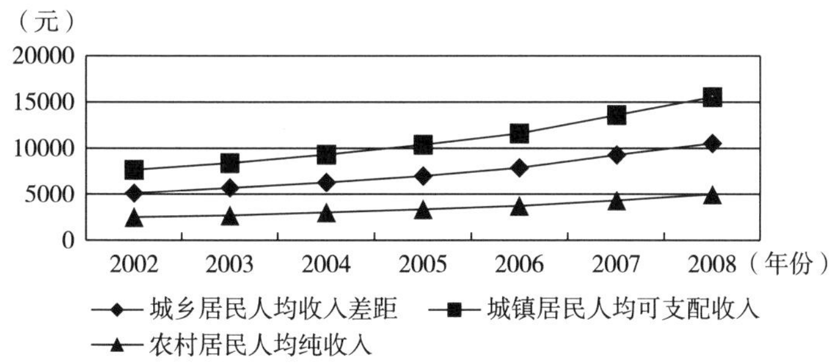

图 2-2 2002—2008 年城镇居民人均可支配收入、农村居民人均纯收入及差距

资料来源：国家统计局，https：//data. stats. gov. cn/easyquery. htm？ cn=C01。

---

① 国务院发展研究中心“中国农民工战略问题研究”课题组：《中国农民工现状及其发展趋势总报告》，《改革》2009 年第 2 期。

基于此，中央决策者在反思学习的基础上把公共就业创业服务引入乡村，加大公共就业创业服务体系对农民就业创业的支持力度，寄希望于通过高质量就业创业服务体系促进农民实现充分高质量就业，进而达到缩小城乡收入差距之目标。2007 年，中国共产党第十七次全国代表大会报告就明确指出，“农业基础薄弱、农村发展滞后的局面尚未改变，缩小城乡、区域发展差距和促进经济社会协调发展任务艰巨”，并进一步指出要“建立以工促农、以城带乡长效机制，形成城乡经济社会发展一体化新格局”①，明确提出了城乡一体化建设的新发展思路。2018 年中央一号文件进一步指出，“农村生产要素外流加剧，缩小城乡差距难度加大，要求加大统筹城乡发展力度。”② 很显然，中央决策者已经充分意识到统筹城乡发展时期相关政策的局限性，致力于寻找支持“三农”发展的更有效途径，而就业创业服务就是其中的政策创新之一。

2009 年印发的《中共中央国务院关于加大统筹城乡发展力度进一步夯实农业农村发展基础的若干意见》标志着建立健全城乡统一的公共就业创业服务体系，真正引起了中央决策者的政策注意力。该政策文件明确提出了建立“覆盖城乡的公共就业服务体系”和把农民工返乡创业与农民就地就近就业纳入服务体系的主张③。此前的文件，比如 2008 年中央一号文件和《中共中央关于推进农村改革发展若干重大问题的决定》虽然分别提出要“改善农民工返乡创业环境”④ 和“鼓励农民就近转移就业，扶持农民工返乡创业”⑤，却未明确提出建立和健全农村就业创业服务体系的主张（见表 2-4）。

---

① 《十七大以来重要文献选编》（上），中央文献出版社 2013 年版，第 18 页。

② 中共中央、国务院：《中共中央国务院关于实施乡村振兴战略的意见》（中发〔2018〕1 号）。

③ 《十七大以来重要文献选编》（中），中央文献出版社 2014 年版，第 345 页。

④ 中共中央、国务院：《中共中央国务院关于实施乡村振兴战略的意见》（中发〔2018〕1 号）。

⑤ 《十七大以来重要文献选编》（上），中央文献出版社 2013 年版，第 677 页。

表 2-4 城乡一体化建设时期（2008 年以后）关于农民就业创业服务的主要政策表述

政策	主要政策论述	政策目标	目标群体	权利授予和意义	价值取向
2008 年中央一号文件	要通过非农就业增收，提高乡镇企业、家庭工业和乡村旅游发展水平，增强县域经济发展活力，改善农民工进城就业和返乡创业环境	通过非农就业增加农民收入	全体农民工	首次提出服务于农民工返乡创业	包容性
2008 年《国务院关于做好促进就业工作的通知》	县级以上人民政府要建立健全公共就业服务体系，规范公共就业服务机构，明确服务职责和范围	健全公共就业服务体系	全体劳动力	明确强调县级以上政府的公共就业服务责任	有效性
2010 年中央一号文件	建立覆盖城乡的公共就业服务体系……完善促进创业带动就业的政策措施，将农民工返乡创业和农民就地就近创业纳入政策扶持范围	建立覆盖城乡的公共就业服务体系	全体农村劳动力	首次提出建立覆盖城乡的公共就业服务体系和把农民就地就近就业纳入服务体系	包容性
2012 年《国务院关于批转促进就业规划（2011—2015 年）的通知》	覆盖城乡的公共就业和人才服务体系进一步健全，全部街道、乡镇和城市 95%以上的社区设立基层劳动就业服务平台	推动公共就业服务下沉	全体劳动力	推进基层公共就业服务平台建设	有效性
2013 年《中共中央关于全面深化改革若干重大问题的决定》	完善城乡均等的公共就业创业服务体系，构建劳动者终身职业培训体系	完善公共就业创业服务体系	城乡劳动者	首次明确城乡均等的价值取向和终身培训理念	平等
2015 年《国务院办公厅关于支持农民工等人员返乡创业的意见》	强化返乡农民工等人员创业培训工作。完善农民工等人员返乡创业公共服务。改善返乡创业市场中介服务	推动农村创业服务体系建设	返乡劳动力	首次系统布局农村创业服务体系建设	平等、有效性

续表

政策	主要政策论述	政策目标	目标群体	权利授予和意义	价值取向
2016年中央一号文件	加大对农村灵活就业、新就业形态的支持。鼓励各地设立农村妇女就业创业基金，加大妇女小额担保贷款实施力度，加强妇女技能培训，支持农村妇女发展家庭手工业。实施新生代农民工职业技能提升计划，开展农村贫困家庭子女、未升学初高中毕业生、农民工、退役军人免费接受职业培训行动	完善公共就业服务体系	城乡劳动者	首次提出支持农村灵活就业、新就业形态和农村妇女就业	包容性、精准性
2015年《国务院关于进一步做好新形势下就业创业工作的意见》	健全覆盖城乡的公共就业创业服务体系，提高服务均等化、标准化和专业化水平	完善公共就业服务体系	城乡劳动者	提出服务均等化、标准化和专业化水平的建设目标	效率以及平等
2017年《国务院关于做好当前和今后一段时期就业创业工作的意见》	着力推进公共就业创业服务专业化，合理布局服务网点，完善服务功能，细化服务标准和流程，增强主动服务、精细服务意识	完善公共就业服务体系	城乡劳动者	首次明确提出在就业领域实施“精细服务”理念	精准性、效率
2018年中央一号文件	健全覆盖城乡的公共就业服务体系，大规模开展职业技能培训，促进农民工多渠道转移就业，提高就业质量	提高农民就业质量	城乡劳动者	首次提出提高农民工就业质量问题	有效性
2019年《关于促进小农户和现代农业发展有机衔接的意见》	鼓励有条件的地方……支持小农户结合自身优势和特长在农村创新创业	扩大公共就业服务范围	小农户	明确提出“鼓励小农户创业就业”	包容性

总体来看，进入城乡一体化发展时期，中央决策者对农民就业创

业服务的政策注意力不断深入，有更多的相关政策文件聚焦于农民就业创业服务体系构建。相应地，农民就业创业服务政策构建也在多个方面取得了明显的进展。

一是政策目标上升为构建覆盖城乡的公共就业创业服务体系，不再局限于完善城镇公共就业创业服务体系。在纵向服务体系建构方面，强调构建“纵贯到底”的服务体系。2008 年和 2012 年国务院先后发布通知强调，“县级以上人民政府要建立健全公共就业服务体系”① 和“全部街道、乡镇和城市 95%以上的社区设立基层劳动就业服务平台”②，致力于打通农民就业创业服务的“最后一公里”，推动构建中央、省、市、县、乡纵贯到底的一体化公共就业创业服务体系。

在横向服务体系建构方面，通过服务内容和服务范围的扩展，推动形成“横向到边”服务体系。在服务内容方面，农村就业创业服务体系的服务内容不断扩展，就业创业援助、劳动关系协调、企业用工指导等均纳入到服务体系之内。2012 年印发的《促进就业规划（2011—2015 年）》强调要“健全劳动关系协调机制，提高农民工劳动合同签订率”③。2015 年《国务院办公厅关于支持农民工等人员返乡创业的意见》明确“加强基层服务平台和互联网创业线上线下基础设施建设”“完善农民工等人员返乡创业公共服务”“改善返乡创业市场中介服务”④ 等具体农村创业服务内容。2020 年印发的《关于进一步推动返乡入乡创业工作的意见》强调，“建立返乡入乡创业企业用工需求信息采集制度，提供信息发布、用工指导等服务”⑤。在服务范围方面，这一时期的就业创业服务覆盖范围进一步扩大，农民在家乡创业和妇女闲暇时在家庭从事手工业等灵活就业形态均被纳入了公

① 国务院：《国务院关于做好促进就业工作的通知》（国发〔2008〕5 号）。

② 国务院：《国务院关于批转促进就业规划（2011—2015 年）》（国发〔2012〕6 号）。

③ 国务院：《国务院关于批转促进就业规划（2011—2015 年）》（国发〔2012〕6 号）。

④ 国务院办公厅：《国务院办公厅关于支持农民工等人员返乡创业的意见》（国办发〔2015〕47 号）。

⑤ 人力资源和社会保障部、财政部、农业农村部：《关于进一步推动返乡入乡创业工作的意见》（人社部发〔2019〕129 号）。

共就业创业服务体系支持范围。2008 年的中央一号文件提出要“改善农民工进城就业和返乡创业环境”[①]。随后发布的《国务院关于解决农民工问题的若干意见》提出要“采取优惠政策，鼓励、吸引外出务工农民回到小城镇创业和居住”[②]。2016 年中央一号文件提出要“设立农村妇女就业创业基金，加大妇女小额担保贷款实施力度，加强妇女技能培训，支持农村妇女发展家庭手工业”，“开展农村贫困家庭子女免费接受职业培训行动”[③]。2019 年印发的《关于促进小农户和现代农业发展有机衔接的意见》提出“支持小农户结合自身优势和特长在农村创新创业”[④]。

二是政策目标群体进一步扩大，从最初的服务进城农民工逐渐转变为服务全体农村人口。在这一阶段，伴随着相关政策体系的完善，政策目标群体也迅速扩大，农村劳动力人口、不在劳动力人口范围之内的家庭妇女以及未升学的初高中毕业生均被纳入公共就业创业服务体系的支持范围。政策目标群体的扩大在很大程度上为每个人都拥有广泛平等的机会奠定了基础，代表着社会的进步。

三是在政策构建理念方面，更加注重引导服务质量建设。均等化、标准化、专业化、终身化、精细化等现代公共服务建设理念均在相关政策文本中有所体现。比如，2013 年印发的《中共中央关于全面深化改革若干重大问题的决定》提出了就业培训“终身”服务理念[⑤]；2015 年印发的《国务院关于进一步做好新形势下就业创业工作的意见》则提出“提高服务均等化、标准化和专业化水平”[⑥] 的建设目标；2017 年印发的《国务院关于做好当前和今后一段时期就业创

① 中共中央、国务院：《中共中央国务院关于实施乡村振兴战略的意见》（中发〔2018〕1 号）。

② 国务院：《国务院关于解决农民工问题的若干意见》（国发〔2006〕5 号）。

③ 中共中央、国务院：《中共中央、国务院关于落实发展新理念 加快农业现代化实现全面小康目标的若干意见》（中发〔2016〕1 号）。

④ 中共中央办公厅、国务院办公厅：《关于促进小农户和现代农业发展有机衔接的意见》（中办发〔2019〕8 号）

⑤ 《十八大以来重要文献选编》（上），中央文献出版社 2014 年版，第 536 页。

⑥ 国务院：《国务院关于进一步做好新形势下就业创业工作的意见》（国发〔2015〕23 号）。

业工作的意见》提出就业“精细服务”概念[①]。这些文件标志着农民就业创业服务政策的关注焦点已经开始从“量”转变为“质”，更加注重服务质量建设。

四是政策价值取向更加注重公共性，公平性、包容性、精准性和有效性等公共价值理念成为新阶段农民就业创业服务政策的主导价值取向。比如，2019 年印发的《国务院关于进一步做好稳就业工作的意见》就明确规定“劳动年龄内、有劳动能力、有就业要求、处于失业状态的城乡劳动者可在常住地进行失业登记，申请享受基本公共就业服务”[②]，很好地体现了公平性、包容性等公共价值取向。公平性、包容性、精准性和有效性等公共价值理念超越了简单的城乡平等思想，国家更加注重从服务效果的角度和农民全面发展的高度来理解公共就业创业服务的功能和作用。公共就业创业服务的普惠性增强，提升就业创业服务质量正式成为国家政策关注的焦点。

第三节 农民就业创业服务政策演变的总体趋势与未来展望

一 农民就业创业服务政策演变的总体趋势变化

从农民就业创业服务政策演变历程来看，与基于社会学习的注意力分配理论逻辑相契合，也与从城乡二元分化到城乡一体化发展的城乡关系演变趋势相适应，中央决策者关于农民就业创业服务的政策注意力分配发生了明显的转移，使得农民就业创业服务政策供给实现了“从无到有”，再“从有到优”的转变，并呈现出政策目标日趋科学化、政策确立的服务价值取向日趋合理化、政策确立的服务理念日趋成熟和政策构建的服务体系日臻完善等趋势变化。

---

① 国务院：《国务院关于做好当前和今后一段时期就业创业工作的意见》（国发〔2017〕28 号）。

② 国务院：《国务院关于进一步做好稳就业工作的意见》（国发〔2019〕28 号）。

（一）政策目标日趋科学化

政策制定者对政策活动结果的意图、设想都凝结在政策目标指向之中①，政策目标在很大程度上决定了政策成败。所以，评价政策好坏的标准之一就是政策目标的科学化水平，尤其是体现为作为公共政策直接作用对象的公共政策目标群体的受益范围②。也正因为如此，马克·博文思和保罗·哈特（Mark Bovens and Paul't Hart）认为实质性政策失败（substantive failure）往往发生在政策设计“厚此薄彼”，不能很好地兼顾不同合法利益相关者（legitimate stakeholders）的价值、利益和诉求的情况下③。国家农民就业创业服务政策的目标从初始禁止或限制农民进城就业，逐步转变为有序引导农民进城务工经商，再到通过城镇就业创业服务体系吸纳以进城农民工和被征地农民为代表的部分农村劳动力，到最后致力于建立健全覆盖城乡就业创业服务体系，为全体农村劳动力提供就业创业服务。这一演变过程中，越来越多的群体从中受益，政策目标的普惠性和政策科学化水平都日益提高。

（二）政策确立的服务价值取向日趋合理化

政策的价值取向在公共服务领域主要体现为政策所确立的公共服务价值取向。从国家农民就业创业服务政策来看，相关政策规定体现的价值取向从最初的维护社会稳定，逐步转变为对以平等为核心的民主价值的追求，最后又转变为对平等、正义、包容性和有效性等多元公共价值的追求。相应地，国家政策文本中的农村劳动力定位也发生了明显的转变，从最初定位于“盲流”转变为“可开发的劳动力资源”，最后转变为“与城市居民享有平等权利的服务对象”。

（三）政策确立的服务理念日趋成熟

政策确立的服务理念指的是政策文本所确立的就业创业服务体系

---

① 朱侃、郭小聪：《公共就业政策范式变迁及其逻辑研究》，《求实》2019年第5期。

② 王春城：《政策精准性与精准性政策——“精准时代”的一个重要公共政策走向》，《中国行政管理》2018年第1期。

③ Mark Bovens and Paul't Hart, “Frame Multiplicity and Policy Fiascoes: Limits to Explanation”, *Knowledge and Policy*, Vol. 4, No. 8, December 1995, pp. 61—82.

完善的重点内容和主要发展方向。综合前述分析，相关中央政策文件不仅强调增加农民就业创业服务供给的规模和数量，就业服务质量建设也日益引起中央决策者的关注。标准化、专业化、均等化和精细化等有助于提高农民就业创业服务质量的改革创新理念在中央政策文本中出现的频率不断提高，标志着政策确立的服务理念日趋成熟。

(四) 政策构建的服务体系日臻完善

通过公共政策构建完善的公共就业创业服务体系，是在公共行政实践中不断完善和优化就业创业服务体系的“行动指南”和“规划蓝图”，进而直接决定着公共就业创业服务供给质量和服务接受者的获得感和满意度。相关政策构建的农民就业创业服务体系日臻完善，具体表现在三个方面：第一，在纵向服务供给维度上，服务责任主体逐渐向基层倾斜，形成了自上而下、贯通基层的就业服务体系；第二，在横向服务供给维度上，农民就业创业服务功能不断扩展，从最初的职业培训、职业介绍，扩展到包含劳动者权益保障、弱势群体就业援助、创业服务等的全面服务供给；第三，服务目标群体逐步扩大，从最初服务进城农民工逐步扩展为服务全体农村劳动者，失地农民、返乡农民工、农村妇女、小农户、灵活就业者等群体均逐步被纳入农民就业创业服务政策支持体系范围。

二　未来农村就业创业服务政策演变的趋势展望

与信息相比，注意力才是政策制定中更为关键的稀缺资源①。从1984年中央一号文件允许试点地区农民到集镇就业和落户②，到2003年印发的《国务院办公厅关于做好农民进城务工就业管理和服务工作的通知》提出做好进城农民工就业服务与管理③，再到2008年以后农民就业创业服务政策密集出台的历时演进过程，充分说明：作为解决“三农”问题的关键抓手，农民就业创业服务问题已经成功地吸引和

① Herbert Alexander Simon, *Administrative Behavior: A Study of Decision-Making Processes in Administrative Organizations* (4th Ed.), New York: The Free Press, 1997, p. 124.

② 《十二大以来重要文献选编》(上)，人民出版社1986年版，第371页。

③ 国务院办公厅：《国务院办公厅关于做好农民进城务工就业管理和服务工作的通知》(国办发〔2003〕1号)。

唤起了中央决策者的注意力，并持续地固定了中央决策者的注意力。政策注意力的固定是进行持久政策行动的前提和基础。也正因为如此，新中国成立以来农民就业创业服务政策演变经历了“从无到有”再到“从有到优”的积极演进过程。但受到资源约束、中央决策者个体有限理性等条件限制，现有农民就业创业服务政策尚不能完全适应新时代农民对美好生活之向往，尤其是不能完全适应农民高质量充分就业之需要。

公共就业创业服务政策既要在就业优先战略下考虑农民高质量充分就业之需求，关注效率、有效性、精准性等商业服务价值，也要从民生和人的全面发展高度出发，关注社会包容、公平、正义等公共价值取向，兼顾不同类型就业群体的多样化需要，致力于构建一个更加包容、更加平等、更加精准和更加有效的公共就业创业服务体系，以满足农民对“找到一份好工作”的向往和期待。

（一）引导优化服务目标，兼顾高质量就业与充分就业需求

每个劳动者的就业需求都是动态发展的，他们对高质量就业的追求始终如一。公共就业创业服务供给和国家相关政策设计必须回应这些动态需求。20 世纪 80 年代以来，农民逐渐改变了“以土为业”的传统观念，要求实现更为充分的就业[①]。而伴随着经济社会的发展和个人生活水平的提高，农民对就业有了更高的期望，尤其是新生代农民工。他们成长于改革开放以后的市场经济环境下，生活起点更高，对自身生活和就业均有着不同于其父辈的新期望——他们不仅期望获得充分的就业机会，还对高质量就业有着更高的期盼。但由于多种复杂因素影响，这些更高的期盼尚未得到很好的满足。纵观以往农民就业创业服务政策规定，已有就业创业服务政策目标主要在于扩大服务覆盖面，促进农民充分就业，而对农民就业质量提升问题的关注相对不足。有鉴于此，未来的农村就业创业服务政策及其服务实践要立足于满足农民美好生活之向往，着力提高农民素质，创造良好的制度、

---

① 李沛瑶：《正确分析中国农村就业形势，加强对农村就业工作的指导》，转引自劳动部、农业部、国务院发展研究中心中国农村劳动力开发就业试点项目工作小组（编）《中国农村劳动力开发就业启示录》，中国劳动出版社 1997 年版，第 9—13 页。

人文和发展环境，从整体上提高农民就业质量。

（二）引导重塑服务价值取向，满足农民全面发展需要

当前，国家政策层面早已不再简单地把农村劳动力看作是可供开发利用的劳动力资源，而是将其定位于享有广泛权利的就业创业服务对象，并开始从人的全面发展高度来认识为农民提供公共就业创业服务的意义。但总体来看，当前农民公共就业创业服务政策设计尚不能完全满足农民全面发展的需要，需要进一步完善相关政策设计。人的全面发展包括劳动活动、需要和能力、社会关系、社会交往、素质和个性等多方面的自由全面发展①，其要求公共就业创业服务机构要以满足服务对象的多层次需要为根本，提供人性化的就业服务。

一方面，农村就业创业服务政策要引导就业创业服务机构全面协调处理好农村就业人口的社会保障、劳动关系协调、劳动权益保护工作，推动农民全面发展，帮助农民尽可能“找到一份好工作”，而不能满足于“找一份工作”；另一方面，农村就业创业服务政策要更加关注公平、正义、包容性等公共价值，强化对就业特殊困难群体的就业支持。作为弥补市场私营服务不足和体现政府责任担当的公共事业，农村就业创业服务理应秉承公平、正义、包容性等公共价值理念，重点关注就业特殊困难群体的发展，而无须过多地关注在劳动力市场上有竞争力的群体。就业困难群体的困境往往与大龄、残疾、性别歧视等生理因素相关，也与贫困问题纠缠在一起，难以通过一般的人力资本开发途径或通过提供就业信息服务加以解决。正如福利经济学创始人阿瑟·庇古（Arthur Cecil Pigou）所言，“那些已经过了壮年很久的年老男人或女人是不能教一个新产业的。许多伤残人士和遭受到意外事故或患有慢性脑力或体力疾病的人们亦是如此。……对他们或多或少的持续性帮助，或是任何情况下经常性的帮助都是完全有必要的”②。基于此，农民就业创业服务政策要引导公共就业创业服务机构更加关注残疾人、妇女、大龄农村劳动人口的就业，为其提供人性

① 吴向东：《论马克思人的全面发展理论》，《马克思主义研究》2005 年第 1 期。

② ［英］阿瑟·塞西尔·庇古：《论失业问题》，包玉香译，商务印书馆 2014 年版，第 188 页。

化的就业服务，尤其是要立足于这些就业困难群体的特殊处境，引导公共就业创业服务机构为其提供力所能及的就业岗位和创业机会，让他们在工作中感觉到自身存在的社会价值，更好地融入社会，而不能简单地进行标准化的人力资源开发，避免损害服务接受者的尊严。

（三）引导创新服务理念，主动提供前瞻性、精准化的有效服务

现有农民就业创业服务政策更多的是一种被动回应式的政策革新。与之相对应，实践中的就业创业服务也多为程序化的、被动式的服务供给，缺乏主动性、前瞻性和精准化的服务供给，其有效性令人生疑。如有研究者就指出，政府无论在帮助失业者实现再就业方面，还是为他们提供社会救助方面都面临着瞄准困难、救助效率低的难题①。有鉴于此，农村公共就业创业服务机构要充分利用以大数据、人工智能为代表的智能化技术，精准识别服务对象及其特殊需求，针对不同来源、不同性别、不同年龄段、不同人生规划的农民采取差异化的精准服务措施，以提高就业创业服务的有效性，切实满足农民高质量充分就业之需要。同时，国家产业结构调整升级对就业技能属性提出了更高的要求，技术进步也促使就业形态向智能化方向发展②，这对就业技能和就业质量偏低的农村劳动人口的就业与农民就业创业服务的有效供给带来了新的挑战。以职业技能培训为代表的农村公共就业创业服务供给要谨防服务内容老化，充分考虑产业结构升级和就业环境变化带来的挑战，提供前瞻性的就业创业服务。

（四）引导扩展服务功能，重点强化对灵活就业群体的支持

相较于城市就业人口，灵活就业人员在农村就业人口中占据着更高的比例。当前，中央决策者已经注意到了形式多样的灵活就业形态对农民就业的重要意义，中华人民共和国国务院在2019年发布了《关于进一步做好稳就业工作的意见》，明确提出要“研究完善支持

---

① 吴要武、陈梦玫：《当经济下行碰头就业压力——对中国城乡劳动力市场状况的分析》，《劳动经济研究》2018年第3期。

② 赖德胜、李长安、张琪：《中国就业70年：1949—2019》，中国社会保障出版社2019年版，第428—430页。

灵活就业的政策措施”[①]。但政策构建领域和绝大部分地区的就业创业服务实践都缺乏明确的、完善的法律法规和系统性政策措施，支持农民灵活就业。未来的农民就业创业服务政策设计，既要进一步强化相关法律法规设计，重点加强对灵活就业群体的就业权益保障，又要明确公共就业创业服务机构的服务职责，督促其积极主动出击，精准服务灵活就业群体。同时，“互联网+”新经济新业态引致了灵活就业形式的新变化，进而对劳动者权益、劳动关系协调、就业服务和管理等方面提出新挑战。国家政策构建要及时识别、确认新灵活就业形态，引导公共就业创业服务机构加强对灵活就业新形态的支持。

---

① 国务院：《关于进一步做好稳就业工作的意见》（国发〔2019〕28号）。

第三章　农村就业创业服务体系的实然现状：不平衡不充分

承前所述，乡村，乃至县域就业、创业与产业发展同处于一个共生系统之内，具有明显的互惠共生关系。但基于多方面的不利因素阻碍，当前我国乡村就业、创业与产业发展之间互惠交流还面临诸多障碍。这些不利因素主要来源于公共就业创业服务领域，并表现为服务体系碎片化、服务目标定位偏差、服务供给能力不足等不平衡不充分问题，并最终引致或加剧了县域，尤其是乡村就业、创业与产业发展互惠共生障碍问题。

第一节　服务体系碎片化

农村就业创业服务体系碎片化，是指农村就业服务、创业服务和乡村产业发展政策之间未能进行整体性的协同供给，进而产生的一系列碎片化问题。具体来说，当前我国农村就业创业服务体系碎片化主要表现在服务理念、服务目标、服务流程、服务供给和服务资源五方面：

一　服务理念碎片化

从总体上看，包括农村就业创业服务在内的公共服务供给体系构建，应该遵循多重服务价值理念。第一，从社会正义角度出发，公共服务体系构建要强调对以贫困人口和残疾农村劳动力为代表的弱势群体，提供兜底性的就业援助服务；第二，从社会公平角度出发，农村就业创业服务机构要给每一个农村劳动力创造平等的职业发展机会，公共就业创业服务体系的构建，要秉承让农村劳动力实现全面充分就业的理念，强化针对全体农村劳动力的就业促进服务；第三，从人的发展角度出发，农村就业创业服务体系要以提高农村劳动力就业质量为核心，为农村劳动力顺利实现市民化提供全面的、优质的、发展型的就业创业服务。但是，上述三种不同的服务价值理念所需的人力、财力、物力投入和服务内容、服务对象、服务方法、服务能力要求均有所不同。同时，不同地区农村发展所处阶段不同、农村劳动力发展需求也不同，进而使得不同的农村或县域，在就业创业服务体系构建和实施过程中所秉承的服务理念，也存在明显差异。比如，贫困地区更可能“头痛医头、脚痛医脚”，注重对贫困人口提供就业援助服务，以保证其基本生存权；而东部发达地区农村就业创业服务可能更多地要关注农村劳动力城镇化、市民化发展需要，更多地从人的全面发展需求出发，提供更为全面的、高质量的就业创业服务……所以，不同地区，乃至不同县乡政府就业创业服务部门其所秉承的服务价值和服务理念往往也有所差异。

尤其是考虑到财政、人力资源约束，很多地方政府都存在一定程度的价值短视行为，未能全面考虑农村劳动力长久的就业创业服务需求，进而造成服务理念的碎片化问题。这种碎片化的服务理念，未能从农村劳动力长远发展需求出发来设定服务目标和设计服务体系，其服务效果往往也十分有限，服务满意度往往也偏低。因为，从长远和根本上看，农村劳动力与城镇来源劳动力一样，都有对美好生活的向往，也都有高质量就业的需要。

更为重要的是，现有的农村就业创业服务体系和政策未能从整体上考虑农村劳动力就业问题。从理论逻辑上看，农村劳动力就业与返乡下乡人员创新创业之间，就业创业与乡村乃至县域产业发展之间，都存在着明显的对称性互惠共生关系。可谓你中有我，我中有你。

但现在的问题却是，农村就业创业服务体系设计中未能充分考虑县域，尤其是乡村产业发展政策对农村就业创业服务体系本身的约束作用，就业服务和创业服务之间的协调也存在明显的不足。创新创业活动所能带动的就业规模有限，就业质量也堪忧。比如，本书课题组成员在湖南、河南、内蒙古等地的实地调研中发现，大多数农村创新创业企业带动的就业规模较小，并且不稳定，甚至连工资都难以准时发放，更不用说提供全面的社会保障福利。这种碎片化的服务和政策供给，也是当前农村劳动力就业质量差、就业困难的重要原因所在。当然，这也是农村劳动力市民化困境产生的重要原因。因为，农村劳动力的就业质量是其市民化能力的基础，没有农村劳动力的高质量充分就业，就不可能有农村劳动力及其家庭的真正市民化。

二　服务目标碎片化

与服务理念的碎片化相近似，服务目标的碎片化也是当前我国农村就业创业服务体系存在的重要问题之一。农村就业创业服务的目标应该是整体性的，从满足农村劳动力的全面发展需要出发，以促进农村劳动力高质量充分就业为最终目标。承前所述，只有在高质量充分就业的前提下，农村劳动力才有可能实现真正的市民化和全面发展。就业是民生之本，更是劳动力个体发展之本。农村劳动力能否获得一份高质量就业机会，不仅影响着他们参与社会和获得融入社会发展的机会，而且还决定着他们能否获得足够的收入和社会保障在城镇立足，顺利实现市民化。当前，我国农村劳动力不仅存在市民化困境，还普遍存在人力资本和社会资本水平偏低问题，他们自身难以在竞争性劳动力市场上获得就业优势。这就需要各级政府以农村劳动力高质量充分就业为目标，对农村就业创业服务体系进行整体性的服务设计，进而满足农村劳动力的全面发展需要，而不能简单地定位为助力脱贫，或者满足农村劳动力的基本生存需要。

具体来看，农村就业创业服务目标有多种分类：①从服务对象出发，有服务于农村劳动力外出转移就业和服务于农村劳动力就地就近就业之分；②从服务理念出发，有服务于农村劳动力充分就业和服务于农村劳动力高质量就业之分；③从服务内容出发，有引导农村劳动力与现有就业岗位匹配和为农村劳动力创造更多高质量充分就业机会之分；④从时间演化出发，有短期目标与长期目标之分。这些“二元”分类之间普遍存在着冲突。

（一）服务对象角度：重在服务于外出转移就业，对就地就近就业服务关注不足

从服务对象角度看，改革开放以后到21世纪最初的几年，地方政府就业创业服务的主要目标是促进农村劳动力外出转移就业，即所谓的“外出打工”，比如春节后包车送农民工返城返工就是典型代表，而农村劳动力就地就近就业则在很大程度上被忽略了。

近十几年来，政府促进农村劳动力就地就近就业方面有了明显的改善，但绝大部分地方治理实践中仍然没有处理好农村劳动力外出就业与就地就近就业之间的关系。比如，湖南省J县近年来就大力促进农村劳动力就地就近就业，不仅加大了宣传力度、出台了返乡就业购房优惠政策，还在服务实践中出台了相关支持性法规政策。但这些法规政策却未能在根本上考虑农村劳动力高质量就业的需求，而是主要立足于完成指标任务和为县域产业企业提供劳动力。为了保证县高新区企业有稳定用工，该县曾发布“乡镇输送劳动力到县高新区企业就业实施意见”，强制性分配劳动力输送任务给各乡镇，并将其纳入乡镇政府绩效考核，对完成目标任务不达标的乡镇实行扣分处罚。这种强制性劳动力输送任务，既违背了农村劳动力的意愿，缺乏稳定性（该县考核输送劳动力指标时，也只需满足稳定就业三个月的标准），也难以在根本上解决县域企业用工需求问题，显然是难以满足县域产业发展需求和农村劳动力高质量充分就业需求的。如果我们从农村劳动力要求实现县域市民化的需要出发，就更是凸显了针对就地就近就业服务不足的问题。

从现实情况来看，当前北上广深等超大城市和以省会城市为代表的大城市，为农村劳动力提供的就业机会虽然更多，但是这些大城市、超大城市在户籍制度、社会保障制度方面都难以为数量庞大的农村劳动力提供支持，过高的房价也是绝大多数农村务工劳动力难以承受之重。所以，推动更多农村劳动力在县域实现城镇化是我们这个超级人口大国的必然选择，而这就需要在尊重劳动力高质量充分就业需求和企业稳定用工需求的双重目标下，进行整体性政策设计和服务供给，吸引合适的劳动力到县域就业创业，这也就进一步凸显了县乡政

府提供高质量就地就近就业服务的重要性和紧迫性。

（二）服务理念角度：重在促进农村劳动力充分就业，对提高就业质量关注不足

从服务理念出发，农村劳动力充分就业是一直以来被强调的就业创业服务理念，而农村劳动力高质量就业显然被忽视了。正如前面章节中我们所强调的那样，人们对美好生活的需要是相近的，农村劳动力和城镇劳动力一样向往美好生活，一样向往体面劳动。不能因为农村劳动力在劳动就业市场上的弱势就任其被市场风吹雨打，政府要承担起相应的责任，通过就业创业服务，提升农村劳动力的人力资本和社会资本水平，力争让更多的农村劳动力实现高质量就业。

简而言之，农村就业创业服务要把充分就业和高质量就业充分结合，既要顾眼前，也要考虑农村劳动力的未来。与前述湖南省J县的情况相似，全国很多地方县乡政府都未能充分考虑农村劳动力的高质量就业需求，仅仅把他们看作扶贫的对象和需要特殊就业援助的对象，服务目标定位于“有一份收入（工作）”或“帮企业解决（缺工人）燃眉之急”。

（三）服务内容角度：重在为供需双方牵线搭桥，无法满足高质量就业需求

从服务内容出发，通过就业信息服务促进和引导农村劳动力与现有就业岗位匹配，是现有农村就业创业服务的重点工作。然而，农村劳动力就业，尤其是在乡村或县域就业面临的突出问题却是，高质量就业创业机会的缺乏。

可以说，与“牵线搭桥”促进“人岗匹配”相比，农村就业创业服务机构及各级政府部门想方设法创造更多高质量充分就业机会至少同样重要。这与前述服务理念方面存在的问题本质是一致的，都是对农村劳动力高质量就业需求的忽视。当然，劳动力供给和需求之间的矛盾背后，是劳动供给方与需求方之间的供需匹配问题。比如，县域用工企业需要的可能是更高人力资本水平的劳动力，而返乡劳动力需要的是接近外出到大城市务工的收入水平和社会保障水平，但这是多数县域用工企业所无法提供的。因为，大多数县域企业往往是为了

节约人力资源成本而转移到县域生产的，提供接近大城市企业相当的薪资或福利是他们的不可承受之重。所以，此种劳动力供需矛盾并不容易解决。它需要各级政府把县域经济发展、乡村振兴目标与农村劳动力高质量就业目标充分结合起来，优化乡村和县城产业结构，满足多层次农村劳动力的多样化就业需求。这也就是本书提出从共生理论高度出发，把乡村产业发展和农村就业创业服务体系作为一个整体进行战略设计的原因所在。

（四）时间演化角度：重在短期内解决失业问题，对农村劳动力长远发展需求关注不足

从时间演化角度看，农村就业创业服务体系的优化应是一个连续稳定向上发展的过程，要在满足短期目标和追寻长期目标之间达成平衡。农村就业创业服务体系的短期目标更多在于促进农村劳动力获得就业岗位，降低失业率；长期目标则应该定位于促进农村劳动力高质量充分就业。但受到财政、人力、服务意识等多方面不利因素的影响，绝大部分地区的农村就业创业服务体系聚焦于短期的目标，如短期内促进农村劳动力就业，降低失业率，完成上级有关部门布置的任务，而忽视了农村劳动力寻求全面发展和高质量就业的美好生活向往，进而使得农村劳动力就业都具有短期、不稳定等缺点，难以在根本上为农民追求美好生活提供稳定可靠的支持。

总之，农村就业创业服务供给目标应是满足农村劳动力的多样化需求，而不仅仅是一份或长或短的工作。在我们的调查中就有这样一道问题用来观察农村劳动力就业创业的需求，即询问被调查者“你在家乡就业/创业（指家乡所在县域之外），或考虑回家乡就业创业的主要原因是什么？（多选，限选三项）”家乡就业创业机会并不是他们的首选，而“就近，方便照顾家庭（照顾老人、孩子等）”，即家庭生活平衡需要往往是他们优先考虑的因素。此外，“亲朋好友和关系都在农村，有归属感”“在城市工作受到歧视或得不到尊重”所代表的社会资本同样是至关重要的影响因素（见表 3-1）。而当被问及“你选择外出就业/创业的最主要原因是什么？”时，834 个报告有外出经历的被调查者中，有超过 55%的被调查者认为是“（外出）就业

机会多、就业收入高”（见表3-2）。很显然，农村劳动力在做出就业创业选择时，会根据自身需要做出理性选择，农村就业创业服务体系目标的确定必须要考虑农村劳动力的这些需求，并通过服务体系完善尽可能地帮助和引导他们实现这些需求。

表3-1　农村劳动力选择在家乡就业/创业的主要原因

主要原因	数量（人）	比例（%）
家乡的就业（创业）机会越来越多	588	34.61
就近，方便照顾家庭（照顾老人、孩子等）	954	56.15
大城市工作和生活压力大，难以长久立足	706	41.55
年龄大在城市的发展空间越来越小	556	32.73
在城市工作受到歧视或得不到尊重	499	29.37
亲朋好友和关系都在农村，有归属感	643	37.85
其他	41	2.41

表3-2　农村劳动力选择外出就业/创业的最主要原因

原因	数量（人）	比例（%）
（外出）就业机会多、就业收入高	463	55.52
想到外出就业所在城市定居生活	201	24.1
子女在外求学/就业，离子女近一点	156	18.7
其他	14	1.68
总计	834	100

三　服务流程碎片化

公共就业创业服务供给的最终目标，应该是让需要在就业创业方面获得帮助和支持的人，尤其是失业者获得高质量的就业创业机会。比如，对于一个文化程度不高，刚步入社会的农村青年，我们不能仅仅鼓励他们参加“春风行动”招聘会，或者帮他们牵线搭桥找一份临时的工作，而是后续还需关注他们的就业稳定性和他们本人长久的职业发展规划。即后续劳动就业与社会保障部门还需要引导他们进行职业规划，并提供有助于他们个人发展的教育培训服务。但是，当前农村就业创业服务体系的服务供给程序却是脱节的，难以满足青年劳动力的这种长期发展需要，并表现出服务流程碎片化的特征，“头痛医头、脚痛医脚”，未能为农村青年劳动力提供一体化的全程服务。

具体来看，农村就业创业服务流程的碎片化主要体现在两个方面：一个是农村就业创业服务各环节分散独立，横向和纵向上都难以完整衔接。如前所述的农村青年，在帮他找到一份暂时谋生职业后，需要加强职业规划引导和教育培训支持，以满足他长久生存发展的需要和追求美好生活的需要；另一个是个别关键服务形同虚设，影响农村就业创业服务体系的完整性。有的服务内容相对比较容易提供，比如就业优惠政策咨询服务、信息发布服务等。但有的服务内容专业性较强，基层服务者很难全方位满足其服务的要求，或者说，基层政府由于自身局限性也很难配备专业化的工作人员，往往是“一人兼多职”，这种情况下，有些服务就形同虚设了。比如劳动权益保护的咨询服务，其服务提供者必须对劳动权益法的专业知识掌握较齐全才能提供，不然“只言片语”，不仅无法为咨询者提供帮助，还有可能造成误导，影响劳动力就业权益的维护。但无论是服务环节的脱节，还是服务的形同虚设，都会对农村就业创业服务提供的整体有效性造成冲击，进而也无法从根本上支持农村劳动力，尤其是农村青壮劳动力实现高质量充分就业。

四 服务供给碎片化

农村就业创业服务供给碎片化主要表现在两个方面。一是服务供给主体碎片化。农村就业创业服务供给不仅涉及各级政府相关部门，还包括社会、市场主体的协同与配合。而事实上，当前为农村劳动力提供就业创业服务的市场和社会主体非常稀少，只有较为发达的县城才有个别市场化的服务主体。在农村提供就业创业服务的主要是县劳动就业与社会保障部门、乡政府和“村两委”。当然，近年来的一个明显突破就是农村劳务经纪人队伍的出现。作为以兼职为主的农村劳务经纪人队伍在促进农村劳动力高质量充分就业方面发挥了积极的作用，这是值得肯定的一面。但“雷声大雨点小”也是不争的事实。由于农村劳务经纪人本身能力素养参差不齐，只有很小一部分农村劳务经纪人能真正发挥作用，进而尚不能从根本上改变农村就业创业服务供给主体单一的局面。比如，课题组经常蹲点的湖南省 L 县在 2020 年只有 13 名农村劳务经纪人发挥了引导农村劳动力就业创业的作用，获得了县人力资源局和社会保障局发放的就业创业服务补贴，绝大部分注册的农村劳务经纪人更多的是一种名义上的，既未发挥作用，其本人也未能获得相应的服务补贴或收入。

更为重要的是，政府各部门之间，比如县人力资源和社会保障部门下属的就业服务中心、人力资源管理服务中心、人才培训和考试中心、工伤保险服务中心等各个科室之间不仅在服务供给的具体对象上缺乏沟通协调，而且在服务内容上缺乏协调，更多的是一种各司其职，完成任务的导向。此外，在贫困人口就业帮扶等方面，民政等部门在出台政策和提供与劳动就业相关的服务时也与人力资源和社会保障部门缺乏沟通。比如，民政部门的扶贫项目和政策与人力资源和社会保障部门之间的协调就是不够充分的。课题组在湖南 J 县调研时，该县人力资源和社会保障局的 L 姓科员就表示："我们与民政部门或县扶贫开发办公室的协调是有的，比如在制定就业扶贫公益性岗位开发实施意见等政策文件时我们会进行沟通，但也主要局限于政策法规层面，实际工作中相互协调也并不是很多。"这种"各自为政"不仅会带来服务供给的重复或低效率，也无法形成对服务接受者的系统服务支持。当然，未能形成公私合作供给格局，也是当前绝大部分地区农村就业创业服务供给的一大缺陷。毕竟，在有限资源，尤其是在政府有限编制情况下，仅靠政府一己之力，恐怕难以胜任为农村劳动力提供高质量就业创业服务的重任。

二是服务供给内容碎片化。农村公共就业服务内容主要包括以下六个方面：政策咨询服务、信息发布服务、职业介绍服务、职业指导服务、培训与创业服务、就业管理和失业管理服务。但综合县乡政府官网和各就业信息平台发布来看，大部分服务供给内容都是形同虚设的。目前，国家在农村地区推广县乡村联动治理，县级政府机构以其自身的组织优势、平台优势和财政优势，大体能保证对上述六个方面就业服务的适度供给，但乡镇政府和"村两委"则缺乏相应的资源和能力，尤其是乡镇政府和“村两委”的服务能力参差不齐，服务内容碎片化就更加明显。

服务内容碎片化的另外一个主要表现是信息共享平台缺乏，各供给主体间缺乏信息共享。随着数字信息技术的普及以及新冠肺炎疫情对线下活动带来的冲击，线上招聘，尤其是线上信息发布逐渐成为用人单位招聘的重要途径，政府也推出各种形式的数字化信息发布平台。但大量的数字化信息平台导致就业信息资源的分散化、重复化、碎片化，进而引发信息超载或信息混乱。这对于数字化技能相对较差的农村劳动力，尤其是年龄偏大的农村劳动力就业信息的获取带来了极大挑战。这些碎片化的就业信息远远超出了部分农村劳动力的数字信息处理能力，在很大程度上也就成了无效的信息服务供给。我们的调查也显示：通过县乡公共就业服务机构获取就业/创业信息的农村劳动力数量相对偏低。在我们的调查中，仅有约 20.54%的被调查者表示他们是通过农村政府机构提供的信息或政府组织的招聘会获得的工作机会，绝大部分被调查者表示他们是通过委托亲朋好友和媒体平台信息寻找工作（见表 3-3）。

表 3-3　　农村劳动力最近一份工作的就业信息获取方式

就业信息获取方式	数量（人）	百分比（%）
亲朋好友介绍	901	53.03
利用网络及其他媒体找的（例如报纸、电视等）	403	23.72
县乡政府提供，或通过县乡政府组织的招聘会	349	20.54
私营职业介绍机构及其他	46	2.71
总计	1699	100

五　服务资源碎片化

资源稀缺性和服务需求不断增长，是公共服务领域的两大不争事实。这也就要求我们必须集中资源进行整体性协调供给，以实现最大的供给效率。我国农村就业创业服务供给同样面临着如何在有限的资金约束下提供更多有效服务的问题。无论是就业创业指导，还是进行职业教育培训，抑或是提供就业创业资金，均离不开人力、物力、财力的支持。但受到长期以来城乡二元结构的遗留影响，以及乡村财政约束，县乡村层面在就业创业服务资源方面都较为缺乏，不仅缺乏资金，更缺乏相关的人力资源。

更为重要的是，这些资源分布在人力资源和社会保障、民政、发展规划等多个部门。即使是就业创业服务资源最为集中的劳动就业与社会保障部门内部也分别由就业服务、人力资源管理服务、工伤保险服务、人才培训和考试服务、信息服务、劳动人事仲裁等多个部门掌握。创业服务资源也由多个部门分管，比如创业融资服务需要银行部门的资源支持，返乡创业用地需要自然资源、住房和城乡建设部门的资源支持，创业补贴需要财政和金融部门的资源支持……这些不同部门之间的资源往往缺乏有效整合，难以实现资源的有效整合，自然也就影响了资源供给的效率。

第二节　服务定位偏差

公共服务的一个基本问题就是服务定位问题，即公共服务的目标和价值取向指向何方？从政治委托代理角度看，公共服务的主导性供给主体，是以政府为核心的公共部门，它的最终目标必然是满足人民群众的公共服务需求，让人民群众满意；其价值取向则是追求公平、正义、责任，效率等多重公共价值。农村就业创业服务作为国家整体公共服务供给的一部分，自然也是如此。它必然要以满足农村劳动力高质量充分就业为目标，以促进所有农村劳动力获得平等、可及、精准、有效的服务为导向。

一　服务目标定位偏差，难以满足农村劳动力高质量就业需要

政府组织目标一致的程度，会直接影响到政府履行其职能的能力。而高度一致的组织目标，不仅可以减少组织内部成员之间的冲

突，增强和改善组织的协调性①，还可以改进组织提供产品和服务的效率和效益，进而更好地满足公众的需要。具体到农村就业创业服务而言，服务目标或政策目标的一致性程度，是决定农村就业创业服务体系效能的关键，也是政府能否帮助和引导农村劳动力实现高质量充分就业的关键。但当前我国农村就业创业服务体系相关单元或服务部门之间的目标定位却存在较大差异，甚至相互冲突，并且都存在一定程度的定位偏差问题。

从根本上看，每个劳动者的就业创业需求都是动态发展的，但他们对高质量就业的目标追求始终如一。特别是伴随着经济社会的发展、农村居民生活水平的普遍提高，农村劳动力对自身就业有了更高的期望。尤其是新生代农民工，他们成长于改革开放以后的市场经济环境下，生活起点更高，对自身生活和就业均有着不同于其父辈的新期望——他们不仅期望获得充分的就业机会，还对高质量就业有着更高的期盼。但由于多种复杂因素影响，这些更高的期盼尚未得到很好的满足。纵观以往农民就业创业服务的政策和措施，主要将目标定位于扩大服务覆盖面，促进农民充分就业，而对农民就业质量提升问题的关注相对不足。

换言之，现有农村就业创业服务体系存在明显的服务定位偏差问题。这种定位偏差主要表现在两个方面：一方面是注重服务农村劳动力外出转移就业，忽视在家乡就地就近就业；另一方面是注重为农村劳动力就业创业创造机会，忽视就业创业质量问题。在我们的问卷调查中有这样一道问题："请您根据您的就业经历及需求，对下列影响就业因素的需求程度进行评价。"这些影响就业因素包括工作稳定、收入高、离家近、自由的工作时间、良好的升职机会、健全的工作福利、社会声望和地位、符合自身兴趣爱好、服务和奉献社会九个方面。其中，认为"收入高"和"工作稳定"重要（包括回答"非常重要"和"比较重要"）的被调查者占比最高，分别为94.23%和

① ［美］安东尼·唐斯：《官僚制内幕》，郭小聪等译，中国人民大学出版社2017年版，第182—183页。

78.45%，凸显了农村劳动力对高收入和稳定就业机会所代表的基本需求的重视程度。重视程度排在“收入高”和“工作稳定”之后的就是“离家近”“健全的工作福利”和“社会声望和地位”，三者占比均超过50%，分别为68.69%、62.27%和53.20%。此外，认为“符合自身兴趣爱好”“自由的工作时间”“服务和奉献社会”和“良好的升职机会”重要的被调查者占比也分别达到了43.91%、43.20%、35.96%和33.85%（见表3-4）。这些都充分说明了有相当大一部分比例的农村劳动力对高质量就业有着紧迫的需求，尤其是与我们对第一代农民工吃苦耐劳、不修边幅、不在意别人眼光的“刻板印象”不同，有超过一半的农村劳动力都重视“离家近”“健全的工作福利”和“社会声望和地位”；甚至，兴趣爱好和自由的工作时间等也成为超过三分之一农村劳动力重视的就业选择因素。这些都说明，我们必须改变对农村劳动力的原有“刻板印象”，在制定农村就业创业服务政策目标时把对农村劳动力对家庭工作平衡、工作福利、工作地位等更高层次的就业需求考虑进来，兼顾外出转移就业与在家乡就地就近就业需求，也兼顾充分就业需求与高质量就业需求。

表3-4　　农村劳动力就业影响因素的期望情况　　单位：人，%

因素	非常重要	比较重要	无所谓	不太重要	完全不重要	总计
工作稳定	749 (44.08)	584 (34.37)	51 (3.00)	315 (18.54)	0 (0.00)	1699 (99.99)
收入高	843 (49.62)	758 (44.61)	39 (2.30)	48 (2.82)	11 (0.65)	1699 (100)
离家近	486 (28.61)	681 (40.08)	303 (17.83)	205 (12.07)	24 (1.41)	1699 (100)
自由的工作时间	299 (17.60)	435 (25.60)	614 (36.14)	272 (16.01)	79 (4.65)	1699 (100)
良好的升职机会	168 (9.89)	407 (23.96)	683 (40.20)	402 (23.65)	39 (2.30)	1699 (100)
健全的工作福利	496 (29.19)	562 (33.08)	401 (23.60)	204 (12.00)	36 (2.12)	1699 (99.99)

续表

因素	非常重要	比较重要	无所谓	不太重要	完全不重要	总计
社会声望和地位	411 (24.19)	493 (29.01)	397 (23.37)	335 (19.72)	63 (3.71)	1699 (100)
符合自身兴趣爱好	287 (16.89)	459 (27.02)	585 (34.43)	297 (17.48)	71 (4.18)	1699 (100)
服务和奉献社会	248 (14.60)	363 (21.36)	699 (41.14)	370 (21.78)	19 (1.12)	1699 (100)

注：括号中为所占百分比。

事实上，如果我们把年龄考虑在内，这种趋势变化就更加明显。我们考虑常用的第一代农民工与新生代农民工的划分思路，把 1980 年及以后出生的农村劳动力与 1980 年以前出生的农村劳动力进行划分，两个不同年龄群体的就业选择影响因素是存在明显不同的。尤其是相较于 1980 年以前出生的农村劳动力，1980 年及以后出生的农村劳动力对“符合自身兴趣爱好”“自由的工作时间”“社会声望和地位”“健全的工作福利”等代表个人兴趣爱好、发展机会和更高就业质量因素更为重视（见表 3-5）。

表 3-5 分组的农村劳动力就业影响因素期望情况 单位：人，%

因素	1980 年以前出生的农村劳动力		1980 年及以后出生的农村劳动力	
	非常重要	比较重要	非常重要	比较重要
工作稳定	316 (18.60)	305 (17.95)	433 (25.49)	279 (16.42)
收入高	406 (23.90)	359 (21.13)	437 (25.72)	399 (23.48)
离家近	228 (13.42)	351 (20.66)	258 (15.19)	330 (19.42)
自由的工作时间	113 (6.65)	166 (9.77)	186 (10.95)	269 (15.83)
良好的升职机会	76 (4.47)	181 (10.65)	92 (5.41)	226 (13.30)

续表

因素	1980 年以前出生的农村劳动力		1980 年及以后出生的农村劳动力	
	非常重要	比较重要	非常重要	比较重要
健全的工作福利	203（11.95）	257（15.13）	293（17.25）	305（17.95）
社会声望和地位	177（10.42）	205（12.07）	234（13.77）	288（16.95）
符合自身兴趣爱好	103（6.06）	196（11.54）	184（10.83）	263（15.48）
服务和奉献社会	119（7.00）	179（10.54）	129（7.59）	184（10.83）

注：括号中为所占百分比。

改革开放以后，尤其是 20 世纪 90 年代以后，转移农村劳动力外出就业和为贫困劳动力提供底线生存式扶贫就业岗位，逐渐成为农村就业创业服务的主要内容。国家政策文件中也一再强调，在就业支持和服务方面要为就业重点群体和困难群体提供兜底式保障。比如，2017 年《“十三五”促进就业规划》指出，“扎实做好就业托底工作，帮助就业重点群体和困难群体提升技能、就业创业”①。2021 年《“十四五”就业促进规划》指出，“瞄准重点地区、重点行业和重点群体，制定更加精准有效的举措，因地因企因人强化分类帮扶援助，切实兜牢民生底线”②。

不可否认，引导农村劳动力外出就业，尤其是到东部沿海地区就业创业，极大地增加了农村居民的收入，促进了农村劳动力就业创业，也在短期内满足了农村居民增加收入的愿望。但从长远来看，农村劳动力需要的不仅是外出漂泊获得一份高于务农的收入，他们和城市劳动力一样，也有高质量就业需要，乃至全面发展的需要。而这种较高层次的需要在很大程度上被忽视了。绝大部分中央和地方政策文件都强调要促进农民增收，甚至“就增收而论增收”，进而把引导农村劳动力进城务工作为政府就业创业服务工作的核心内容。国家不仅

① 国务院：《国务院关于印发“十三五”促进就业规划的通知》（国发〔2017〕10 号）。
② 国务院：《国务院关于印发“十四五”就业促进规划的通知》（国发〔2021〕14 号）。

于2008年专门发布《国务院办公厅关于做好农民进城务工就业管理和服务工作的通知》和《国务院办公厅关于进一步做好改善农民进城就业环境工作的通知》专门布局引导农村劳动力外出务工就业，而且在之后几年的政策文件中也一再强调要继续扩大农村劳动力外出就业规模。比如，《“十四五”就业促进规划》中明确提出，“稳定和扩大农村劳动力外出就业规模。广泛开展区域间劳务协作，健全劳务输入集中区域与劳务输出省份对接协调机制，加强劳动力跨区域精准对接，发展劳务组织和经纪人，有序组织输出地农村劳动力外出务工”①。可见，通过引导农村劳动力外出务工始终是国家推动农村劳动力及其家庭增收的核心举措。而不论是无意中忽视了，还是迫不得已，这种外出导向型的就业服务模式也就意味着农村劳动力对家庭工作平衡、社会归属感等方面的需要在很大程度上都被忽视了，或者被置于次要的位置。

可以说，直到现在，国家政策层面也依然未能从农村劳动力高质量充分就业，乃至全面发展需要的高度来看待农村劳动力就业问题。比如2019年国务院印发《关于促进乡村产业振兴的指导意见》中就把乡村产业发展的思路确定为“以农业农村资源为依托推动农村一二三产业融合发展”②，即乡村产业振兴要依托地域自然资源，大力发展现代农业、农产品加工流通业、乡村休闲旅游业、乡村新型服务业、乡村信息产业，致力于延伸农业产业链。

此种乡村产业振兴思路，立足于农业农村资源，契合经济比较优势原则，也有利于形成城乡错位协调发展格局，有其合理性的一面。但过于倚重农业农村资源的乡村产业发展思路也存在产业趋同化的风险，进而“极易造成市场饱和，增加无效供给”③，影响乡村产业兴旺目标的实现。比如，近年来遍地开花的特色小镇、乡村民宿以及柑橘、茶叶等特色扶贫产业都日渐走向趋同，进而影响了这些产业的可

① 国务院：《国务院关于印发“十四五”就业促进规划的通知》（国发〔2021〕14号）。

② 国务院：《关于促进乡村产业振兴的指导意见》（国发〔2019〕12号）。

③ 李冬慧、乔陆印：《从产业扶贫到产业兴旺：贫困地区产业发展困境与创新趋向》，《求实》2019年第6期。

持续发展能力和促进农民就业增收能力。更为重要的是，乡村产业振兴，必然要以返乡留乡农民工的高质量充分就业为前提，否则留不住乡村振兴所需的实用人才，乡村产业振兴自然也就成了“无源之水”“无本之木”，不可持久。历史经验也充分证明了这一点。20 世纪 80 年代至 90 年代中期，乡镇企业由于其在吸纳农村劳动力非农就业方面的突出能力曾在乡村盛极一时和被赋予众望，而 90 年代中期以后，伴随着其竞争优势的逐渐丧失，乡镇企业吸纳农村劳动力非农就业能力日显不足，加之其他因素的共同影响，其发展也很快跌入低谷[①]。

那么，现有乡村产业振兴思路能否满足农民工就地就近实现高质量充分就业之需要呢？如果我们简单地把乡村产业振兴的目标界定为农民收入的增加，自然在短期内和在大部分农村地区都会得到积极肯定的答案。

受到劳动年龄人口总量持续下降、越来越多的农民进入非农领域就业、农民获得的转移性收入大幅度增加[②]等多种供需结构层面因素的共同影响，短期内农民收入肯定会出现一定幅度的增长。但短期内农民收入的增长不能等同于乡村产业的兴旺，更不会带来乡村的全面振兴。

改革开放以来，农民收入持续增长而农村却日益空心化和衰败的事实充分证明了这一点。所以，收入增加与乡村产业振兴之间没有直接的关联。检验乡村产业振兴的标准不能简单地定位为农民收入的增加，而是要定位为让农村劳动力在乡村实现高质量充分就业，把农民致富增收的可持续性建立在高质量充分就业的基础之上。概而言之，乡村产业振兴之根本目标应该是服务于农村劳动力就业这个最大民生问题。也正是因为如此，《国务院关于促进乡村产业振兴的指导意见》中指出，要“把以农业农村资源为依托的二三产业尽量留在农村，把农业产业链的增值收益、就业岗位尽量留给农民”[③]，强调让农民在乡

---

① 折晓叶、艾云：《城乡关系演变的制度逻辑和实践过程》，中国社会科学出版 2014 版，第 74 页。

② 根据国家统计局的统计数据，在短短的 6 年内，农村居民人均可支配转移净收入就从 2014 年的 1877 元增至 2020 年的 3298 元，增幅约达 43.09%。详见历年《中国统计年鉴》。

③ 国务院：《关于促进乡村产业振兴的指导意见》（国发〔2019〕12 号）。

村实现充分和高质量就业的重要性。

从就业吸纳能力来看，除了农产品加工业能吸纳部分农民就业外，其他依托农业农村资源产业的吸纳就业能力都相对较弱。就J县来看，2018—2020年“春风行动”招聘会参会企业拟招聘总人数为15150人以上[①]，农林牧渔业企业招聘人数仅为146人，约占总招聘人数的0.96%；第三产业中的农业农村资源依托产业总计招聘167人，约占总招聘人数的1.1%（见表3-6）。就X县来看，2018—2020年“春风行动”招聘会计划招聘17554人以上，农林牧渔业计划招聘265人，仅占总招聘人数约1.51%；第三产业中依托农业农村资源产业总计招聘157人，约占总招聘人数的0.89%（见表3-7）。不难看出，两县农林牧渔业和第三产业中的农业农村资源依托型产业所能吸纳的劳动力都极为有限，所占比例均非常低。被寄予厚望的乡村旅游业和农业服务业等依托农业农村资源的企业招聘需求都极少。事实上，笔者的走访也验证了类似的结论。笔者于2018年8月参观了J县最大的农林牧渔业生产单位——广西Z果业公司经营的1万亩柑橘基地，其在忙碌时节雇佣人数虽然能达到200多人，但长期雇佣的还不足100人。而在笔者调研中参观的另一家公司——J县新三农有限公司，公司老板原来在广西做建材生意，现在返乡租赁了580多亩地从事猕猴桃种植，却仅雇用了8人。

表3-6　　J县不同产业企业与分档基本工资分组情况　　单位：人，%

产业		分档基本工资								总计	
		2000元及以下		2001—3000（含）元		3000元以上		面议		人数	占比
		人数	占比	人数	占比	人数	占比	人数	占比		
第一产业	农林牧渔业	0	0	53	36.30	65	44.52	28	19.18	146	100

① 官方资料统计的总招聘人数为15170人，与本书统计略有差异，但不影响总体结论的正确性。其中有一家公司招聘20人中重复，应为官方宣传材料编辑输入错误所致，本书未加统计；同时，还有11家招聘单位未标明具体招聘人数。

续表

产业		分档基本工资								总计	
		2000元及以下		2001—3000（含）元		3000元以上		面议		人数	占比
		人数	占比	人数	占比	人数	占比	人数	占比		
第二产业	农产品加工业	173	10.10	969	56.57	127	7.41	444	25.92	1713	100
	其他制造业	425	3.45	7602	61.74	2467	20.04	1819	14.77	12313	100
	制造业以外的其他产业	10	2.96	80	23.67	239	70.71	9	2.66	338	100
第三产业	依托农业农村资源产业	45	26.95	80	47.90	34	20.36	8	4.79	167	100
	其他产业	129	27.27	216	45.67	55	11.63	73+	15.43+	473	100
总计		782	5.16	9000	59.41	2987	19.72	2381	15.72	15150	100.01

注 1. “+”表示超过某一数据，个别公司的个别岗位未注明具体招聘人数，仅标注招聘“多名”或“不限人数”，故以“+”来表示。

2. 行业分类依据国家统计局发布的《2017 年国民经济行业分类与代码（GB/T 4754-2017）》。

3. 这里的“依托农业农村资源产业”对应国民经济行业分类中的农业机械经营租赁、农村集体经济组织管理、旅行社及相关服务、游览景区管理、名胜风景区管理、森林公园管理、其他游览景区管理、农业科学研究和试验发展、兽医服务、农林牧渔技术推广服务、（农业）生物技术推广服务、（农村）金融业、（设在县城和乡镇的）住宿和餐饮业、（专门用于农业经营主体的）交通运输、仓储及邮电通信业等所有利用乡村资源和服务“三农”的行业。

表 3-7　X 县不同产业企业与分档基本工资分组情况　单位：人，%

产业		分档基本工资								总计	
		2000元及以下		2001—3000（含）元		3000元以上		面议		人数	占比
		人数	占比	人数	占比	人数	占比	人数	占比		
第一产业	农林牧渔业	60	22.64	84	31.70	121	45.66	0	0.00	265	100
第二产业	农产品加工业	58	1.63	2564	72.12	933	26.24	0	0.00	3555	99.99
	其他制造业	138	2.48	1674	30.18	3735	67.34	0	0.00	5547	100
	制造业以外的其他产业	284	30.57	214	23.04	431	46.39	0	0.00	929	100

续表

产业		分档基本工资								总计	
		2000 元及以下		2001—3000（含）元		3000 元以上		面议		人数	占比
		人数	占比	人数	占比	人数	占比	人数	占比		
第三产业	依托农业农村资源产业	20	12.74	124	78.98	13	8.28	0	0.00	157	100
	其他产业	1343	18.91	2603	36.66	3149	44.35	6	0.08	7101	100
总计		1903	10.84	7263	41.38	8382	47.75	6	0.03	17554	100

注：同表 3-6。

同时，即使表现较为优异的农产品加工业吸纳就业能力也不能做过高的估计。根据赫尔·希曼（Albert Otto Hirschman）“经济发展不平衡”理论，发展中国家或地区需要集中有限资源优先发展那些关联效应（linkage effects）最大的产业来带动其他产业发展[①]，据此，理论界多对农产品加工业寄予厚望，认为农产品加工业是“在农村经济发展中总联系效应最大的产业”[②] 和“乡村产业的主要业态”[③]。那么，被寄予厚望的农产品加工业在吸纳就业方面能力到底如何呢？

就两个案例县 2018—2020 年的情况来看，以农产品和农村自然资源为材料的农产品加工业吸纳就业能力虽然远强于农林牧渔业和第三产业中的涉农产业，却也未达到人们期望的水平。J 县 2018—2020 年“春风行动”招聘计划中农产品加工业共计划招聘 1713 人，占总招聘人数比不足 11.31%（见表 3-6）；X 县农产品加工业计划招聘 3555 人，约占总招聘人数的 20.25%（见表 3-7）。两县农产品加工业占招聘总人数的比例都在 20%左右，这充分说明了农业农村资源依托型产业在吸纳农村劳动力就业方面的局限性，即农业及其延伸的产

① Albert Otto Hirschman, *The Strategy of Economic Development*, New Haven: Yale Uniwersity Press, 1958, pp. 98-119.

② 张润清、李崇光：《中国农产品加工业优先发展的经济学分析》，《农业经济问题》2004 年第 10 期。

③ 陈池波、孟权、潘经韬：《乡村振兴背景下农产品加工业集聚对县域经济增长的影响：湖北例证》，《改革》2019 年第 8 期。

业链所能吸纳农村劳动力就业规模相对有限。这说明，被寄予厚望的农业农村资源依托型产业的吸纳就业能力尚不足以支撑乡村产业振兴和发展的需要，尤其是不能满足农民在乡村实现充分就业之需要。

简而言之，“以农业农村资源为依托推动农村一二三产业融合发展”的乡村产业振兴思路虽然在一定程度上能带动农民致富增收，但无法为新时代乡村发展所需大量实用人才提供足够多的高质量充分就业机会，进而无法为乡村振兴提供持久动力支持，也无法满足新时代农民对美好生活的向往。相应地，主要定位于充分就业或就业扶贫的就业创业服务体系也难以满足农村劳动力高质量充分就业的需要，进而在本质上是一种服务目标定位偏差。

二　服务价值定位偏差，公共性取向不足

公共就业创业服务作为公共服务的重要属类，它必须要秉承公共价值理念，致力于满足公共利益，并契合公平、正义等公共价值取向；而作为政府组织行为的属类，它又必须符合效率、有效性等一般组织行为取向，能有效率地为相关服务接受者提供有效的服务。

具体来看，就我国农村就业创业服务体系而言，由于提供主体的多样性，“公共性”价值一直被糅合于政治实现、公共服务和市场行为的三种属性之中。无论是公共服务价值认知或是价值实现都受到极大的限制和削弱，出现了服务价值定位偏差。服务价值定位偏差的主要表现就是公共性价值取向的偏离。

诚如第二章中我们所强调的那样，从中央政策文本来看，公平、正义、包容性、精准性和有效性等公共价值是近些年来国家农村就业创业服务政策的核心价值取向，如2017年1月印发的《“十三五”推进基本公共服务均等化规划》提出“要健全覆盖城乡的公共就业创业服务体系”；2021年《“十四五”就业促进规划》中提出要健全脱贫人口、农村低收入人口就业帮扶长效机制，保持脱贫人口就业领域的扶持政策、资金支持、帮扶力量总体稳定等都体现了公平、平等、包容性的公共价值取向。但在我国农村就业创业服务供给的地方实践中，公平、正义、包容性、精准性和有效性等公共价值却还未能得到很好的体现，普遍存在服务价值定位偏离的情况。

在我国公共服务供给的地方实践中，受到政治晋升锦标赛、目标责任制等结构性、制度性因素制约，地方政府相关职能部门更多的是服务于政治目标而非居民的期盼。具体到农村就业创业服务领域就表现为，中央重点强调的服务内容和服务对象，如农村贫困劳动力就业，地方政府相关职能部门就会重点加以关注和提供服务，而中央当下没有重点强制推进的服务内容和服务对象，如返乡的大龄劳动力，地方政府相关部门就“睁一只眼闭一只眼”，甚至完全不作为。在我们的实地调研中，在“春风行动”招聘会上连续几天徘徊和难以找到工作的往往也是大龄的返乡农民工，或者说是第一代农民工。他们往往文化水平低、也没有什么专业技术，在大城市难以继续生存，回到家乡又难以找到工作，进而应该成为农村就业创业服务的主要服务对象之一。而现实中，这一群体的就业创业服务需求却在很大程度上被忽视了，也或者是被遗忘了！

长期以来，我国基层政府在服务实践中萌生出了“少做少错”“不做总比做错好”等懒政想法，在就业创业服务的提供中，他们只注重自己法定职责规定范围内的工作，法规文本未加以明确规定的职责则用“不懂”“不知”“不了解”等去回应。但国家就业创业服务政策更多的是立足于宏观指导，它无法完全预测复杂多变的地方实践情况，进而也就无法对地方政府，尤其是基层政府服务人员的具体服务职责做出事无巨细的规定。在此情境下，服务提供者以超出自身法定职责范畴为借口，忽视农村劳动的某些就业创业服务需求，自然也就弱化了公共就业创业服务体系对公共性价值的回应。

更为严重的是，地方政府相关部门的“不作为”或“选择性作为”极大地降低了农村就业创业服务的可及性和有效性。公共服务只有在可及的前提下才可能有效，而只有有效才可能发挥真正的功效，满足服务接受者的需求。而地方政府相关职能部门依据上级领导重视程度的选择性作为、选择性服务，乃至阶段性服务，必然使得就业创业服务仅能局限于部分需求群体，或者仅能满足求职劳动力的阶段性或短期的服务需求，很多就业创业服务需要都得不到有效供给。这极大地降低了农村就业创业服务的可及性。同时，受制于服务资源有限、服务人员能力有限等多方面不利因素制约，各地方政府相关部门所提供的就业创业服务往往存在供需不匹配，或服务中的形式主义问题。比如，各个县乡经常举办的“春风行动”招聘会。政府牵线搭桥，提供一个劳动力供需交流的平台，但用工企业的资质、所提供的就业岗位的质量等政府相关部门都没有进行审慎的审查，进而使得提供的就业岗位质量不佳，求职者并不满意，供需双方达成一致的比例也就不高。这也是在乡村和县城“招工难”和“求职难”并存的根本原因。同时，政府相关服务人员也没有意愿和能力为部分难就业群体提供精准的“量身定做”服务，无法解决农村大龄、残疾等就业弱势群体就业问题。这些都使得当前我国农村就业创业服务体系的有效性堪忧。

第三节　服务能力有限，有效供给不足

一　公共就业创业服务总体满意度较低

除了服务体系碎片化和服务定位偏差问题外，农村就业创业服务能力也同样堪忧。根据我们课题组的调查，无论是总体农村就业创业服务，还是各类具体就业创业服务项目，其服务满意度都难以令人满意，存在较大改进空间。

在我们的调查中，有这样一道多选题来测量被调查者的总体农村就业创业服务满意度情况。即询问被调查者“您对所在地政府公共就业创业服务体系的整体满意情况如何?”其中，表示“非常满意”和“比较满意”的分别为6.47%和34.02%，合计也仅占被调查者总体的40.49%（详见表3-8）。

表3-8　农村公共就业创业服务总体满意度情况

	完全不满意	不太满意	一般	比较满意	非常满意	总计
数量（人）	15	183	813	578	110	898
比例（%）	0.88	10.77	47.85	34.02	6.47	99.99

同时，我们还分别对各类就业创业服务满意度进行了测量。在调查问卷中我们设计了如下题目：“您对下列（见表 3-7）农村就业创业服务项目满意程度如何?”被调查者对就业创业政策咨询、就业技能培训、就业信息服务、职业指导和介绍、就业和失业登记、创业指导服务、创业金融服务表示满意（包括“非常满意”和“比较满意”）的比例分别为 42.38%、23.55%、57.85%、31.43%、11.47%、16.36%和 18.3%；表示不满意（包括“非常不满意”和“比较不满意”）的比例分别为 16.54%、22.66%、6.65%、15.72%、32.43%、13.95%和 15.36%。当然，创业指导服务和创业金融服务，首先是需要有创新创业经历的人来回答才比较科学。本书中我们粗略地把未选择“不清楚”的被调查者看作有创新创业经历的被调查者。那么，表示满意的被调查者比例就高了很多，分别占到了 33.33%和 37.79%。但总体上看，被调查者对就业技能培训、就业和失业登记、创业服务指导领域的服务满意都相对较低，相关领域存在的不足也尤其严重（详细见表 3-9）。

表 3-9　　农村就业创业服务分项满意度情况

服务项目		非常满意	比较满意	一般	比较不满意	非常不满意	不清楚
就业创业政策咨询	比例（%）	12.30	30.08	35.14	15.77	0.77	5.94
	数量（人）	209	511	597	268	13	101
就业技能培训	比例（%）	5.83	17.72	47.03	20.60	2.06	6.77
	数量（人）	99	301	799	350	35	115
就业信息服务	比例（%）	22.48	35.37	23.66	5.94	0.71	11.83
	数量（人）	382	601	402	101	12	201
职业指导和介绍	比例（%）	9.30	22.13	41.08	13.54	2.18	10.59
	数量（人）	158	376	698	230	37	180
就业和失业登记	比例（%）	3.35	8.12	29.55	24.37	8.06	26.55
	数量（人）	57	138	502	414	137	451
创业指导服务	比例（%）	5.94	10.42	18.78	10.36	3.59	50.91
	数量（人）	101	177	319	176	61	865

续表

服务项目		非常满意	比较满意	一般	比较不满意	非常不满意	不清楚
创业金融服务	比例（%）	7.59	10.71	14.77	11.71	3.65	51.56
	数量（人）	129	182	251	199	62	876

二 人员不足，编制人员与当前就业工作任务繁重矛盾日益突出

公共服务机构管理和服务人员数量很大程度上决定着该机构的服务能力。而当前我国承担着农村劳动力转移就业和促进脱贫人口“稳就业”重任的县级人力资源和社会保障部门却存在服务人员严重不足的情况。以县人力资源和社会保障局在编人员为例，我国大部分县级人力资源和社会保障局在编职工数为10—20人（见表3-10），除去主要领导，执行一线服务的在编人员数量就更是不足。比如，甘肃肃南裕固族自治县人力资源和社会保障局在编人员为7人，其中，3名为领导（1名正局长、2名副局长），2名为暂保留工勤编制人员。主要从事一线工作且有行政编制的服务人员仅为2人①。

而与有限且不足的在编服务人员相比，近年来伴随着乡村振兴步伐的推进，尤其是农村劳动力转移就业需求的增加以及返乡就业创业人员的增加，农村地区对公共就业创业服务的需求却在持续增加。这使得农村公共就业创业服务体系疲于应付，难以实现高质量的精准服务供给，进而影响了农村就业创业服务的满意度。

表3-10　部分县人力资源和社会保障局行政编制人员数量　单位：人

县名	行政编制人员数	非领导职务职工数	来源文件实施年份
河南封丘县	20（包括2名驾驶员）	13	2019
浙江三门县	13	9	2019
湖北竹山县	19	11	2020
云南泸西县	18	13	2019

① 参见肃南裕固族自治县人力资源和社会保障局职能配置、内设机构和人员编制规定，肃南裕固族自治县人民政府（http：//www.gssn.gov.cn/zfxgk/fdzdgknr/jgjj/xzfgzjg/jggk/202101/t20210129_577279.html），2021年10月12日。

续表

县名	行政编制人员数	非领导职务职工数	来源文件实施年份
甘肃天祝藏族自治县	12	9	2020
内蒙古武川县	10	6	2019
河南虞城县	28	22	2019
云南元阳县	21	11	2020
山西定襄县	12	9	2019
湖南平江县	20	15	2019
湖北孝昌县	21	17	2019
贵州绥阳县	14	7	2019
浙江新昌县	12	8	2021
甘肃正宁县	11	8	2019
广东惠来县	18	14	2019
湖南桃江县	16	12	2019
河北隆尧县	20	8	2019
云南澜沧县	23	19	2019
甘肃肃南裕固族自治县	7	4	2019
河南柘城县	32	18	2019
云南宜良县	11	8	2019
广东揭西县	25	13	2019
安徽寿县	21	17	2019
江苏灌云县	23	15	2019
山东费县	17	13	2019
安徽岳西县	14	11	2019
湖南祁东县	18	13	2019
黑龙江巴彦县	26	22	2019
陕西靖边县	12	8	2019
宁夏彭阳县	10	7	2021
云南梁河县	10	6	2019

注：非领导在编职工指的是科级以下的有行政编制职工；同时，不包括暂时在编的工勤岗位。

资料来源：各县数据来源于近年各县“人力资源和社会保障局职能配置、内设机构和人员编制规定”。

三　有效供给不足

充足的有效服务供给是公共服务体系应有的理想状态。在我们的调查中有这样一道多选题：“（如果有机会）在家乡创业，您认为面临的最大挑战或困难是什么?（限选 3 项）”，其中，有 86.87%的被调查者表示“基础设施和公共服务配套体系不健全影响发展前景”；有 61.27%的被调查者表示“缺乏启动资金”；有 60.45%的被调查者表示“缺乏合适的项目”；有 56.21%的被调查者表示“创业的风险太大”；还有 28.84%的被调查者表示“政府的支持力度不够”（见表 3-11）。可见，当前返乡下乡创新创业面临着很多困难，创业失败风险也较高，急需政府给予相应的支持。甚至，很多从东南沿海大城市返回到家乡所在城市创业的农民工，也多以失败告终。笔者长期追踪调研的湖南省 Y 市曾于 2018 年启动了一个“原味创业街”项目，主要吸引返乡农民工经营当地特色美食。在政府投资建设、前两年免税和免租金等利好政策支持下，曾经盛极一时，鼎盛时有近 50 家餐饮店。但当两年免税免租金期结束，这些餐饮店几乎全部倒闭，这条创业街也成了连片的“空铺面”。这些都从侧面表明，虽然国家出台了很多支持农村劳动力返乡创新创业的政策，但在基层贯彻落实方面还存在很多不足，尤其是有效性不足。

表 3-11　　乡村创业面临的主要挑战

创业挑战属类	基础设施和公共服务配套体系不健全影响发展前景	缺乏启动资金	缺乏合适的项目	政府的支持力度不够	创业的风险太大	其他	总计
数量（人）	1476	1041	1027	490	955	108	898
比例（%）	86.87	61.27	60.45	28.84	56.21	6.36	300

同时，在我们的调查中有这样一道单选题“如参加过所在地政府组织的就业招聘会，您是否找到了合适的工作?”其中，1699 个被调查者中有 1387 人表示参加过所在地政府组织的就业招聘会。但 1387 个参加过所在地政府组织的就业招聘会的被调查者中有 87.42%的被

调查者表示“未找到（合适的工作）”。也就是说，只有16.87%的被调查者表示参加过所在地政府组织的就业招聘会并找到了合适的工作（见表3-12）。

表3-12 参加过所在地政府组织的就业招聘会并找到合适工作的情况

招聘会上找到合适工作情况	找到	未找到	总计
数量（人）	234	1153	1387
比例（%）	16.87	83.13	100

而当被问到“如果没找到合适工作，主要原因是什么?”在1153个表示未找到合适工作的被调查者中，有23.42%的人表示“年龄不符合工作岗位要求”；有7.46%的人表示“性别不符合岗位要求”；有25.93%的人表示“工资待遇达不到自己的预期”；有9.28%的人表示“工作时间不合理，不便照顾家庭”；最多的则是表示自己“不具备工作岗位所需的劳动技能”，占比达到30.88%（见表3-13）。这充分体现了当前我国农村就业创业服务存在明显的有效供给不足问题，或者说是服务供需不匹配问题。政府引导创造的就业岗位和就业机会，返乡或留在家乡的劳动力或者不具备相应的劳动技能，或者年龄过大，无法胜任这些岗位；同时，也有些工作岗位不能满足农村劳动力对工资福利和家庭工作平衡的需要。

表3-13 未找到合适工作的主要原因

原因分类	数量（人）	比例（%）
年龄不符合工作岗位要求	270	23.42
性别不符合岗位要求	86	7.46
不具备工作岗位所需的劳动技能	356	30.88
工资待遇达不到自己的预期	299	25.93
没有适合自己技能专长的就业岗位	27	2.34
工作时间不合理，不便照顾家庭	107	9.28

续表

原因分类	数量（人）	比例（%）
其他	8	0.69
总计	1153	100

事实上，在我们参与观察的几个县城进行的“春风行动”招聘会上，各个用工企业对求职者的普遍要求是40岁或45岁以下，学历则普遍要求高中乃至大专学历以上，而工资收入却相对较低，普遍在2000—5000元，甚至2000—3000元占据了相当大的比例。这也从侧面验证了政府组织的就业招聘服务有效供给不足的问题。仅仅通过“牵线搭桥”并不能让农村劳动力实现高质量充分就业的目标。正如我们在访谈中有农民工跟我们所反应的那样：“回家工作是挺好的！只是工资低了，养不了一家人。在东莞，我一个月平均八九千，去年10月份我回来找工作，底薪一千多，加上加班一个月两三千。这个年代，两三千能做什么？”

第四章　共生理论视域下农村就业创业服务体系的应然图景

正如本书中我们所一直强调的那样，县域，尤其是乡村就业、创业与产业发展之间息息相关，存在明显的互惠共生关系。相应地，在就业创业服务体系构建和优化方面，要注重政策和服务的整体性设计。即：要以共生系统思想理解农村就业、创业和乡村产业发展之间的关系，并以整体性治理思路来优化农村就业创业服务体系。事实上，即使在日常实践中，作为服务接受者的农村劳动力自身也是从多个共生单元相互依赖的角度来看待农村就业创业服务的供给，而不仅仅把自身就业创业需求的满足寄托于就业创业服务本身。

在课题组的调查问卷中设计了这样一道多选题：“为了促进返乡下乡本乡人员在家乡就业、创业，您认为政府最应该在哪些方面进行改进？（限选 3 项）”，在 1699 个被调查者中，按照选择比例（见表 4-1）由高到低的顺序依次是：①加快招商引资，创造更多的就业岗位与就业机会；②改善乡村产业结构，吸引工资待遇高的企业入驻；③加强交通、物流、通信网络等农村基础设施建设；④完善教育、医疗等农村配套公共服务；⑤完善配套社会保障（如落实五险一金）；⑥提供更多贷款优惠；⑦加强劳动技能、创业和市场经济知识培训；⑧及时更新并加强招聘、求职、培训、创业优惠政策等信息的宣传；⑨提供更多就业创业信息和组织更多招聘会；⑩完善相关政策。可见，通过招商引资和产业结构调整创造更多更好的就业机会、完善相关基础设施、劳动就业相关福利保障和公共服务才是农村劳动力更重视，或者说更急迫的需求，而就业创业培训、信息中介、招聘组织这些公共就业创业服务所重点强调的内容则较少被农村劳动力看中。这也就是提醒我们，要从多元共生的高度，把产业企业发展与就业创业服务体系本身建设有机结合起来来看待农村就业创业服务体系优化问题，而不能就服务论服务。

表 4-1　　返乡下乡本乡人员在家乡就业创业对政府的期望

期望分类	数量（人）	比例（%）
加快招商引资，创造更多的就业岗位与就业机会	919	54.09
改善乡村产业结构，吸引工资待遇高的企业入驻	834	49.09
加强交通、物流、通信网络等农村基础设施建设	831	48.91
完善教育、医疗等农村配套公共服务	751	44.20
完善配套社会保障（如落实五险一金）	718	42.26
提供更多贷款优惠	405	23.84
加强劳动技能、创业和市场经济知识培训	222	13.07
及时更新并加强招聘、求职、培训、创业优惠政策等信息的宣传	151	8.89
提供更多就业创业信息和组织更多招聘会	121	7.12
完善相关政策	126	7.42
其他	19	1.12
总计	5097	300.01

第一节　农村就业创业服务体系中的三重共生系统

从农村发展目标上看，农村劳动力就业、返乡下乡本乡人员创新创业与县域产业发展之间共处一个生态系统，存在潜在的共生关系，你中有我、我中有你，缺一不可、互为支撑和前提。相应地，农村就业创业服务体系的优化也必须立足于此种共生关系来进行相应的改革与创新。

概而言之，县域，尤其是乡村就业、创业与产业发展同处于一个共生系统之内，存在明显的互惠共生关系——乡村产业发展有利于促进乡村就业并创造更多的创业机会；乡村创新创业有利于创造更多农村劳动力就地就近就业岗位，并能引领乡村新兴产业发展，促进乡村产业结构的调整和优化；而农民就地就近就业可以为乡村创新创业与乡村产业发展提供更多的劳动力资源支持。党中央、国务院也充分意识到了“乡村三业”间的互惠共生关系，多次在中央文件中强调返乡下乡人员创新创业与乡村产业发展以及农民就业之间的正向关联。2016 年发布的《国务院办公厅关于支持返乡下乡人员创新创业促进农村一二三产业融合发展的意见》指出：“返乡下乡人员创新创业……有利于发展新产业新业态新模式，推动农村一二三产业融合发展；有利于激活各类城乡生产资源要素，促进农民就业增收”①；2019 年发布《国务院关于促进乡村产业振兴的指导意见》指出：“把以农业农村资源为依托的二三产业尽量留在农村，把农业产业链的增值收益、就业岗位尽量留给农民。”②

显然，“乡村三业”间存在的互惠共生关系已经引起了国家层面的关注。但互惠共生又可以分为对称性互惠共生和非对称性互惠共生两种不同形态。此二者都会产生新能量，并具备多边交流机制，但相较于对称性互惠共生，非对称性互惠共生模式下新产生的能量在不同共生单元之间的分配却是不均匀的、非对称性的。互惠共生的非对称性不仅会影响共生能量的同步积累和共生单元的同步进化，还会进一步危及共生行为模式的稳定性③。换言之，对称性互惠共生形态是最为稳定、最为理想、最有效率的共生形态，通过政策干预促使非对称性互惠共生形态转变为对称性互惠共生形态是政策构建领域的重要目标。

承前所述，从公共服务与公共政策角度出发，当前我国农村就业创业服务体系存在服务体系碎片化、服务定位偏差、服务有效供给不足等诸多问题。这些问题的根源在于当前我国农村就业创业服务体系

---

① 国务院办公厅：《国务院办公厅关于支持返乡下乡人员创新创业促进农村一二三产业融合发展的意见》（国办发〔2016〕84 号）。

② 国务院：《国务院关于促进乡村产业振兴的指导意见》（国发〔2019〕12 号）。

③ 袁纯清：《共生理论兼论小型经济》，经济科学出版社 1998 年版，第 51—55 页。

碎片化问题严重，未能从对称性互惠共生的高度来看待就业创业服务之间的关系以及它们与乡村乃至县域产业发展政策之间的联系。只有从对称性互惠共生的角度来看待乡村就业创业与产业发展之间的关联，并从整体上构建农村就业创业服务体系，并将之与乡村乃至县域产业发展政策看成一个整体，进行整体设计才能破解当前我国农村就业创业服务体系面临的碎片化困境，增加有效服务供给。

“互惠共生”强调的是众多相对独立的共生单元共处于一个生态系统之内，相互依赖、互为支撑。依据共生理论，“乡村三业”间实现互惠共生的必要条件如下：（1）共生单元之间至少存在一种兼容因素，即“乡村三业”间通过特定的经济关系或效益产出方式产生联系纽带，为“乡村三业”的互动融合提供媒介；（2）至少存在一个完整的主导共生界面可供共生单元进行互动交流，即充分发育的县域劳动力市场能够为农村劳动力就业与产业发展用工需求之间匹配提供交易平台；（3）每个共生单元对共生体产生的正向新能量能够对称分配，即“乡村三业”间相互促进，进而释放新的共生能量，以增强共生系统的持久性和稳定性；（4）共生系统必须具备一个能与其相互促进的共生环境，即农村基础公共设施投放、公共服务供给差异化等作为外部共生总环境，应与内部“乡村三业”共生体构成良性互动循环。简而言之，共生单元的联动机制、共生界面的调节机制、共生模式的进化机制、共生环境的诱导机制是构成“乡村三业”互惠共生的重要条件，对“乡村三业”互惠共生机理的论述也将从这四个方面展开。

一　共生单元：互惠单元的联动机制分析

“乡村三业”互惠共生系统中，乡村就业、创业与产业单元发生全方位的交流互动，这种交互适应主要体现在“乡村三业”耦合联动所带来的效益增值特性，这种耦合联动效应是实现对称性互惠共生的关键驱动要素。随着乡村振兴战略的统筹推进，“乡村三业”间的联系日益紧密。首先，以特色村、创业街为代表的乡村特色产业链从分散化走向聚集量化增强了乡村创业项目的吸纳和承载能力，为乡村就业和创业提供了更多可供选择的机会。其次，乡村创业活跃度的不断提高也催生了新型产业形态和新型发展模式。以乡村网红直播带货、乡村民宿餐饮、乡村淘宝为代表的乡村创新创业，不仅催生了新的乡村产业形态和发展模式，还带动了乡村就业，较好地促进了“乡村三业”间的融合。相关实证检验也证实了乡村创业活跃度与产业发展间的正向关联①。最后，农民工返乡留乡就业积极性的提升也能为乡村产业发展提供坚实的人才支持。相较于早期单一的传统农业发展模式，原来布局在城市的部分二、三产业转移到县域，增加了乡村非农产业的机会，能显著提升乡村就业质量。综上所述，只有当乡村就业、创业和产业发展这三个共生单元之间实现对称性互惠共生时，才能形成“创业促进就业、产业发展带动创业、就业支持产业发展”的良性互动关系，起到“1+1+1>3”的能量输出效果。

二 共生界面：互惠界面的调节机制分析

共生界面的稳定性和功能直接决定着互惠共生模式的稳定性。“乡村三业”互惠共生系统中，县域劳动力市场是各单元耦合共生的主导界面，尤其是县域劳动力市场能否高效配置农村劳动力资源将直接影响“乡村三业”间的交互作用水平和发展水平。一方面，县域劳动力市场功能是否健全、是否有效直接决定着农村劳动力的就业选择和就业质量；另一方面，返乡下乡创新创业者和转移到乡村的企业工厂的人才需求能否得到满足，也依赖于功能健全的县域劳动力市场。换而言之，县域劳动力市场能否有效发挥劳动力配置功能将通过直接影响农村劳动力就业选择，进而间接影响乡村产业的人力资源供给水平和返乡下乡创新创业的质量。如此，完善县域劳动力市场建设，最大限度发挥它的劳动力资源调节功能就成为“乡村三业”间能量交换从低频走向高频的重要保障，进而决定着能否实现界面阻尼特征向激励特征的转变。

三 共生模式：互惠模式的进化机制分析

共生模式是共生单元间相互作用的方式或相互结合的方式，它既能反映共生单元间的作用方式和作用强度②，也能反映共生单元间物

---

① 李晓龙、冉光和：《农村产业融合发展如何影响城乡收入差距——基于农村经济增长与城镇化的双重视角》，《农业技术经济》2019 年第 8 期。

② 袁纯清：《共生理论兼论小型经济》，经济科学出版社 1998 年版，第 8 页。

质信息交流和能量互换关系。从行为层面看，对称性互惠共生模式是最理想的共生行为状态，而对称性互惠共生模式又可以采用点共生、间歇共生、连续共生和一体化共生四种具体组织模式。其中，当且仅当对称性互惠共生行为模式与连续共生或一体化共生组织模式相匹配时，共生关系才会产生质的飞跃，进而产生最大的、最为稳定的能量输出和交换。但在社会共生系统内部，共生行为模式与共生组织模式之间往往是相互分离的。这其中，共生行为模式往往是由共生单元自身的属性决定的，往往是难以改变的；而共生组织模式则是相对易改变的，通过人为干预有可能改变其相互作用的方式。这也就要求政策设计与执行者积极主动调整共生组织模式以促进相应共生行为模式更好地发挥其积极作用。

承前所述，从共生行为模式角度看，“乡村三业”间属于对称性互惠共生关系，但仅当“乡村三业”之间处于连续共生或一体化共生的组织模式下，让共生单元在稳定的共生界面下发生连续不间断的相互作用，才能有效降低共生阻尼作用，产生更多的共生能量，实现不同共生单元的同步进化、稳定发展。但就现状来看，当前“乡村三业”间不仅呈现出明显的非对称性互惠共生特征，而且还处于点共生或间歇共生的组织模式下，尚未形成稳定的、连续的相互作用。典型表现有二：一是当前返乡农民工回乡创业失败比例较高①，难以为农民就地就近就业提供稳定的持久的依靠；二是很多县域企业存在“招工难”的问题，难以为乡村产业发展提供充足的人力资源支持。近些年来返乡下乡人员创业在一定程度上起到了促进乡村就业增长的作用，返乡农民工转职就业也较好地契合了乡村产业对于人力资本的要求②，但总体来说，现有返乡留乡农民工尚不能为乡村产业发展提供

① 刘轩：《返乡创业失败人员职业转换意向及影响因素》，《技术经济与管理研究》2019 年第 10 期；贺雪峰：《谁是农民：三农政策重点与中国现代化农业发展道路选择》，中信出版社 2016 年版，第 15 页。

② 杨秀丽：《返乡农民工转职就业力的改进 Career EDGE 模型构建研究——以乡村振兴为背景》，《经济问题》2020 年第 3 期。

充足和高质量的人力资源支持，乡村产业发展面临“适宜劳动力欠缺”[1]乃至“用工难”与“就业难”并存的问题[2]。有鉴于此，通过政策设计和服务引导促使“乡村三业”共生系统走向更为稳定的一体化对称互惠共生模式是实现双向促进、共同进化的必经之路。

四　共生环境：互惠环境的诱导机制分析

外生的环境与共生体相互作用“往往是通过物质、信息和能量交流来实现”[3]，它对共生体的影响可能是正向积极的，也可能是中性或负向的，关键取决于环境本身是否能匹配共生体发展演化的需要。“乡村三业”互惠共生系统的环境分为硬环境和软环境两类。“乡村三业”的互惠共生的硬环境主要指向公共基础设施的支撑作用。完善的基础设施既是就业、创业与产业发展单元得以独立生存的重要前提之一，也是“乡村三业”共生体交流的重要外部支撑。政府提供的法律政策和公共服务则是“乡村三业”互惠共生系统的重要软环境。中央及各级地方政府通过出台和贯彻执行相关政策法规可以为“乡村三业”各自发展以及互惠共生进化提供制度支持和文化氛围；同时，政府通过强化乡村公共服务建设，提升城乡公共服务均等化水平，能有效提升返乡留乡下乡人员在乡村就业创业的积极性，并有效降低产业企业在县域，尤其是乡村布局的生产和运输成本，为“乡村三业”互惠共生提供更多的支持。

第二节　整体性农村就业创业服务系统

与就业、创业和产业发展之间的对称性互惠共生模式相对应，农村就业创业服务体系要发挥理想中的有效性和效率，就要在整体上进

---

① 郭芸芸、杨久栋、曹斌：《新中国成立以来我国乡村产业结构演进历程、特点、问题与对策》，《农业经济问题》2019 年第 10 期。

② 赵军民、李廷臻：《长垣县“用工难”和“就业难”的情况分析》，《人才资源开发》2016 年第 17 期。

③ 袁纯清：《共生理论兼论小型经济》，经济科学出版社 1998 年版，第 16 页。

行服务系统的设计。这与公共行政学界倡导的整体性治理理念是完全契合的。

一 整体性农村就业创业服务系统的特征

从整体性治理来看，公共服务的碎片化有多个方面的表现，比如部门壁垒引致的各自为政、机构或部门之间相互转嫁服务成本、服务目标之间相互冲突、服务项目之间相互冲突、服务遗漏或差距导致的有效供给不足等。诚如前章所述，这些碎片化问题也存在于当前我国农村就业创业服务体系之中。在针对碎片化的治理方面，整体性治理理论主张通过横向和纵向协调来实现目标互相增强、手段也相互增强的整体性治理目标。在实现目标相互增强方面，首先是要把有效处理公众最关心的问题作为核心目标；在政策层面确立整体性的目标，在组织层面有效管理各种组织关系，即同时在跨层级的纵向整合、不同职能部门间的横向功能协调和公私部门合作方面进行管理；在机构层面则要求激活相关机构活力，形成治理的合力。

具体到农村就业创业服务体系方面，就是要以满足农村劳动力高质量充分就业需求为目标，对就业服务、创业服务和乡村产业发展政策进行整体性的协调供给，而不能依据公共部门职能分工或部门划分进行碎片化的松散供给。在农村就业创业服务体系内部则要尽可能把职业中介、劳动力市场信息提供、劳动力市场计划管理、失业补贴管理、贫困劳动力就业扶持等主要职能整合起来，并为所有劳动年龄人口提供分类的均等化服务。同时，在整体性治理视域下，农村就业创业服务的有效性主要取决于相关服务职能的协调统一和持续聚焦于劳动者个体的程度。为此，公共就业服务还要建立广泛的合作伙伴关系①，不仅要在横向上协调同级相关服务部门，还要在纵向上协调各级相关部门决策和行动，也要处理好与市场主体和社会主体之间的关系，强化公私部门伙伴关系的支撑。

横向上，人力资源和社会保障部门内部各职能部门之间，人力资

① Phan Thuy, Ellen Hansen & David Price, "The Public Employment Service in a Changing Labour Market", Geneva, International Labour Office, 2001, pp. 161-162.

源和社会保障部门和发展与改革规划部门、财政部门、金融部门、民政、自然资源管理等部门，都要为农村劳动力就业创业创造机会和提供支持，尤其是地市级和县级的产业发展政策必须要与农村劳动就业创业服务政策相协调，进行整体性设计，保证横向目标的一致性。纵向上，各级政府就业创业相关决策以及相关服务必须协调整合，保证各级政府部门之间的目标总体一致性、政策和服务举措的相互增强性，进而保持纵向目标的一致性。

具体来说，农村就业创业服务体系的整体性服务系统具有三个方面的典型特征：

（一）整体性服务目标

承前所述，整体性服务目标要求各横向机构之间目标协同，相互增强；纵向部门之间目标也相互一致、相互增强。

横向上，共生理论视域下的农村就业创业服务体系要求县级发展规划、工业信息、人力资源和社会保障等部门在制定就业、创业、产业发展相关政策，以及提供服务过程中要相互沟通，进行联席政策制定，确保各部门之间政策目标相互增强，政策手段也相互增强，至少不冲突。

纵向上，则要求市级党政部门在制定市级发展规划和服务政策规划时，充分考虑县域尤其是乡村产业发展、农村劳动力充分高质量就业的诉求，制定市级发展规划和就业创业产业发展政策时不与县级的相关政策目标冲突，要支持县域出台有益于促进农村就业创业的产业发展政策。

（二）整体性服务供给结构

整体性服务目标的实现有赖于整体性服务结构的支持。整体性服务结构要依赖整体性治理框架，比如大部制或专业的协调领导小组负责整合不同服务机构，形成协同性服务供给，并重点考虑不同服务和政策之间的相互增强、相互促进功效。此外，还要建立共享的集中式数据库，并提供一站式服务。

具体到农村就业创业服务方面，要做好两个方面的工作：一个是成立由市长、市委书记或主管副市长为组长，市规划部门、县规划部门、县人力资源和社会保障部门、县财政部门、县金融部门、县自然资源管理部门、县教育管理部门、乡镇政府负责人等组成的“县域就业创业服务支持领导小组”，专门负责协调和整合全县农村劳动力就业创业和产业发展规划相关事宜。当然，也可以以满足农村劳动力就业创业需求为导向重新对县级相关职能部门进行整合和重建，比如把负责产业发展规划的职能部门和人力资源和社会保障部门进行整合重组，不过在我国现有权力向上集中的整体结构下可能并不是一个可行的选择。另一个是建立一个线上线下相结合的一站式服务中心，为农村劳动力就业创业提供一站式的整体性服务。

（三）整体性服务责任

整体性服务供给需要整体性责任。只有建立在不同部门、不同行为主体之间相互信任基础上的整体性责任，才能确保各部门之间进行真正的协商合作，进而达成服务目标的共识和服务供给的协调，进而实现目标与手段相互增强的整体协同。

承前所述，农村劳动力就业创业与乡村产业发展，尤其是产业结构之间明显的对称性互惠共生关系，进而使得协调农村就业创业服务与乡村产业发展政策进行整体性设计成为一种必然趋势。这进一步要求农村就业创业服务体系需要整体性责任。这种服务的整体性责任要求所有相关部门共同承担责任。但在共同承担责任的同时，也要分清主次，明确各主体间的责任范围和责任比例。当然，很多复杂性棘手问题明确划分责任是极其困难的。但在农村就业创业服务方面，划分责任比例应该是绝对没有问题的。

按照权责对等原则，在农村就业创业服务及与其存在明显互惠共生联系的乡村乃至县域产业发展政策方面履行核心职能的县乡人力资源和社会保障部门和市县级发展规划部门，要承担主要责任，财政、自然资源管理、民政、教育等其他相关部门承担次要责任，形成“少主多次”或“一主多次”的整体性责任结构。“少主多次”即确定少数几个，一般为两个或三个部门承担主要责任，其他相关部门承担次要责任。“一主多次”则是确定唯一一个部门承担主体责任，其他所有相关部门承担次要责任。但在整体性服务供给框架中，“少主多次”

可能是一个更优的结构。因为公共服务提供部门可能缺乏整体协调的能力和职权，需要各级权力核心部门领导和协调才能进行整体性服务设计和执行。在农村就业创业服务体系与乡村或县域产业发展政策协调方面，人力资源和社会保障部门就缺乏相应的协调能力和权威，需要县发展规划部门、县委县政府办公室等部门同时作为责任主体负责协调整合。

二 整体性农村就业创业服务供给的机制

整体性治理理论把政治性目标细分为政策目标、顾客目标、组织目标和下属机构目标四类。这些不同的目标需要采用不同的机制，以增强相互促进，追求整体性服务供给。政策目标是政策连贯性和一致性，实现政策目标可以采取纵向政府间或横向政府间政策小组、政策协调小组、拨款、技术支持等多种机制；顾客目标是鼓励公民表达需求和鼓励公民参与，实现顾客目标可以采取联合咨询、联合检查等机制；组织目标是避免重复、减少冲突、促进合作、分享风险管理、最大化知识，实现组织目标的机制可以采取跨组织信息系统、联合培训、联合制定计划、开放制订计划、重组组织结构等机制；下属机构目标则与组织目标相近，除了下属机构想获取更多资源或投资外，也是把避免重复、减少冲突、促进合作、分享风险管理、最大化知识作为自身的目标，其可以采取的机制除了组织可以使用的跨组织信息系统、联合计划、联合培训外，还可以采用重新定位、联合雇员配置、联合委托、联合资助、统一人事管理等机制[①]。

具体到农村就业创业服务的整体性服务机制可能会更加复杂，因为农村劳动力就业创业不仅仅是公共服务提供的问题，还涉及整个乡村、整个县域乃至整个国家的经济发展大局。这也就意味着，农村就业创业服务的整体性机制，需要在更高层面进行协调，需要更多的政策制定者和政府部门参与协作，进行整合或协调。当然，首先要在组织目标和下属机构目标一致性的基础上，确保政策目标的高度一致

① Perri 6, Diana Leat, Kimberly Seltzer and Gerry Stoker, Toward Holistic Governance: The New Reform Agenda. Houndmills: Palgrave, 2002, pp. 49-52.

性。这也就是要求党中央、国务院要在制定政策时把农村劳动力高质量充分就业目标和农村劳动力对顺利实现市民化、实现全面发展的需求进行综合考虑，对县域，尤其是乡村产业发展政策进行整体设计，而不能从理想的乡村情怀出发，仅仅定位于发展农业农村资源依托型产业。因为，农业农村资源依托型产业所能带动的就业是极其有限的，质量也不高，这与农村劳动力高质量充分就业的需求是相冲突的。同时，从中央到地方各级相关政府部门还要打破部门壁垒，破除职能藩篱把促进农村劳动力高质量充分就业和最终实现美好生活向往需求（比如市民化、家庭工作平衡）作为共同的顾客目标，引导农村居民表达真实诉求，并鼓励和吸纳他们参与到相关政策和服务过程中来。

三　整体性农村就业创业服务的职能定位

整体性农村就业创业服务体系除了承担一般就业服务体系承担的职业中介、劳动力市场信息系统开发、劳动市场计划管理、失业补贴管理等常规职能外，还需承担其规划活动管理职能和政策协调职能。

规划活动管理职能主要指对伙伴关系的规划管理（如对私营就业服务机构规则的制定和执行监督）、劳资关系协调、劳动争议处理等规则性、制度性制定与监督执行相关的政府活动。通常的做法包括“许可证或执照授予或不授予、执照发放和监督规则的应用”[①]，以及在劳资双方无法自主协商达成共识时进行调节，或引导和支持劳动者通过法律途径维护自身权益。

政策协调职能则是共生理论视域下，整体性农村就业创业服务体系构建中最为重要、最为核心的职能。它主要指的是两个方面的内容：一个是人力资源和社会保障部门内部要协调就业服务和创业服务相关职能，提供一体化的服务，其主要形式是机构整合、以劳动力需求为中心的一体化政策供给和服务供给、建立一站式服务中心等；另一个是人力资源和社会保障部门要主动与其他相关部门进行协调沟

① Phan Thuy, Ellen Hansen & David Price, *The Public Employment Service in a Changing Labour Market*. Geneva: International Labour Office, 2001, p. 27.

通，以满足农村劳动力高质量充分就业为目标，与负责发展规划、教育培训、扶贫、建设用地管理、行政审批等农村劳动力就业创业需求相关的政府部门进行沟通，采用联合决策、联合服务供给、协作管理等形式为农村劳动力提供多层次的、精准的、有效的就业创业服务。比如，无论是针对贫困劳动力、残疾劳动力、大龄劳动力、青年劳动力的就业创业支持和服务，还是针对数字化信息能力较强的劳动力和数字化信息能力较差的劳动力，都不可能适用于单一的政策或服务形式。各部门之间不仅要相互协调确定服务目标，还要协调确定不同的服务内容和服务形式，以更好地满足各类不同农村劳动力的就业创业服务需求，并减少资源浪费。

第五章　农村就业创业服务体系发展不平衡不充分的负面后果

本章基于数理统计分析，主要探讨当前我国农村就业创业服务体系发展不均衡不充分所引致的负面后果，或者说是厘清农村就业创业服务体系与县域，尤其是乡村就业、创业与产业发展互惠共生之间的关联。

承前所述，我国农村就业创业服务体系存在服务体系碎片化、服务定位偏差、有效服务供给不足等三大问题，进而阻碍了县域就业、创业与产业发展之间的共生交流，带来了诸多负面后果。这些负面后果主要表现在四个层面：共生单元交流迟滞、共生界面阻滞、共生模式偏差和共生环境阻尼。本章我们将分别加以论述。

第一节　共生单元交流的迟滞性，难以在“乡村三业”间形成稳定持续的能量交换

造成我国“乡村三业”共生体共生进化迟缓的另一个障碍就是“乡村三业”之间的交流协调不足，无法释放出充足的共生能量，进而造成共生度不足，难以形成稳定持续的能量交换，最终影响了对称性互惠共生关系的形成和稳定性。以湘鄂两省 19 县 2017—2019 年相关数据为例，Pearson 双尾检验显示，仅有新增创业主体数与带动就业人数线性相关，相关系数达到 0. 85，且显著性水平低于 0. 001；而三大产业增加值与新增创业主体数和带动就业人数之间均无显著关联

（见表 5-1）。即使存在显著关联的乡村创业与就业之间的相互促进作用也较为有限。根据农业农村部的数据，2019 年全国返乡入乡创新创业人员为 850 万人，带动就业人数为 3400 万①，平均每个返乡下乡创新创业人员带动 4 个劳动力就业。而就前述湘鄂两省 19 县来看，这一比例更低，19 县中乡村创业每增加 1 户，所能带动的就业人数最低为 1.17 人，最高也只有 4.31 人，平均也仅有 2.27 人（见表 5-2）。可见，乡村创业带动就业效果仍然不够理想。

表 5-1　乡村三大产业增加值、新增创业主体数与带动就业人数的相关水平

	第一产业增加值与新增创业主体数	第二产业增加值与新增创业主体数	第三产业增加值与新增创业主体数	第一产业增加值与带动就业数	第二产业增加值与带动就业数	第三产业增加值与带动就业数	新增创业主体数与带动就业人数
相关系数	-0.211	-0.326	0.234	-0.179	-0.241	0.264	0.850
显著度	0.246	0.069	0.198	0.318	0.177	0.138	0.000

表 5-2　湖南湖北两省 19 县三大产业增加值、新增创业主体数和创业带动就业人数情况

县名	年份	第一产业增加值（%）	第二产业增加值（%）	第三产业增加值（%）	新增创业主体数（人）	创业带动就业数（人）
潜江市	2018	3.0	8.1	10.2	3500	7500
	2019	3.3	8.5	8.3	3000	6500
天门市	2018	2.8	8.2	10.7	1523	6320
	2019	3.2	8.8	7.9	1743	6972
洪湖市	2017	4.0	7.4	10.1	620	1650
通山县	2018	5.0	9.3	9.0	587	1761
	2019	3.5	7.3	8.5	406	1223

① 参见《农业农村部新闻办公室：返乡入乡创新创业为乡村产业增强新活力》，中华人民共和国农业农村部网站，http：//www.moa.gov.cn/xw/zwdt/201912/t20191227_6333997.htm。

续表

县名	年份	第一产业增加值（%）	第二产业增加值（%）	第三产业增加值（%）	新增创业主体数（人）	创业带动就业数（人）
红安县	2017	7.2	8.2	8.7	594	1563
	2019	3.0	6.8	7.0	568	596
阳新县	2017	5.6	9.1	8.5	1308	3924
石首市	2018	3.0	9.1	12.8	650	1255
嘉鱼县	2017	4.1	8.1	11.4	294	996
安陆市	2017	3.7	7	10	459	1896
	2018	3.1	7.7	10.3	411	1683
	2019	3.2	9.0	9.9	772	463
谷城县	2018	3.3	8.0	10.4	2298	6472
	2019	3.4	9.3	7.7	805	1667
南漳县	2018	3.1	8.1	11.4	290	1250
湘乡市	2018	2.8	8.3	10.4	1200	2630
	2019	2.8	8.4	8.7	985	1868
常宁市	2017	3.4	7.9	11.5		4325
平江县	2018	3.6	8.9	10.5	5666	9478
安化县	2017	3.7	5.7	12.8	5510	6798
	2018	2.6	5.2	11.3	5766	6838
	2019	3.1	7.8	7.2	4843	6002
嘉禾县	2019	3.6	7.6	9.5	1947	3162
中方县	2017	4.3	6.5	10.4	892	1248
	2018	3.7	8.1	10.0	644	902
	2019	3.4	8.6	8.4	729	1020
花垣县	2017	3.5	12.7	9.1	1354	1180
	2018	3.6	10.6	0.9	682	1127
	2019	3.0	8.7	5.2	672	855
江华县	2017	3.7	7.4	12.2	2313	5820

具体来说，造成“三业”间共生水平偏低的原因可以归结为三点。第一，直接服务于乡村就地就近就业相关服务体系缺失。通过对“春风行动”招聘会的纵向观察，可以看出，虽然近年来乡村公共就

业服务越来越关注农民就地就近就业，但总体上我国目前乡村就业创业服务体系的核心还是农村劳动力向城市转移就业，它聚焦于服务外出农民工群体和城市化进程中的失地农民群体，而对农民在乡村就地就近就业关注不足。第二，农村创业服务体系缺失。相较于农村公共文化、卫生和教育服务以及城市创业服务来说，农村创业服务体系在基层上重视不足，“不少省份乡镇和村两级普遍没有公共就业服务机构”[①]。虽然中央屡次发文强调大力支持返乡下乡人员创新创业，但在很多中西部农村行政实践中并未把这些支持政策落实到位，很多创业者在创业过程中都面临很多困难，农村基层政府也无力把支持政策落实到位，导致农村创业失败率较高。第三，吸引返乡下乡本乡人员扎根农村就业创业的产业政策体系缺失。由于我国传统农业种植成本不断上升、销售价格天花板不断下降，迫使我们必须将目光转移到农村新型产业融合项目上来，尽管我国农村一、二、三产业融合正迎来巨大的发展机遇，然而在实际运行中所面临的产业经营主体能力不足、利益联结机制薄弱、产业融合程度低下等问题[②]，直接影响了乡村产业发展。

第二节 共生界面阻滞，难以在“乡村三业”共同体内引导劳动力资源优化配置

制约“乡村三业”共生系统走向对称性互惠共生的第二个障碍是共生界面功能不足，它会进一步引致能量传输凝滞。在共生系统中，共生界面作为物质信息能量交流转换的媒介，对于促进共生单元能量转化有积极的调节功能，当共生界面存在功能缺失、沟通迟钝的缺陷时，会导致阻尼特征值过高，不仅削弱了界面的调节能力，也会使“乡村三业”处于低频交流状态，不利于共生体双向正向进化。

① 王阳：《基本劳动就业创业服务建设与促进就业》，《中国软科学》2019 年第 3 期。

② 葛新权、和龙：《促进我国农村产业融合发展的政策取向》，《经济纵横》2017 年第 5 期。

在“乡村三业”共生系统中，共生界面主要指的是完善的县域劳动力市场。功能齐全、沟通灵敏的劳动力市场能够很好地促进劳动力需求方与供给方之间达成平衡，满足乡村劳动者的就业需求和产业发展的用工需求，进而促使“乡村三业”走向对称性互惠共生。从历史发展来看，改革开放以来，与城市化发展战略相适应，国家一直侧重于城市劳动力市场建设，寄希望于完善城市劳动力市场引导和促进农民进城就业，却在一定程度上忽视了农村劳动力市场的建设和发展，进而使得农村劳动力市场难以在“乡村三业”交互领域发挥作用。农村劳动力市场发育滞后有两个突出表现：一是政府劳动就业统计中只有城镇失业登记，没有乡村失业登记；另一个则是农村劳动力求职过度依赖人际关系网络，而非正规的就业服务机构①。相较于市场机制，基于个体网络求职往往通过影响产业发展需要与返乡留乡劳动力就业需求之间的平衡和匹配，影响农村劳动力工资收入提高和职业阶层跃升②。

第三节 共生模式偏差，难以在“乡村三业”间形成对称性的能量分配

制约“乡村三业”共生体走向对称性互惠共生的第三个障碍是，共生模式偏差。共生模式不仅能够影响“乡村三业”间交流的深度和广度，更直接决定了共生能量在共生单元之间的分配模式，当共生单元已经能够交互合作产生正向的共生能量时，关于它如何在各单元之间合理流动分配便成了首要问题。就乡村就业、创业与产业发展来看，三者之间显然尚未达到对称性互惠共生的理想状态，不同共生单

① 卓玛草、孔祥利：《农民工收入与社会关系网络——基于关系强度与资源的因果效应分析》，《经济经纬》2016 年第 6 期；李天娇、曹广忠：《珠三角地区新生代农民工求职渠道特征及影响因素》，《城市发展研究》2013 年第 9 期。

② 任义科、王彬、杜海峰：《网络还是市场：农民工流动的有效性——基于信息级联的研究》，《西北人口》2021 年第 1 期。

元之间能量分配差异较大，呈现出明显的非对称性分配状态。

“乡村三业”间共生能量的非对称性主要表现在共生单元的数量规模差异和质量差异两个方面。就数量规模来看，返乡下乡创新创业规模、乡村产业规模与乡村就业需求规模之间并非沿着相同方向演进，而是呈现出“返乡留乡就业和返乡创业规模逐渐扩大、乡镇企业规模逐渐缩小”的非对称发展趋势。通过图 5-1 可以看出，2010—2019 年，我国返乡留乡就业农民工人数和返乡创业人数都呈逐年增加趋势，尤其是返乡创业人数在 2016 年以后更是呈现迅猛增长趋势，从 2016 年以前的年均 300 万左右迅速增长为年均 700 多万的规模，但乡镇工业企业数量规模却不升反降，呈现出明显的下降趋势。

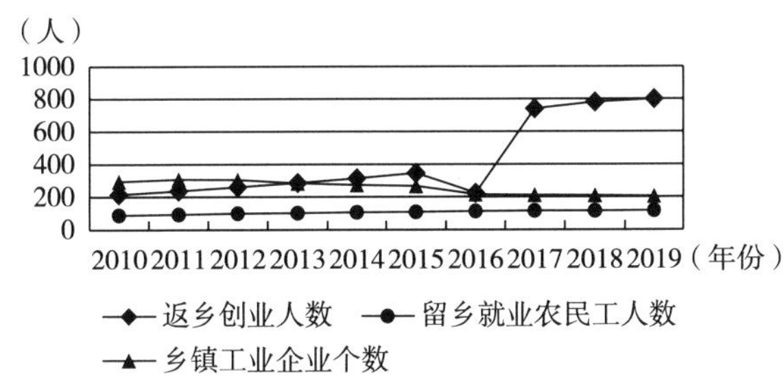

图 5-1　2010—2019 年留乡就业农民工人数、返乡创业人数和乡镇工业企业个数比较

注：2010—2016 年乡村创新创业数据根据国务院网站相关报道推算得来。据相关报道，2010—2016 年共有 570 多万返乡下乡创新创业人员，而 2015 年返乡创业农民工为 242 万人，他们所创办的各类经营实体占 70%，由此推算 2015 年返乡创新创业人员为 242/0.7≈346 万人，2015 年以前数据则按照 10%的增速平均计算。

资料来源：《全国返乡创新创业人数累计达 570 多万》，http：//www.gov.cn/xinwen/2016-12/01/content_5141536.htm，2016 年 12 月 1 日；《近五年返乡创业人数增幅在两位数左右》，http：//www.gov.cn/xinwen/2016-06/22/content_5084418.htm，2016 年 6 月 22 日。

就质量差异来看，主要体现为乡村产业和返乡留乡劳动力高质量就业需求的不匹配。一方面，当前乡村产业企业无法为返乡留乡农村劳动力提供充足的高质量就业机会。通过图 5-2 可以看出，近年来，虽然返乡留乡农民工与外出农民工收入均有明显增长，但返乡留乡农民工的收入与外出务工仍然存在较为明显的差距，甚至增长速度方面也存在逐步扩大风险；通过图 5-3 可以看出，外出就业农民工劳动合同签订率明显高于返乡留乡农民工，而且这种差异看不到有缩小的趋势。概而言之，相较于外出务工，当前农民工返乡留乡就业所能获得的收入相对较低，劳动合同签订率也更低，这也就意味着相对于外出务工，返乡留乡农村劳动力的就业质量更低，进而限制了高素质农村劳动力返乡留乡的积极性，进而使得部分乡村产业企业对高质量劳动力的需求难以获得满足。

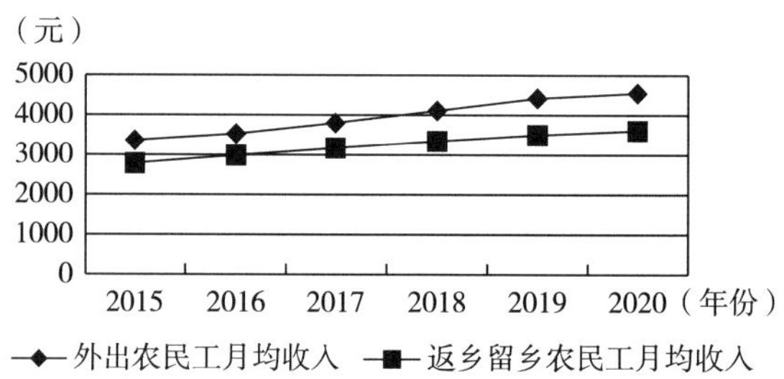

图 5-2　2015—2020 年外出与返乡留乡农民工月均收入差异

资料来源：2015—2020 年农民工监测调查报告。

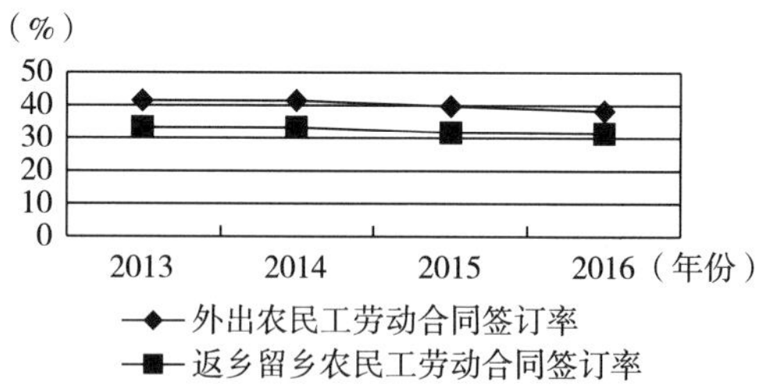

图 5-3　2013—2016 年外出与返乡留乡农民工劳动合同签订率

资料来源：2013—2016 年农民工监测调查报告。

另一方面，返乡留乡农村劳动力的素质和人力资本水平，也不足以支撑县域优质产业企业的人才需求，部分县域产业企业需要的是具备较高技能和文化水平的高技能劳动者，而受到城乡发展差距、县域发展相对滞后、农村就业创业服务目标定位偏差等多方面因素的共同影响，乡村乃至整个县域吸引和留下的高质量农村劳动力都极为稀少。根据国家统计局发布的《2020 年农民工监测调查报告》，外出农民工中有大专及以上文化程度的占 16.5%，而在本地农民工中这一比例仅为 8.1%。很显然，高素质劳动力的缺乏会进一步限制乡村及整个县域产业结构的优化，最终影响农村劳动力在县域的就业质量和长远发展。

第四节　共生环境阻尼，难以为“乡村三业”发展提供稳定的外部支持

制约“乡村三业”共生体走向对称性互惠共生的第四个障碍是共生环境欠佳。共生体的高效运转需要正向的共生环境支持。其中，乡村公共基础设施、公共服务、支持性政策规则供给等与“乡村三业”发展密切相关的因素皆为共生环境因素。

从共生硬环境看，目前仍有大量乡镇存在公共基础设施不完善的情况。根据国家统计部门公布的数据，供水、燃气、公共交通、环境卫生等公共基础设施的总体布局仍然呈现出明显的“城区—县级市—镇区—乡村”逐级递减现象（见表 5-3）。公共基础设施的缺失不仅直接导致乡村产业缺少必备的创办与发展条件，也间接加速了乡村人才外流，为农民返乡留乡就业和创业带来阻力。

表 5-3　　2019 年中国城乡基础建设水平比较

指标	地级市	县级市	建制镇	乡驻地
供水普及率（%）	98.78	95.06	88.98	80.50
燃气普及率（%）	97.29	86.47	54.45	26.81
人均道路面积（平方米）	17.36	18.29	15.23	20.16
人均公园绿地面积（平方米）	14.36	13.10	2.71	1.59

续表

指标	地级市	县级市	建制镇	乡驻地
绿化覆盖率（%）	41.51	36.64	16.97	14.71
污水处理率（%）	96.81	93.55	54.43	18.21
生活垃圾处理率（%）	99.60	98.80	88.09	73.87

资料来源：《中国城乡建设统计年鉴 2019》。

从共生软环境看，近年来，伴随着国家财政投入的增加，农村公共服务供给数量有了显著增加，比如代表着教育公共服务供给水平的重要指标——城市（市辖区）普通中学师生比为 1∶11.96，而农村为 1∶11.66；城市（市辖区）普通小学师生比为 1∶18.02，而农村为 1∶14.01①。但城乡公共服务依然存在较大差距。这种城乡公共服务差距同时表现在供给数量和供给质量两个方面：供给数量方面，部分公共服务供给仍然存在显著的城乡差距，农村相关服务供给仍然较为薄弱。以人民群众反映较为强烈的卫生和教育公共服务为例，2019 年，城市每万人拥有卫生技术人员数为 111 人，而农村为 20 人；城市每万人医疗机构床位数为 87.81 人，农村为 48.09②。另外就教育公共服务来看，在中小学校舍危房比例、普通初高中网络多媒体教室比例、小学建立校园网校比例等方面都存在明显的城乡差别，表现为“城区—镇区—乡村”依次递减的供给格局（见表 5-4）。供给质量方面的城乡差异则更为突出，以教育公共服务为例，不仅呈现出明显的“城区—县级市—镇区—乡村”逐级递减现象，而且差距更为明显。无论是在学前教育阶段、还是在中小学教育阶段，城区专任教师中拥有研究生、大学本专科学历的比例，以及拥有高级和中级技术职务的专任教师比例均高于镇区，更远高于乡村（见表 5-5 和表 5-6）。已有实证研究也发现，政府实际提供的公共服务与其所设定的服务标准

① 数据根据《2020 中国城市统计年鉴》中专任教师数与在校学生数数据计算得来。

② 国家统计局网站，https：//data.stats.gov.cn/easyquery.htm？cn=C01。

之间存在差距，村民实际期望的与政府提供的服务之间也存在明显差距①。

此外，乡村“三业”发展所需要的制度环境也不够完善，尤其是相关政策供给与执行落实都存在较大不足。伴随着以《中华人民共和国乡村振兴促进法》为代表的一系列法律政策文件的出台，乡村“三业”相关政策已经不仅“停留在行政法规、地方法规和规章制度层面”②，有了高层法律约束，但还缺乏实践中指导“三业”协同决策、协同执行、协同管理的制度性文件，进而无法破解对称性互惠共生所需的协同政策环境。当然，更为严重的障碍在于法规和政策文件执行方面。中央已经出台的支持“三业”发展的政策法规中，受到“政策配套性、协调性不足”和“政策红利截留与消解”③ 等不利因素制约，在很多地方的政策法规贯彻执行落实方面都面临着阻碍。以《国务院关于促进乡村产业振兴的指导意见》为例，该意见强调“各类创业扶持政策向农业农村领域延伸覆盖，引导各类人才到乡村兴办产业”，但地方政府基于财力有限、支出偏好错位等不利因素影响，无法为返乡留乡下乡创新创业人员提供有效的政策配套支持，进而也就影响了相关政策的贯彻落实。

表 5-4　　中小学办学条件差异　　单位：%

指标	城区	镇区	乡村
初中校舍危房比例	0. 15	0. 32	0. 43
小学校舍危房比例	0. 21	0. 27	0. 48
普通高中网络多媒体教室比例	74. 08	67. 11	65. 72
普通初中网络多媒体教室比例	76. 90	66. 95	60. 60

① 睢党臣、张朔婷、刘玮：《农村公共服务质量评价与提升策略研究——基于改进的 Servqual 模型》，《统计与信息论坛》2015 年第 4 期。

② 胡月、田志宏：《如何实现乡村的振兴？——基于美国乡村发展政策演变的经验借鉴》，《中国农村经济》2019 年第 3 期。

③ 周柏春：《乡村振兴动力梗阻因素及其破解——以公共政策调整为视角》，《理论导刊》2019 年第 7 期。

续表

指标	城区	镇区	乡村
小学建立校园网校数比例	82.92	71.99	62.61

资料来源：《中国教育统计年鉴 2019》。

表 5-5　　幼儿园、中小学专任教师学历比较　　单位：%

指标	地区	硕士研究生毕业	本科毕业	专科毕业	高中阶段毕业	高中阶段以下毕业
幼儿园园长、专任教师学历	城区	0.48	29.86	58.82	10.20	0.63
	镇区	0.10	23.38	57.72	16.97	1.83
	乡村	0.07	17.55	55.28	23.66	3.45
小学专任教师学历	城区	3.02	73.63	22.46	0.88	0.01
	镇区	0.58	58.89	38.02	2.49	0.01
	乡村	0.37	49.28	45.14	5.15	0.07
初中专任教师学历	城区	7.07	86.01	6.85	0.07	0.01
	镇区	1.50	83.28	15.08	0.13	0.01
	乡村	1.26	80.32	18.22	0.20	0.00
高中专任教师学历	城区	13.90	85.19	0.90	0.01	0.00
	镇区	6.91	91.22	1.84	0.03	0.00
	乡村	9.78	88.43	1.77	0.02	0.00

资料来源：《中国教育统计年鉴 2019》。

表 5-6　　幼儿园、中小学专任教师专业技术职务比较　　单位：%

指标	地区	正高级	副高级	中级	助理级及以下
幼儿园园长、专任教师	城区	0.02	1.38	8.61	90.00
	镇区	0.01	1.47	8.51	90.01
	乡村	0.00	1.39	7.08	91.53
小学专任教师	城区	0.03	6.25	44.31	49.42
	镇区	0.01	7.82	45.30	46.88
	乡村	0.004	7.46	42.86	49.67

续表

指标	地区	正高级	副高级	中级	助理级及以下
初中专任教师	城区	0.09	21.60	40.16	38.15
	镇区	0.03	19.04	41.69	39.24
	乡村	0.02	18.00	38.11	43.87
高中专任教师	城区	0.34	30.11	37.56	31.99
	镇区	0.15	25.34	36.06	38.45
	乡村	0.21	19.98	31.55	48.27

第六章　国内外农村就业创业服务体系建设实践及其经验借鉴

“他山之石，可以攻玉。”农村就业创业服务体系优化策略的构建，不能忽视国内外经验的借鉴。综合来看，国外专门聚焦于农村就业创业服务体系建设的经验相对有限，但很多农村就业创业支持举措依然可以给予我们很多有益的启示。同时，近些年来，我国国内很多地区在农村就业创业服务体系建设方面也取得了较为丰富的经验成果，需要我们认真总结和在未来的政策优化中予以借鉴和发扬。有鉴于此，本章将在简要总结介绍国外农村就业创业支持举措的同时，对我国部分先行地区的农村就业创业服务改革建设经验进行总结和概括。

第一节　国外农村就业创业服务提供的实践经验

可能由于城镇化与工业化的协同水平较高，世界上其他国家较少专门强调农村就业创业服务体系建设问题。尤其是欧美发达国家，更多的是在农村发展框架下注重对农村就业机会的创造和农村失业者的扶持。典型代表如欧盟、英国、加拿大等城镇化水平较高的发达资本主义国家。当然，也有部分发展中国家注重为农村就业创业提供支持，典型代表就是印度。印度是一个比中国农业人口更多的农村人口大国，缓解农村失业及其引起的贫困问题始终是印度无法绕过去的“火焰山”。1947 年独立以后，印度一直致力于在农村开发就业岗位，尝试着为农村劳动力提供就业创业服务支持，不过服务效果并不是特别理想，至多算是差强人意。如果从我国农村发展或农村劳动力高质量充分就业的高度去审视，印度农村就业创业服务支持举措可以说是一个相对失败的例子，其并没有能够有效促进农村劳动力高质量就业，仅仅是解决了贫困劳动力的温饱问题。

一　发达国家的成功经验：在农村发展整体层面为农村就业创业提供支持

虽然有较高的城镇化水平，欧美发达国家农村也依然有很多就业机会。以美国为例，2007—2009 年经济危机以后，美国农村就业机会不仅没有下降，反而有增加的趋势。近几年来，伴随着新冠肺炎疫情肆虐，居家办公和线上办公的人越来越多，进一步吸引了很多劳动者从城市搬迁到农村，进而为农村或小城镇居民提供了新的就业机会①。同时，发达国家农村也依然存在着一定程度的失业问题。比如，根据加拿大统计局的最新数据，2021 年加拿大农村地区的失业率就达到了 7%。所以，发达国家也依然会把支持农村就业创业作为国家治理的重要内容。

但发达国家，尤其是欧盟各国更多的是从农村发展的整体上来看待农村就业创业问题，而不会单独来强调就业创业服务本身。欧盟国家认为，普遍存在的农村衰败根源在于农村社区场景下形成的一个发展恶性循环。一般来说，农村衰败起始于农村地区人口的流失、人口老龄化、距离市场与服务较远，这些特征引致的结果就是农村的低人口密度。农村的低人口密度使得农村公共服务和基础设计供给的群聚效应缺失；公共服务和基础设施群聚效应的缺失也就意味着在农村地区公共服务和基础设施的可获得性和质量都较差，这进一步影响了农村企业创新创造的活力，结果是较低比例的农村商业创新创造；低水平的农村商业创新创造意味着低水平的市场利润机会，会进一步导致农村地区就业机会的减少；农村地区就业机会的减少则进一步加速了

① Oppenheimer Terri, "10 Best Rural Jobs For 2022", https://www.universities.com/learn/articles/10-rural-jobs/, November 9, 2021.

农村劳动力向城市迁移；农村劳动力向城市迁移和人口老龄化一起进一步加剧了农村人口的流失……循环往复，农村会逐渐走向衰败（见图 6-1）。

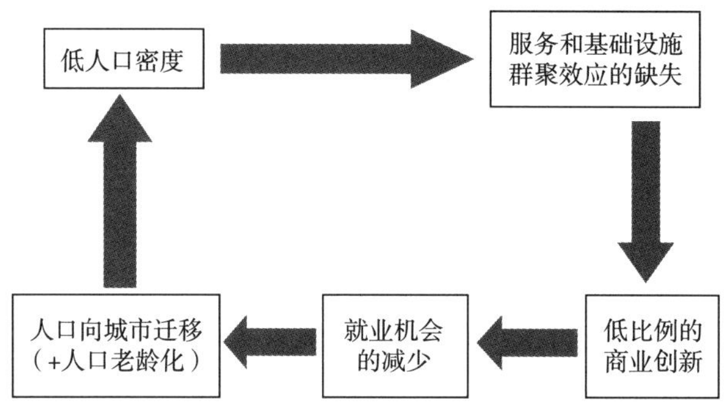

图 6-1 农村衰败的循环

资料来源：改自 OECD（2006）。

基于上述关于农村发展的整体性认知，欧盟各国也习惯于从农村发展的整体性视角来看待和解决农村就业和创业问题。相应地，在政策制定和服务提供领域也注重整体性供给和整体性协调。概括来说，欧美发达国家就业创业服务的成功经验可以概括为三个大的方面：一是在农村发展框架下对农村就业创业进行整体性支持体系构建；二是以促进农村劳动力高质量充分就业为中心进行整体性政策设计；三是基于网络平台构建以求职者自主选择为基础的多层次服务供给模式。

（一）在农村发展框架下对农村就业创业进行整体性支持体系构建

欧美发达国家舆论认为，现今的农村，更多具有的是一种生活福利设施的价值，但也面临着基于传统土地经济的就业机会日益减少的问题。所以，农业就业机会的减少不可避免，关键是如何在非农领域为农村劳动力创造新的就业机会。同时，欧美发达国家政府普遍认为，农村就业与农村商业创新创造不可分离，甚至与整个农村发展密切相关，进而要在整个农村发展的框架下设计农村就业创业相关政策和进行服务供给。加拿大就是其中的典型代表。

加拿大政府的农村政策一直贯彻“以地理位置为基础”的原则，即以解决农村地区或某一地的问题为导向，进行整体性的指导、管理、政策引导和服务供给。在政策制定与协调层面，加拿大政府在农业和农产品部下设了农村秘书处（Rural Secretariat）来负责全国的农村政策制定；同时，由部长亲自负责，并通过一个农村问题的跨部门工作小组来协调所有可能影响农村地区的联邦机构，进行整体性政策运作。此外，在内阁层面，加拿大议会也设立了一个国家农村事务秘书，秘书负责领导农村食物合作伙伴关系。

在具体操作层面，加拿大政府则于 1998 年启动了“农村镜像”（Rural Lens）项目。农村镜像项目实际上就是一个农村发展优先事项的政策清单，由决策部门来决定每年度或每个时期农村要优先制定哪些政策或优先开发哪些项目。加拿大的农村就业创业服务相关项目也就是在这样的整体性政策框架下和项目建设框架下得以推进。而起始于 1986 年的“社区未来项目”（Community Futures Program）则本身就是“加拿大就业战略”（Canadian Jobs Strategy）的重要组成部分，它初始的目标就是解决农村地区长期存在的严重失业问题，并为该项目确立了农村发展的导向①。

当然，发达国家在农村发展框架下把农村劳动力就业与城镇就业看成是一个整体的同时，也对弱势农村劳动力就业创业给予了一定的特殊支持和引导，特别注意根据农村劳动力的特点，创造适合他们的工作岗位和机会。典型做法有两个：一个是通过大力扶持中小企业创造就业机会，另一个是利用公共服务项目增加就业岗位。

扶持中小企业创造就业机会方面的典型是日本和韩国。日本和韩国政府认为，与城市劳动力相比，农村劳动力在人力资本方面处于弱势地位，必须要给予更多的支持。为此，日本和韩国政府都充分利用中小企业就业门槛相对较低的特点，通过大力扶持中小企业发展的方

① *The New Rural Paradigm: Policies and Governance*, Paris: OECD Publishing, 2006, pp. 80-81.

式，为农村劳动力创造更多的就业机会①。日本还相继出台了《中小企业基本法》《中小企业指导法》《中小企业现代资金资助法》等系列中小企业发展政策，把扶持中小企业创新创业与促进农村劳动力就业结合起来。欧盟各国的经验研究也证实了小企业在促进就业增长方面的关键作用，无论是先发的农村地区，还是落后的农村地区，中小企业就业增长都较为显著②。除了韩国和日本外，很多欧美发达国家也通过增加和完善农村生活福利设施来吸引访客和旅游者，尤其是吸引那些频繁往来的长期访客来增加农村人口和消费力，进而为农村创业和商业活动创造机会③。

利用公共服务项目增加就业岗位则较为普遍。无论是美国、德国、瑞典等欧美发达国家，还是印度这样的发展中国家，都会充分利用公共项目，尤其是公共服务项目来为农村劳动力创造就业机会。比如，美国政府就特别重视在公共服务雇佣领域为农村劳动力创造就业岗位。在美国，公共服务雇佣项目被看作一种重要的人力资源工具，其重点是公共雇佣资金的支出和分配，而在美国的公共服务雇佣实践中，存在的城乡公共雇佣资金分配不均的问题，严重影响了美国农村劳动力就业机会的获得④。

（二）以促进农村劳动力高质量充分就业为中心进行整体性政策设计

在农村发展框架下对农村就业创业进行整体性支持的同时，欧美发达国家也会专门围绕农村劳动力高质量充分就业的中心目标，进行整体性的政策设计和服务供给，而不是仅仅强调就业创业服务本身。

---

① 程又中等：《外国农村公共服务研究》，中国社会科学出版社 2011 年版，第 324 页。

② Ida J. Terluin, Jaap H. Post and Heino von Meyer et al. , "Lessons for Employment Creation in Rural Regions", in Terluin J Ida & Post H Jaap eds. , *Employment Dynamics in Rural Europe*, New York: CABI Publishing, 2000, p. 227.

③ Power Thomas Michael, "The Supply and Demand for Natural Amenities: An Overview of Theory And Concepts", in Gary Paul Green, Steven C. Deller and David W. Marcouiller, eds. , *Amenities and RuralDevelopment*: *Theory*, *Methods and Public Policy*, Northampton: Edward Elgar, 2005, pp. 63-77.

④ Martin, Philip L. , "Public Service Employment and Rural America", *American Journal of Agricultural Economics*. Vol. 59, No. 2, May 1977, pp. 275-282.

为了促进农村劳动力高质量充分就业，很多欧美发达国家都在提供专项就业创业服务的同时，努力为农村劳动力在乡村安心就业、高质量就业创造条件。典型的做法，如英国的“工作计划的农村镜像审查”项目。在英国首相的支持下，英国地方政府协会下属的“英国服务网络组织”（Rural Services Network）于2020年曾经启动一项名为“工作计划的农村镜像审查：保护、支持和创造工作岗位”（Rural Lens review of Plan for Jobs-Protecting，Supporting and Creating Jobs）的农村就业服务计划。该计划不仅注重提供专项的就业创业服务，还从农村劳动力高质量就业和在乡村长久安居就业的目标出发，提供从就业机会创造、就业能力提升、置业安居在内的全方位服务和支持。

该计划主要包括三个方面的核心要素：一是支持工作（Supporting Jobs），主要服务于学徒、短期支持性就业和工作搜寻活动，具体指的是提供学习、雇佣、工作实习机会等一揽子支持措施，尤其是为16—24岁的青少年就业和实习提供帮助和支持；二是保护工作（Protecting Jobs），主要服务于旅游、住宿和酒店服务部门，指的是支持酒店和休闲娱乐部门的一揽子财政支持措施；三是创造工作（Creating Jobs），指的是激励和抵消住房市场影响的一揽子财政措施。当然，还有很多其他相关配套措施，这一系列关于住房、规划、雇主及雇佣部门的直接支持措施主要在农村地区实施，能够对农村经济的再生做出重大贡献。上述三个方面的要素涵盖了农村就业机会创造、农村劳动力就业服务和农村劳动力就业质量提升等多个方面的内容，而不仅仅是简单地提供职业中介、失业补贴等常规的就业服务职能。

具体来看，由英国首相亲自发起的该项农村工作计划主要包括9项重点措施：为了留住在农村建筑行业就业工人的“建筑人才保留计划”（Construction Talent Retention Scheme）；通过公共部门建筑投资为农村建筑部门及相关产业链创就业机会的“公共部门脱碳计划”；通过环保生态的景观和土地使用支持农村商业发展的“绿色就业挑战基金”（Green Jobs Challenge Fund）；旨在促进社会房屋投资的“社会房屋脱碳基金”；旨在让农村居民和就业者安心在农村劳动力市场上就业的“经济适用房计划”（Affordable Homes）；以农村发展，尤其是以便利人民在农村社区生活为目标的“规划改革”；以增强农村学校独立发展潜能为目标的“学校资产基金”（School Estate Funding）；以增加地方基础设施水平，尤其是以提高农村社区的数字连接程度为目标的“地方基建工程”；以增强小规模农村服务中心（Small Rural Service Centres）经济发展活力为目标的“小城镇发展基金加速工程”（Towns Fund Accelerated Projects）。

同时，该项目还针对失业风险较高的产业给予专门的政策支持。英国通过统计发现，以住宿餐饮服务业、艺术休闲娱乐业为代表的旅游和酒店相关行业是农村发生失业或待岗情况最严重的行业（具体英国农村各行业发生待岗或失业风险概率见表 6-1），于是就通过“保护工作”措施给予相关行业一揽子财政支持计划。

表 6-1　　英国农村各行业劳动力待岗比例估计　　单位：%

部门	待岗比例
制造业	31.1
建筑业	46.2
批发零售业	21.5
住宿餐饮服务业	73.3
交通仓储业	32.0
信息产业	13.0
专业科技活动	13.2
行政管理和支持性服务业	31.3
教育	6.8
人类健康和社会工作活动	8.5
艺术休闲娱乐业	69.9
全部产业	28.4

此外，英国还注意结合农村特点，开发农业农村资源相关就业岗位。英国还有一个“农村工作服务组织”（Countryside Jobs Service），是一个自称与环保专业人士合作的道德企业，目标是保护英国农村和

大自然，专门创造和提供关于农村和自然风光保护相关的就业机会，比如护林员、游客管理、野生动物照看、环境宣传教育等有利于保护农村环境和自然风光的工作岗位。

（三）基于网络平台构建以求职者自主选择为基础的多层次服务供给模式

欧美发达国家就业创业服务的另一个成功经验体现在整体性服务供给的模式上。经过长期的探索，欧美发达国家或地区形成了一个基于网络平台、以求职者自主选择为基础的多层次服务供给模式。相关网络平台如西班牙的“农村就业网”（Rural Job. es）、英国的“英国服务网络组织”（Rural Services Network）、澳大利亚的“农村资源社区行动”（Rural Resources Community Action）、美国威斯康星州的“威斯康星州就业服务中心”（Job Center of Wisconsin）等。

从根本上看，多层次服务供给模式的主要优势就是，能够很好地区分那些可以较好地自主利用自助服务工具的自力更生型求职者（即自助型服务）和那些需要更大力度政府服务支持的求职者（即需要政府提供增强的个性化服务），进而能够让求职者获得更契合自身需求和兴趣爱好的精准服务供给。同时，这种服务模式也能更有效率地配置稀缺的公共就业创业服务资源，让就业创业服务机构能够集中资源更好地服务于那些迫切需要帮助的求职者。比如，瑞典就把他们的就业服务分为四个层面：一是擅长使用在线网络服务的“自助服务类”。很多求职者习惯和擅长通过在线平台进行自助服务，它们并不需要公共服务机构给予特别的帮助。二是支持自助型服务的信息服务。自助型就业服务在数字化时代正在成为一种趋势，通过在公共就业服务机构下设由擅长信息导航的专职工作人员做技术支持的专门顾客服务平台，为所有求职者，尤其是自助型服务提供支持。三是提供工作搜寻帮助、职业指导、联系就业支持相关项目等个性化服务。这部分求职者数字化能力可能相对较弱，或者很多方面需求在在线服务平台上难以获得满足，需要公共就业服务机构给予更多帮助和支持。四是对那些需要长期给予支持的求职者给予全面的就业支持，并需要进行个案管理的精细化援助服务

(Intensive Assistance)。这部分求职者能力可能是最差的，他们是劳动力市场上的弱势群体，方方面面都需要政府给予支持，比如技能培训、职业规划等①。

更为典型的多层次服务供给模式则来自美国威斯康星州。作为联邦制国家，美国各州之间差异较大，自主性较高，并不存在统一的就业创业服务模式。其中，威斯康星州的多层次就业服务供给模式最为引人注目。威斯康星州有一个"威斯康星州就业服务中心"网站，基于该网站，当地就业服务部门为求职者和雇主提供了三个层次的服务，分别是自助型服务、浅层服务和精细化服务。①自助型服务仅需为求职者和雇主提供最基本的信息服务，不需要相关机构过多介入；②浅层服务则是政府就业服务部门给予求职者或雇主更多的支持，但不需要面面俱到，比如为求职者提供更多的求职心理辅导和为雇主提供线下招聘平台；③精细化服务则需要为求职者或雇主提供全面的服务支持，求职者的教育培训、岗位创造、劳动权益保护，以及雇主用工指导、员工招聘、劳动关系管理等。威斯康星州的就业服务系统不仅基于网络平台提供分层的就业服务内容，还兼顾求职者和雇主两方的需求，是一个更为完整的整体性分层服务模式，为雇主、求职者和劳动力市场开发设置不同的服务链接入口，方便各合作伙伴基于在线服务平台进行合作。其具体框架见图6-2。

总之，欧美发达国家农村就业创业政策与服务的实践给我们的最主要启示有二：一个是要整体上考虑和设计农村就业创业服务支持问题，尤其是要高度重视乡村产业对农村劳动力就业的关键性影响。国内学者程又中等人在总结发达国家公共就业服务经验的基础上也认为，欧美发达国家工业技术类型的选择——大力发展排挤劳动力的资本和技术密集型工业，而忽视劳动密集型企业促进就业的重要功能，严重阻碍了工业发展吸纳农村剩余劳动力就业的功能②。可见，在充分

① Phan Thuy, Ellen Hansen & David Price, "The Public Employment Service in a Changing Labour Market", Geneva, International Labour Office, 2001, pp. 78-83.

② 程又中等：《外国农村公共服务研究》，中国社会科学出版社2011年版，第328—330页。

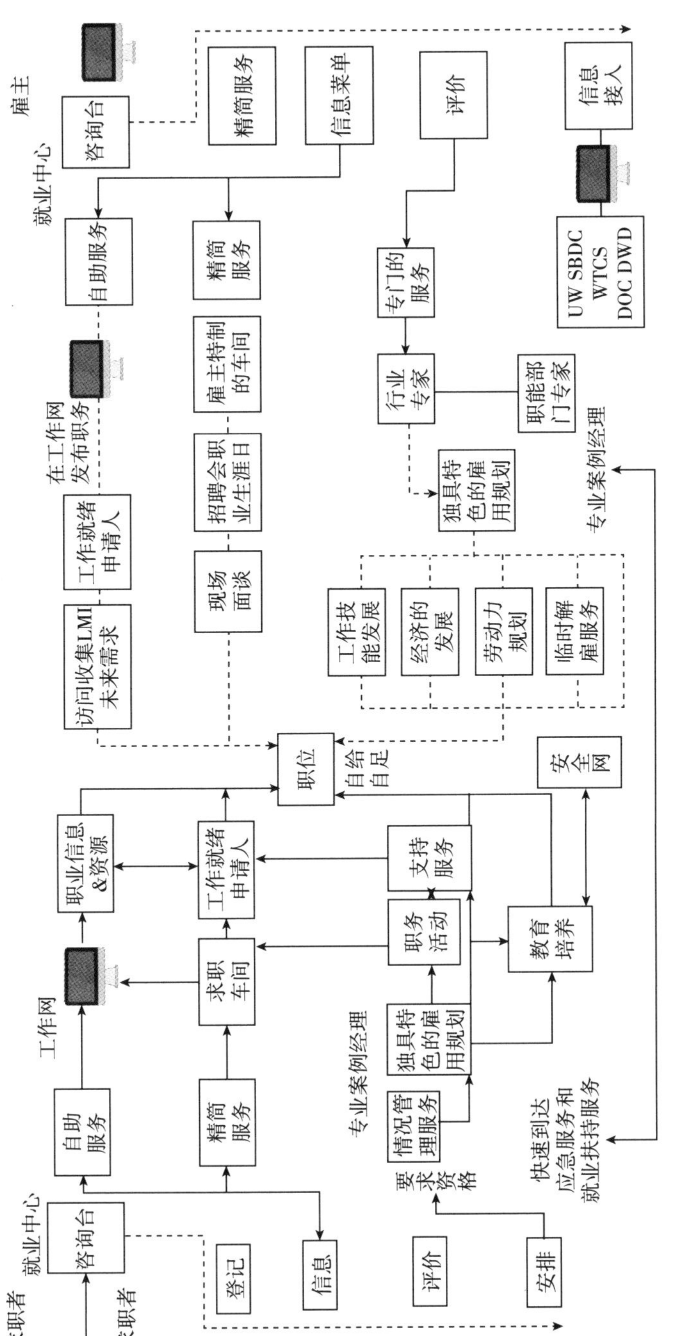

图 6-2　美国威斯康星州充分就业的伙伴关系网络

认识和考虑产业发展和产业结构对农村劳动力就业创业影响的基础上，对农村就业创业服务体系进行整体性设计是欧美发达国家共同的经验。

另一个是基于网络平台构建以求职者自主选择为基础的多层次服务供给模式。充分利用数字化信息技术带来的便利，构建以网络平台、求职者自主选择为基础的多层次服务供给模式，不仅顺应了数字化时代的要求，也有利于避免新冠肺炎疫情持续对就业创业服务供给带来的不利影响，更有助于在尊重求职者和雇佣者意愿基础上提供更有针对性的服务，可谓“一举多得”。

当然，即使是发达国家在农村就业创业服务领域给我们提供了很多值得借鉴的先进经验，但我们同样要看到发达国家农村就业创业服务体系的不足，引以为戒。比如，英国国家拉平、住房和社区秘书处（Secretary of State for Levelling Up，Housing and Communities）于2022年2月提交给议会的《拉平英国》（Levelling Up the United Kingdom）白皮书就被指责缺乏对农村就业劣势现实的观照，研究人员克莱尔·莱基（Clare Leckie）、丽贝卡·莫罗（Rebecca Munro）和马克·普拉格内尔（Mark Pragnell）在他们撰写的政策咨询报告中就指出“农村地区更高的失业率，意味着需要一个更健康的劳动力市场。但‘拉平’指标无法解释工作质量差距问题……很多农村劳动力市场依赖于季节性雇佣或兼职工作，并且有很多过度劳作或就业不足的情况。此外，就业率指标也无助于解释很多农村劳动者依赖多种工作的情况。”因此，他们强调在制定指标时要考虑加入“劳动年龄人口季节性就业比例”“就业人口中的兼职比例”“未充分就业和过度就业的比例”（Rates of Under-and Over-Employment in the Economically Active）“研发部门就业比例”等指标来更好地体现农村就业服务的现状①。

① Clare Leckie，Rebecca Munro and Mark Pragnell，“Rural as a Region：The Hidden Challenge for Levelling Up：A Report for the Rural Services Network”，Pragmatix Advisory Limited，Rural Services Network，https：//rsnonline. org. uk/images/publications/rural-as-a-region-the-hidden-challenge-for-levelling-up. pdf，2022.

二　印度的失败教训：以公共就业岗位开发扶持贫困和弱势群体就业

关于发展中国家农村就业创业服务体系建设方面，国内学者程又中等人曾经将发展中国家政府促进农村劳动力就业的实践模式，概括为在农村地区发展非农经济、在农村地区植入现代工业、实施农村综合开发三种模式，并认为政府主要通过提供制度性公共服务、调控农村劳动力流动方向、建立农村流动人口的社会支持体系等途径促进农村劳动力转移和就业[①]。但事实上，发展中国家的就业创业服务体系不仅仅是服务于农村劳动力转移就业，很多国家也会尝试在农村社区为农村劳动力就业创业提供服务支持。最为典型的就是我们的邻国印度。

概括起来，印度的农村就业创业支持体系有五个方面的特征：（1）正规的农村就业创业服务体系缺失；（2）以创造就业机会和就业岗位为工作重心，对农村劳动力就业创业提供支持；（3）以扶贫减贫为目标，重在提供基础性安全保障网；（4）服务供给过程中注重引导社会组织的参与和支持；（5）把就业保障项目与小微和中小企业创新创业结合起来。

（一）正规的农村就业创业服务体系缺失

在“制造印度”“技能印度”“数字印度”的目标下，近年来印度发起了“国家职业生涯服务”（National Career Service）建设运动，旨在取代原有的国家就业服务体系，并把原有的就业服务机构升级为职业发展中心[②]。但是，所有的雄心壮志主要定位于城市范围之内，农村就业创业服务很少能进入国家政策的视野。正如印度劳动和就业部与就业总局（Government of India Ministry of Labour & Employment, Directorate General of Employment）在2019年的年度报告中所指出的那

---

① 程又中等：《外国农村公共服务研究》，中国社会科学出版社2011年版，第305—339页。

② Kumar Sachin, “The National Career Service of India: An Appraisal of a Dream that Could Come True”, *Indian Journal of Career and Livelihood Planning*, Vol. 1, No. 4, December 2015, pp. 11-23.

样，“来自农村的求职者会发现他们很难在职业介绍所进行登记，因为职业介绍所都坐落在城市”①。

事实上，以“甘地国家农村就业保障法案”（The Mahatma Gandhi National Rural Employment Guarantee Act）为代表的印度农村就业创业支持项目也主要是通过为贫困农村家庭提供一份临时工作来缓解他们的生计困境，并不是从人的发展高度来为农村劳动力提供全方位的就业创业服务。所以，印度是有农村就业创业支持项目，而无正规的农村就业创业服务体系的。后者是一个以人民的劳动就业需求，乃至全面发展需要为目标的、长期的、包括多方面内容的服务供给体系，前者则仅仅是为了让农村居民糊口的权宜之计。

（二）以创造就业机会和就业岗位为工作重心，对农村劳动力就业提供支持

印度没有明确农村就业创业服务体系，不代表印度没有农村就业创业服务支持。印度是除我国以外，对农村就业创业关注最多的发展中国家。正如有研究者所指出的那样，由于农村劳动力技能短缺、低收入工作充斥于非正规和无组织部门（Dominance of Low-paid Jobs in the Informal and Unorganised Sectors）、脆弱性就业（Vulnerable Employment）等因素的影响，就业机会创造仍然是印度农村劳动力就业的主要挑战②。

（三）以扶贫减贫为目标，重在提供基础性安全保障网

由于印度农村人口规模庞大，而且贫困人口比重较大，印度政府的农村就业创业政策与支持举措不得不与扶贫减贫相联系，即印度的农村就业创业政策目标更多地定位于缓解农村贫困，为贫困劳动力家庭提供就业岗位，以让其能够免于饥饿。典型的代表是，作为印度农村就业支持服务的最核心项目——“甘地国家农村就业保障法案”设

① “Government of India Ministry of Labour & Employment Directorate General of Employment. Employment Exchange Statistics 2019”, New Delhi: Government of India Ministry of Labour & Employment Directorate General of Employment, 2021, p. 4.

② Surajit Deb, “Employment Opportunities AcrossSocial Classes in RuralIndia”, *Social Change*, Vol. 1, No. 49, March 2019, pp. 132-135.

计的初衷也是假定在政府最低工资水平上，每一个村庄都有很多穷人需要工作机会，并且该就业保障项目在最初选定的扶持对象也是200个最落后地区的贫困劳动力①。这与欧美发达国家在整体层面推动农村发展是不可同日而语的，更不能与我国促进全体劳动者高质量充分就业的目标相提并论。也正是因为如此，印度农村就业创业支持政策和服务留给我们的更多是反面的借鉴，或者说是反面的警示——优化农村就业创业服务体系要在整体上聚焦于更为整体的综合目标，而不能仅仅定位于扶贫或者是解决农民的基本生存问题。

在具体举措方面，当农村社会出现就业机会不足或农民家庭面临生存苦难的时候，印度政府都会在修水池、修灌溉渠道、修公路、修寺庙等公共工程和相关的社区层面工程项目时，重点为贫困劳动力和弱势群体提供工作机会，以保障他们的基本生活。这些公共工程项目都是在农村发展项目、农村就业创造、脱贫项目的名义下展开的②。

（四）服务供给过程中注重引导社会组织的参与和支持

印度农村就业创业举措中的另外一个特点就是，在提供就业创业支持的过程中特别注重非政府组织的服务支持。在印度西孟加拉邦，非政府组织 KRISHAK SABHA 为农村流动劳动力就业提供很多支持服务，比如，“在雇主与雇员之间进行谈判，协调流入者的工资与当地劳动者和雇员的工资间关系，以便减少流入者和当地劳动人员之间的摩擦”③。更为著名的则是印度的自谋职业妇女协会。该协会是印度最大的自主组织，服务范围横跨印度多个邦，并办有自己的银行，他们为成员提供多种多样的就业支持服务，具体包括“组织贸易与合作生

---

① Verma Shilp and Shah Tushaar, “Beyond Digging and Filling Holes: Maximizing the Net Positive Impactof MGNREGA”, in Madhusudan Bhattarai, P. K. Viswanathan, Rudra N. Mishra & Cynthia Bantilan, eds, *Employment GuaranteeProgramme and Dynamicsof Rural Transformationin India: Challenges and Opportunities*, Springer: Springer Nature Singapore Pte Ltd., 2018, pp. 103-130.

② Madhusudan Bhattarai and P. K. Viswanathan, “Introduction”, Madhusudan Bhattarai, P. K. Viswanathan, Rudra N. Mishra and Cynthia Bantilan, eds, in Employment GuaranteeProgramme and Dynamicsof Rural Transformationin India: Challenges and Opportunities, Singapore: Springer Nature Singapore Pte Ltd., 2018: 2.

③ 程又中等：《外国农村公共服务研究》，中国社会科学出版社 2011 年版，第 332 页。

产团体，与有关方面的集体谈判，为其成员提供资金帮助、社会保护、儿童保健和成员的保健服务，为其成员提供市场开发和职业培训服务等等”①。

（五）把就业保障项目与小微和中小企业创新创业结合起来

把就业保障项目与小微和中小企业创新创业结合起来，尤其是把就业保障项目与信贷资金支持项目联系起来，是印度支持农村就业创业的又一个突出特征。该举措意在充分调动农村创新创业对农村劳动力就业的带动作用。在20世纪末，印度还专门启动了“信贷链接资本补助项目”（Credit Linked Capital Subsidy Scheme）以提供预付资本和财政支持补贴给城乡的小微和中小型企业进行技术革新。该项目的主要支持对象就是城乡刚起步的创新创业者。资助额度在5万卢比到2000万卢比之间，申请则采取全程网上申办的方式，只要提供相关资质文件，几个工作日内就能审批通过。该项目实施过程中，虽然出现过波动，但整体上该项目资助的城乡创新创业者的支持呈现出总体上升趋势，资助规模和总额度在整体上都呈现出明显增长趋势（见表6-2）。

表6-2　印度信贷链接资本补助项目资助城乡小微和中小企业创新创业情况

财政年度	资助小微和中小企业数量（个）	补贴发放额度（十万卢比）
2004—2005	14	11.6
2005—2006	74	167.62
2006—2007	90	201.12
2007—2008	24	77.18
2008—2009	178	775.8
2009—2010	97	447.08
2011—2011	206	1116.88
2011—2012	82	495.87

① 程又中等:《外国农村公共服务研究》，中国社会科学出版社2011年版，第334页。

续表

财政年度	资助小微和中小企业数量（个）	补贴发放额度（十万卢比）
2012—2013	225	1399.47
2013—2014	187	1219.91
2014—2015	86	633.56
2017—2018	4081	26000.44
2018—2019	14155	98000.33

资料来源：https：//www.corpseed.com/knowledge-centre/credit-linked-capital-subsidy-scheme#：~：text=The%20Credit%20Linked%20Capital%20Subsidy%20Scheme%20is%20a，under%20the%20credit%20linked%20capital%20subsidy%20scheme%20%28CLCSS%29.

从效果来看，以印度为代表的发展中国家农村公共服务项目本质上并不算太成功，其教训就是：主要依靠“提供公共就业项目为穷苦和弱势群体提供社会安全网络”①，仅把农村就业创业活动与扶贫联系起来，未能从农村劳动力全面发展的高度和农村发展的高度来定位和理解农村劳动力就业问题。正如有印度研究者所指出的那样，“虽然在过去的二十多年里，印度国民经济快速发展，但一个普遍的共识是：就业却未能与国民经济实现同步增长。在经济快速增长惠及了各利益相关者的同时，就业增长才是减少贫困的关键”②。

对于印度而言，肇始于2005年的“甘地国家农村就业保障法案”被他们自己称为“世界上最大的、最有雄心壮志的农村发展计划，它

① Madhusudan Bhattarai and P. K. Viswanathan. “Introduction”, Madhusudan Bhattarai, P. K. Viswanathan, Rudra N. Mishra and Cynthia Bantilan, eds, in Employment GuaranteeProgramme and Dynamicsof Rural Transformationin India：Challenges and Opportunities, Singapore：Springer Nature Singapore Pte Ltd., 2018：2.

② D. Narasimha Reddy, A. Amarender Reddy, Madhusudan Bhattarai, N. Nagaraj and Cynthia Bantilan, “MGNREGS Implementationsand the Dynamics of Rural LabourMarkets”, in Madhusudan Bhattarai, P. K. Viswanathan, Rudra N. Mishra & Cynthia Bantilan, eds, *Employment Guarantee Programme and Dynamicsof Rural Transformationin India：Challenges and Opportunities*, Springer Nature Singapore Pte Ltd., 2018, p. 72.

为超过 500 万缺乏学历的农村劳动力提供了雇佣就业机会”[①]。但它的实际效果令人质疑。正如纳拉辛哈·雷迪（D. Narasimha Reddy）、艾玛琳德尔·雷迪（A. Amarender Reddy）、迈德苏丹·巴塔拉伊（Madhusudan Bhattarai）、纳加拉杰（N. Nagaraj）和辛西娅·班特兰（Cynthia Bantilan）等人的研究中所展现的那样，在 2011—2012 年度，印度的“甘地国家农村就业保障法案”项目在任何一个邦均未能实现“为至少 50%的项目参与家庭提供超过每财政年度 100 天以上的最低工作保障”的目标；获得 100 天以上就业机会的家庭也只有三个邦，分别是特里普拉邦、米佐拉姆邦和曼尼普尔邦[②]。

更为严重的是，“甘地国家农村就业保障法案”项目在提供就业机会方面的总体绩效呈现出下降趋势。如表 6-3 所示：在每人时数财政支出和总支出保持稳中有增和就业卡发放数量逐步增加的情况下，该就业保障项目所创造的工作岗位总人时数却从 2009—2010 财政年度开始呈逐年下降趋势，低种姓或低等部落人群受益比例也呈明显下降趋势。这也就意味着，印度的农村就业保障项目不仅总体效率较低，公平性也越来越差，连最初设定的扶贫目标也未能很好地完成。正如有研究者所指出的那样，印度国家就业政策（National Employment Policy）声称要为包括“在册种姓”和“在册部落”在内的边缘群体提供平等的高质量就业机会，但是考虑到印度社会阶层的差异，劳动就业市场上的社会排斥和就业歧视现象仍然较为普遍[③]。

---

① Madhusudan Bhattarai and P. K. Viswanathan. “Introduction”, Madhusudan Bhattarai, P. K. Viswanathan, Rudra N. Mishra and Cynthia Bantilan, eds, in *Employment GuaranteeProgramme and Dynamicsof Rural Transformationin India: Challenges and Opportunities*, Singapore: Springer Nature Singapore Pte Ltd., 2018: 1.

② D. Narasimha Reddy, A. Amarender Reddy, Madhusudan Bhattarai, N. Nagaraj and Cynthia Bantilan, “MGNREGS Implementationsand the Dynamics of Rural LabourMarkets”, in Madhusudan Bhattarai, P. K. Viswanathan, Rudra N. Mishra & Cynthia Bantilan, eds, *Employment Guarantee Programme and Dynamicsof Rural Transformationin India: Challenges and Opportunities*, Springer Nature Singapore Pte Ltd., 2018:, pp. 71-101.

③ Surajit Deb, “Employment Opportunities across Social Classes in Rural India”, *Social Change*, Vol. 1, No. 49, March 2019, pp. 132-135.

表 6-3　“甘地国家农村就业保障法案”项目的绩效变化情况

年度	发放就业卡数量（百万张）	工作岗位总人时数（十亿）	在册种姓或部落占总人时数比例（%）	每人时数的支出（美元/天）
2006—2007	37.85	0.91	61.81	1.62
2007—2008	64.74	1.44	56.71	1.84
2008—2009	100.15	2.16	54.72	2.10
2009—2010	112.15	2.84	51.20	2.23
2010—2011	119.82	2.57	51.48	2.55
2011—2012	122.75	2.11	40.20	2.96
2012—2013	130.61	2.30	40.01	2.66
2013—2014	130.57	2.30	42.47	2.69
2014—2015	123.03	1.60	40.39	3.32

注：在册种姓或部落指的是印度的低种姓人群。印度政府将约30%的印度人列为先进种姓（forward caste），其余的约70%则属于在册种姓（scheduled caste）或在册部落（scheduled tribes）。

资料来源：Verma Shilp & Shah Tushaar（2018）。

与此同时，这种扶贫导向的就业创业支持，难以满足青年和受教育水平较高群体的就业创业需求。“即便‘甘地国家农村就业保障法案’项目和农业可以为所有农村劳动力提供充足的就业机会，受过教育的失业年轻群体也更倾向于流动到城市区就业或者从事非农工作。”① 因为，现在印度政府为农村劳动力提供的工作机会（农业或就业保障法案下的扶贫性工作）不仅工作条件艰苦，而且收入较低，难以带来社会经济地位的提升。即印度政府主导的农村就业创业支持项目，忽视了农村劳动力要求高质量充分就业的需求，更忽视了所有

① D. Narasimha Reddy，A. Amarender Reddy，Madhusudan Bhattarai，N. Nagaraj and Cynthia Bantilan，“MGNREGS Implementationsand the Dynamics of Rural LabourMarkets”，in Madhusudan Bhattarai，P. K. Viswanathan，Rudra N. Mishra & Cynthia Bantilan，eds，*Employment GuaranteeProgramme and Dynamicsof Rural Transformationin India：Challenges and Opportunities*，Springer Nature Singapore Pte Ltd.，2018，p. 88.

人都要求全面发展的要求，仅仅解决温饱问题的定位毫无疑问是错误的。也正是因为如此，印度政府在农村发起的就业保障项目难以阻止农村劳动力涌向城市寻求机会，进一步加剧了印度城市的失业水平。

从长远来看，一个国家或地区的农村就业创业服务要有更高的终极目标，那就是从长远的“三农”发展出发，把农村就业创业服务目标定位为服务“农村劳动力高质量充分就业”，并把就业创业服务与产业发展、农村长远未来联系起来。

第二节　国内农村就业创业服务体系改革的实践探索

一　国内农村就业创业服务体系改革创新的典型经验

诚如第二章中所陈述的那样，满足农村劳动力高质量充分就业的需要，建立健全覆盖城乡的公共就业创业服务体系，为全体农村劳动力提供精准有效的就业创业服务，是新时代我国就业创业服务的政策目标，自然也就成为地方农村就业创业服务体系改革探索的目标和指南。为了促进农民致富增收，围绕促进农村劳动力高质量充分就业，国内很多地区进行了有效的实践探索，推出了很多新的改革举措，为农村劳动力高质量就业创业提供支持。

农业农村部也特别重视推进农村就业创业服务体系改革创新问题，强调要“建立完善农民创新创业服务体系”[①] 和“建立促进就业创业的政策体系、工作体系和服务体系”[②]。而在农村就业创业服务实践推进领域，近十几年来，在国家人力资源和社会保障部、国务院扶贫办、全国总工会、全国妇联等有关机构的领导和支持下，全国各地县乡政府以“春风行动”招聘会为契机，结合乡村数字化转型的时代背景，开展了一系列农村就业创业服务改革创新探索，积累了很多成

① 农业部办公厅：《农业部办公厅关于加强农民创新创业服务工作　促进农民就业增收的意见》（农办加〔2015〕9号）。

② 农业农村部：《关于大力实施乡村就业创业促进行动的通知》（农加发〔2018〕4号）。

功的经验。

本节将重点对青岛市、湖南省江华瑶族自治县、吉林四平市、河南省南乐县四个在农村就业创业服务体系构建和优化方面取得明显成效的地区经验进行总结和提炼，以为优化农村就业创业服务体系提供经验借鉴。

（一）青岛：以市级城乡统筹，打造乡村“半小时就业服务圈”

根据第七次全国人口普查数据，青岛市常住人口为 1007.17 万人，常住人口城镇化率为 76.34%，居住在乡村的人口为 238.32 万人。作为城镇化水平相对较高的沿海开放城市，青岛市以“智慧就业服务”为抓手，在市级层面上全面统筹各区市和城乡公共就业创业服务体系建设，致力于打造市区联动、城乡一体、线上线下融合、便捷高效的智慧就业服务“青岛模式”。

青岛市通过推动城镇就业服务向农村地区延伸，让公共就业服务覆盖全体农村劳动人口，全力打造城乡一体的公共就业服务模式。早在 2013 年 8 月，青岛市人力资源和社会保障局发布《关于进一步创新就业服务方式　提升就业服务水平的通知》中就明确了构建城乡一体公共就业服务体系的建设目标，并提出重点要做好以下三个方面的工作①。

一是制定并实施城乡统一的基本公共就业服务制度，为农村劳动力获得就业服务支持提供制度保障。通过完善针对城乡就业困难人员和农民工的专项服务制度，青岛市力争做到根据城乡就业困难人员、农民工等特殊群体的素质和需求差异，提供就业援助、农民工服务、档案管理等有针对性的专项服务。

二是明确提出要扩大农村劳动者就业服务范围，落实就业失业登记制度，对符合失业登记条件的城乡劳动者全部纳入失业登记范围，享受相关扶持政策和就业服务，并推行常住地失业登记制度，让失业的农村劳动者和外来劳动者在常住地享受相关失业保险金待遇。

---

① 青岛市人力资源和社会保障局：《关于进一步创新就业服务方式　提升就业服务水平的通知》（青人社字〔2013〕120 号）。

三是通过实施前置告知制度、主动告知制度和预约服务制度，要求劳动就业与社会保障部门为包括农村劳动力在内的所有劳动者提供主动性服务。①前置告知制度，要求相关政府部门根据城乡失业人员就业创业意向，在失业登记时，以明白纸等方式，明确告知其可以享受促进就业创业政策的条件和办理程序；②主动告知制度，要求相关政府部门对符合享受用人单位社保补贴、创业带动就业补贴等政策的用人单位，在办理就业登记手续时，主动告知用人单位招用符合条件的人员情况，督促其办理相关政策手续；③预约服务制度，要求相关政府部门对通过电话或现场咨询促进就业创业政策的劳动者，提供准备申办材料、申办时间等预约服务，提前做好政策办理的准备工作。

在具体服务措施创新方面，青岛市主要做好以下五个方面的工作：

第一，推进农村半小时就业服务圈建设，增强服务可及性。在建设城区一刻钟就业服务圈的同时，青岛市还致力于在农村地区建设半小时就业服务圈。每个服务网点可为两千米半径内的服务对象提供就业服务，农村劳动者从居住地到达最近的公共就业服务场所只需半小时，促进劳动者就近享受就业服务，增强公共就业服务供给的可及性。

第二，在城镇建设农民工综合服务平台，为农村劳动力就业提供专门服务。为了更好地服务于进入城镇务工的农村劳动力，青岛市进一步健全人力资源市场体系，重点加强农民工专业市场的建设，要求各区市要在农民工聚集地和外来务工人员流动频繁区域建立农民工综合服务中心或农民工零工市场，为进入城镇务工农村劳动力提供专门的就业创业服务。

第三，培养劳务经纪人，引导社会力量服务农村劳动力就业。青岛市要求各区市重点培养打工能人、致富能手、劳务输出带头人等成为劳务经纪人，发挥其信息畅通、与企业直接联系等有利条件，支持劳务经纪人开展有组织的劳务输出和引进，帮助本市农村劳动力就近就地转移就业。要加强与劳动力丰富地区的信息对接，将本地区缺工企业、工种、人数、相关待遇等信息集中发往输出地，做好与输出地公共就业服务机构的工作衔接，引导农村劳动力来青岛城区务工就业。

第四，打造线上智慧服务平台，推进线上线下相融合。通过开发启用“三化”系统（标准化、信息化、一体化）、就业网、微就业三个平台，把43项公共就业服务事项实现全部线上办理；同时，青岛市还设立“青岛微就业”公众号和智慧人社掌上就业App，实现失业登记等4项业务掌上办理，岗位信息等7项信息掌上查询。比如，每年的“春风行动”招聘会期间，求职者只需扫码关注“青岛微就业”公众号，就可以在线上查询所有招聘信息，形成了“网上办”“掌上办”“大厅办”的三位一体就业创业服务体系。

第五，依托大数据，简化服务流程，让群众少跑路。为了真正实现“让数据多跑路，让群众少跑腿”，青岛市依托大数据平台，通过信息共享和比对，实施“一网通办”“政策找人”“链通办”三个方面的举措。“一网通办”即产业企业和求职者足不出户，通过青岛就业网等线上服务平台就可以办结各项业务，不需要再单独跑腿或在几个线上平台之间切换；不喜欢或不擅长使用在线服务平台的求职者则可以就近到市、区（县）、街道（镇）任一公共就业服务机构，提交业务申请，实现“就近一次性办理”。“政策找人”即将企业稳岗返还、失业金申领等9项补贴业务纳入“政策找人”范围，用大数据比对分析，查询符合条件的用工单位和人员，人力资源和社会保障部门主动推送政策并指导申报落实。“一链通办”则是将对口协作扶贫就业补贴、创业担保贷款贴息等3项业务纳入“零申报”服务，符合政策条件的人员，无须申报可直接将补贴资金拨付至其银行账号。

（二）湖南江华县：整体性推进就业创业服务体系建设[①]

湖南省江华瑶族自治县，不仅是典型的少数民族聚居区，还地处湘、粤、桂三省（区）结合部。受到地理位置影响，长久以来，江华县有大量农村青壮年劳动力到广东务工经商，寻找发展机遇，也有小

① 江华瑶族自治县人民政府：《县就业服务中心2020年度整体绩效评价报告》，http：//www.jh.gov.cn/jh./caizjxp/202106/6acbbd8dea764078937c9e3b2d7e1412.shtml，2021年5月8日。

部分青壮年劳动力到广西经商。而近年来伴随着广东省产业转型升级，“近水楼台”的江华县承接了大量广东省转移过来的产业项目，这既为当地脱贫攻坚和县域经济发展提供了千载难逢的机遇，也使得转移产业企业“招工难”成为县委县政府推动当地经济发展过程中面临的新问题、新挑战。在此背景下，如何兼顾满足企业用工需求和农村劳动力高质量就业需求就成为县委县政府和县人力资源和社会保障部门重点关注的问题。

为此，在县委县政府的统筹领导下，以县人力资源和社会保障局为执行主体，统筹县域产业发展、企业用工需求、农村劳动力高质量充分就业需求和促进贫困劳动力脱贫需求，逐渐形成了整体性的公共就业创业服务体系，并取得了明显的效果。以 2020 年为例，当年江华县在失业参保人数、新增农村劳动力转移就业人数、职业培训人数等方面都取得了明显的进展（见表 6-4），很多就业创业服务指标都实现了超额完成。

表 6-4　　江华县农村劳动力就业创业服务分类完成情况

	实际人数（人）	目标任务（人）	完成目标比例（%）
失业保险参保总人数	21130	21100	100.14
新增农村劳动力转移就业人数	2245	2000	112.25
职业培训	6949	4100	169.48
岗位技能提升培训和就业前技能培训	5360	3500	153.14
创业培训	691	600	115.2
贫困劳动力技能培训	1131	520	217.5

资料来源：江华瑶族自治县人民政府网站，http：//www.jh.gov.cn。

江华县整体性推进农村就业创业服务体系建设的具体措施，主要包括以下六个方面：

第一，把服务县域产业企业与服务农村劳动力就地就近就业相结合。县委县政府充分意识到“稳生产”与“稳就业”之间的关联，江华县各政府部门把服务产业企业和服务农村劳动力就业充分结合起来。一方面，县委县政府会同县发展和改革委员会、县人力资源和社会保障局、县农业农村局等相关部门，以招商引资、承接产业转移为基础，重点协调企业生产用工用地，并落实失业保险稳岗补贴、岗位补贴、社会保险补贴、技能提升培训补贴等各项优惠企业政策，让落户企业安心在县域内进行生产，吸引了海螺水泥、九恒数码科技有限公司等知名企业入驻。另一方面，江华县还通过购房补贴、社保补助、帮助解决孩子在县城入学就业等优惠政策支持返乡留乡农村劳动力就地就近在县域内就业，力争实现农村劳动力就近就业需求和企业用工需求之间的匹配。

第二，大力支持“双创”，把创业与就业有机联系起来。为了创造更多的就地就近就业机会，也为了促进县域经济，尤其是促进乡村产业发展，江华县出台政策和采取多方面举措大力支持返乡下乡人员和在乡青年创新创业。一方面，江华县委县政府出台贷款融资、创新创业用地等方面的优惠政策支持返乡下乡人员到县域创新创业。另一方面，县委县政府采取搭建平台的方式，强化创新创业人员之间的交流合作，致力于在县域内形成创新创业的良好氛围。比如，为了激发返乡留乡青年创新创业的热情，江华县人力资源和社会保障局与共青团江华瑶族自治县委员会共同举办了“创青春”江华青年创新创业大赛，让县内的创新创业者有了交流的平台，激发了青年的创新创业热情。此外，为了促进创新创业，江华县还大力打造创新创业品牌。县委县政府及有关部门在自身组织申报创业孵化基地、创新创业园等省级、市级创业基地认定的同时，还积极支持和组织县域内的优质企业和个体工商户申报省级、市级创新创业带动就业典型评选，做大做强县域创新创业品牌，促进创新创业带动就业积极氛围的形成。

第三，为用工企业提供专项服务，以服务用工企业带动就业增长。江华县各级政府部门深知发展县域尤其是乡村产业的基础性地位，从县委县政府到乡镇政府都把保障和服务县域产业企业作为核心内容来抓，并纳入政府绩效考核。服务县域产业企业的一个核心内容就是为县域内的重点用工企业提供专门的就业创业服务，尤其是为企业用工提供支持。县人力资源和社会保障部门牵头先后为海螺水泥有限责任公司、九恒新能源有限公司、明意湖智能科技有限公司、华讯电子科技有限公司、湖南力王新能源有限公司5家重点企业配备“人社服务专员”，帮助企业建立岗位需求清单和公共就业服务需求清单，提供用工服务、社会保险、政策对接等服务。

同时，县人力资源和社会保障部门还主动出击，联系和收集县域产业企业用工需求，在每年春节前后组织全县范围内的“春风行动招聘会”，为县域产业企业用工和返乡劳动力就业牵线搭桥；在非春节期间，则利用“县—镇—村”三级联动平台，把为县域产业企业的用工需求分配给各乡镇和行政村，充分利用乡镇和村的基层动员组织能力，为农村失业劳动力和闲置劳动力与县域用工企业供需对接提供帮助。县人力资源和社会保障局还专门出台了《2020年乡镇输送劳动力到县高新区企业就业实施意见》，强化乡镇和“村两委”服务企业用工需求的责任，把输送劳动力到县高新区就业的任务分配到各乡镇，并将保障县高新区企业用工纳入县委、县政府对乡镇绩效评估内容①。

第四，把产业、就业服务与扶贫结合起来，强化对脱贫农村劳动力的专项扶持。作为少数民族聚居县，江华县原来也是国家级贫困县，扶贫任务极其艰巨。在2014年，江华县有112个贫困村，建档立卡贫困人口113090人，贫困发生率为24.1%。县委县政府深刻认识到产业发展和就业对扶贫的关键作用，在县委县政府的领导下全县大力推进产业强县，探索形成了“规模企业进园区、小微企业进乡村、农业产业建基地、旅游产业谋全域”的产业就业脱贫模式，促使8.5万贫困人口实现稳定脱贫②。在具体举措方面，江华县加强扶贫载体培育和引导，重点支持和扶持企业就业扶贫车间，为贫困和脱贫贫困劳动力就业提供稳定支持。同时，为帮助农村贫困劳动力就业脱贫，江华县人社局还开展了“就业扶贫行动日”送岗入户活动，为所

---

① 江华县人社局：《2020年乡镇输送劳动力到县高新区企业就业实施意见》（皖政办〔2020〕22号）。

② 邢成敏：《昔日穷“山窝”逆袭变“金窝”——湖南江华瑶族自治县县委带领瑶胞拔穷根小记》，《中国改革报》2021年3月17日第3版。

有贫困劳动力提供就地就近就业机会。

第五，创新服务供给方式，形成线上线下相结合的就业创业服务模式。为了更好地应对新冠疫情的不利影响和适应乡村数字化发展趋势，江华县在继续完善线下服务大厅工作的同时，还专门创建了“江华人社”“江华园区就业”微信公众号，“永州智慧就业”等线上服务平台，引导用工企业和求职劳动力通过线上服务平台进行网上、电话和自助等方式办理就业创业业务，实现“就业服务不打烊、网上招聘不停歇”。

第六，完善纵贯到底的服务体系，打通就业创业服务的最后一公里。江华县进一步完善了“县—镇—村”三级就业创业服务体系，发动乡镇和“村两委”的积极作用。比如，每年的“春风行动招聘会”都会向下延伸到乡镇和主要村庄，让农村劳动力可以在家门口享受到就业创业服务。另外，江华县还建立了乡镇村“连心桥”微信群，明确每个村设立一名联络员专门负责招工报名，把就业服务直接送到求职者的“家门口”。

（三）吉林四平：以“三四三”模式开创农村就业创业服务新局面

吉林省四平市是个农业大市，有农业人口120万人，农村劳动力64万人，占全市劳动力总人口的58%。近年来，四平市在全力推进乡村振兴战略的大背景下，采取“政府主导、社会参与、市场运作”的治理思路，以实现促进农村劳动力高质量充分就业为目标，积极实践以“三级联动、四种体系、三项试点”为主要内容的“三四三”就业创业服务模式，致力于打造整体性的农村就业创业服务新体系。四平市“三四三”就业创业服务模式的主要做法如下：

（1）以“三级联动”形成农村就业创业服务的多元化供给格局

四平市委市政府充分意识到农村就业创业服务是一个系统工程，人力资源和社会保障部门自身难以有效调动相关服务资源，也难以驱动相关政策变革，进而无法有效实现促进农村劳动力高质量充分就业的目标。为此，四平市着手于顶层设计，由市委市政府主导，开创了“政府推动、部门联动、外脑撬动”的农村就业创业服务“三级联动”模式。

其一，“政府推动”即政府主导下的“高位推动”。在农村就业创业服务提供的过程中，市县乡各级政府兼任主导者和服务者的角色，充分发挥政府“有形之手”的主导和推动作用。在服务实践中，四平市在市级层面进行推动，通过在农民工集中地建立农民工市民化综合服务中心、强化乡镇和村级就业和社会保障服务站等方式把就业服务网络延伸到村一级，构建“农村半小时就业服务圈”，并将农村就业创业服务纳入县级和乡镇政府的绩效考核指标体系之内，明确县乡政府各自服务目标，并明确县乡政府主要领导为第一责任人，形成“一级抓一级、层层抓落实”的服务责任体系。

其二，“部门联动”即各部门之间相互配合，进行横向联动和合作。农村劳动力就业创业既是一项民生工程，又是一项系统工程。为更好地发挥政府各职能部门的协同作用，解决人力资源和社会保障部门单独难以提供有效服务的问题，四平市成立了“农民工和就业工作领导小组”，明确各成员单位具体责任人和联络员，分解细化服务目标和任务，使政府各部门都有明确的目标和责任，并通过纳入绩效考核体系强化执行，进而形成了以人力资源和社会保障部门为主体，其他政府职能部门协同的整体性服务格局。

其三，“外脑撬动”指的是引进外部智力支持，形成科学战略规划。四平市委市政府不仅加强政府组织内部各部门之间的协同，还积极利用外部智力支持，形成科学的农村就业创业服务规划。四平市政府与中国创业智库进行深度战略合作，并邀请中国创业智库专家制定《四平市就业创业三年规划报告》，并撰写《四平市构建创业促进体系研究报告》，对四平市农村就业创业服务体系存在问题和未来发展规划等问题进行详细的分析和规划，形成了完整的四平市就业创业服务指导思想和工作体系。

（2）以“四种体系”完善农村就业创业支持体系

为了在乡村振兴背景下促进农村劳动力高质量充分就业，四平市分别对就业创业政策体系、返乡创业体系、劳务输出体系和农技工培训体系进行优化，以形成完整的农村就业创业服务体系。

一是打造就业创业支持政策体系。结合国务院和吉林省人力资源和社会保障厅关于深入实施就业优先战略和更加积极就业政策有关精神，结合四平市农村劳动力较多的实际情况，四平市制定了《2018年四平市人力资源和社会保障工作要点》（四人社字〔2018〕96号）、《四平市关于进一步加强就业创业工作的实施意见》（四发〔2017〕33号）及系列相关配套文件，分别就农村劳动力外出转移就业和本地转移就业进行布局，打造全方位的农村劳动力就业创业支持政策体系。在支持农村劳动力在县域内转移就业方面，政策文件中强调要积极推广企业带动、农民合作组织带动、市场营销带动、家庭农场带动和农业园区带动等五种就地转移模式。在支持农村劳动力到省外就业方面，文件中强调，要以“春风行动”为契机，完善“输前考察，输中组织，输后服务”的劳务输出组织体系[①]。同时，政策文件还明确了税费减免、平台建设、创业培训等和资金直接挂钩的原则，提高政策含金量，增强就业创业政策科学性、实效性和可操作性[②]。

二是打造返乡创业支持体系。为了系统支持返乡创业者，四平市主要采取了两个方面的措施：一个是成立了四平市创业讲习所和四平市返乡创业联盟，方便返乡创业者与政府互动和获得相应的及时服务。政府协同创业讲习所和返乡创业联盟共同提供业务指导、搭建平台、创业知识服务、创业政策咨询等服务。与此同时，四平市还建立完善返乡创业人员数据库、项目数据库和大数据可视化软件平台，方便创业联盟成员之间实现资源和信息共享。另一个是开展“返乡创业基地建设”和“返乡创业带头人”评选，为返乡创新创业创造氛围。四平市督导各县开展农民工等人员返乡创业基地建设，并将农民工等人员返乡创业基地建设列入对县级政府的绩效考核，强化县级政府返乡创业基地建设的责任，并积极开展“返乡创业带头人”评选，为返乡创业营造良好的氛围。

三是打造完整的劳务输出体系。为了促进农村劳动力外出就业，

---

① 四平市委市政府：《关于进一步加强就业创业工作的实施意见》（四发〔2017〕33号）。

② 四平市人力资源和社会保障局：《2018年四平市人力资源和社会保障工作要点》（四人社字〔2018〕96号）。

四平市重点做了两个方面的工作：一个是搭建政企合作的劳务输出联盟。2017年，四平市政府通过搭建信息平台，并联结用工企业、人力资源公司或劳务经纪人，组建了劳务输出联盟平台，促进农村劳动力输出。另一个是打造“三位一体”的劳务输出模式。2018年针对劳务输出市场存在的农民工技能水平差、参加社保意愿低、转回本地续保难等问题，四平市打造“培训+社会保险+劳务派遣”三位一体的劳务输出就业模式。其中的“培训”主要指的是劳务输出前培训；“社会保险”指的是通过劳务输出人员社会保险的本地化，保障农民工合法利益；“劳务派遣”则主要指的是依托市场化的人力资源公司输出劳动力的促进就业模式①。

四是打造一体化、联动式的农技工培训体系。与全国其他地方普遍存在的问题一样，四平市农村劳动力培训也是“九龙治水”——人社、农业、教育、科技、妇联等多个公共职能部门均有农民工就业培训任务，但各职能部门之间各自为政，难以形成整体合力，培训效果也不佳。针对就业技能培训碎片化的情况，四平市由人力资源和社会保障部门牵头，整合相关职能部门的培训资源，成立了“农技工培训联合体”。在“农技工培训联合体”框架下，各部门协商后制订统一的培训计划，打造“创业培训+技能培训+市民化培训”的一体化、联动式培训体系。

（3）以“三项试点”探索农村就业创业服务新路径

在乡村振兴、县域城乡融合发展的新时代背景下，如何更好地通过就业创业服务促进农村发展是四平市各级政府关注的重要目标，四平市为此进行了多方面的探索。这些探索可以概括为：以就业创业扶贫、家庭服务业进社区、创业担保贷款“三项试点”为突破口，探索优化农村就业创业服务的新路径。

其一，以就业扶贫和创业扶贫模式创新，助力建档立卡贫困劳动力脱贫。考虑到建档立卡贫困户家庭劳动力的就业创业能力较弱，难

① 参见崔维利、袁松年、付宝辉《托举“民生之本”》，《吉林日报》2018年12月28日第13版。

以依靠自身获得就业创业机会的问题，四平市采用“政府+公司+合作社+贫困户”创业扶贫模式和“人力资源公司+贫困村+贫困人口”就业扶贫模式为建档立卡贫困劳动力创造就业和创业获利机会。

在“政府+公司+合作社+贫困户”创业扶贫模式下，政府首先与贫困劳动力以及拟运营公司协商确定合适的扶贫项目，然后与运营公司签订定向扶贫协议；贫困劳动力则依托扶贫项目成立合作社，政府为合作社提供创业担保贷款，公司负责合作社的运营、贷款资金的使用及贷款偿还，并将贷款额度的一定比例，一般为8%，以分红的形式先返还给贫困村集体和贫困户。

在“人力资源公司+贫困村+贫困人口”就业扶贫模式下，政府则负责审核和确定符合扶贫资质的公司，并与相关人力资源公司签订就业扶贫协议；贫困村“村两委”组织外出务工农民参加就业培训，人力资源公司负责将培训后的农民工批量输出。每年年底，人力资源公司再根据输出人员数量和工作时间付给村集体定额资金，村集体按协议比例将资金用于贫困人口扶贫。

其二，以家庭服务业进社区试点，扩大就业岗位供给。面对新冠肺炎疫情持续、中美贸易摩擦、机器替代等不利形势冲击，近几年农村劳动力就业面临着更大的困难，适合农村劳动力的就业岗位变得更加稀少。为此，四平市以“党员进社区”为载体，引导社区居委会与家庭服务培训机构合作展开针对性的家庭服务业岗位培训，引导农村劳动力从事家庭服务业。

在具体做法上，首先由社区居委会制定和提供本辖区居民家庭服务消费需求清单，再由家庭服务培训公司根据消费清单需求，对农村劳动力开展针对性的业务培训。这种培训服务模式很好地解决了劳动就业岗位的供需匹配问题，进而能够较好地促进农村劳动力转移就业问题，也契合了家庭服务业需求快速增长的需要。

其三，以创业担保贷款试点，加强对乡村创新创业的支持。创业担保贷款是扶持乡村创新创业的重要举措，但在实践中存在着门槛高、反担保面窄等诸多阻碍。这些严重阻碍了返乡下乡创业人员的积极性和可持续性。为此，四平市不仅在贷款额度上放宽限制——将个人申请额度由原来的20万元提升到30万元，合伙经营申请额度由原来的200万元提升到300万元，还在创业贷款担保上做出了新的尝试，对返乡首次创业人员给予一次性资金补助支持，并放宽了贷款担保条件，试行了建立异地担保工作机制①。

（四）河南省南乐县：以服务返乡创业为核心创新公共就业服务体系②

南乐县位于河南省的东北角，地处河北、河南和山东三省的交汇处，下辖6个乡、6个镇，共计322个村，外出打工劳动力和返乡人员均较多。为此，南乐县重点在四个层面推进农村就业创业服务工作。南乐县优化和创新农村就业创业服务体系的经验可以概括为全方位服务支持返乡下乡人员创新创业、加快公共就业服务体系信息化建设、为贫困劳动力提供精准化专项服务三个方面。

（1）全方位服务支持返乡下乡人员创新创业

南乐县农村就业创业服务体系建设以服务返乡创新创业为核心和突破口，即以服务和促进乡村创新创业为工作重点，并借此带动县域产业发展和带动就业脱贫。截至2022年4月，南乐全县返乡创业人员达16780人，累计发放人才创业补贴资金120余万元、创业担保贷款4122万元、返乡创业贷款3982万元、先锋贷4.21亿元、助企贷1318万元，带动8100余人创业，6.5万余人就业。概括起来，南乐县各级政府在服务和促进乡村创新创业方面主要采取了四个方面的措施：

第一，提供财政补贴和贷款担保，精准引导创新创业项目。南乐县并非盲目地推进返乡创新创业，而是有针对性地结合本地资源优势，通过财政补贴和贷款担保重点支持生物材料、食品加工、装备制

---

① 吉林省人力资源和社会保障厅：《四平：创新工作思维积极担当作为以“三四三”模式开创农村就业创业新局面》，http：//hrss. jl. gov. cn/jycy/nmgfxcy2017/cydxhjcjy2017/201809/t20180927_5110614. html，2018年9月27日。

② 中共濮阳市委营商环境建设委员会办公室：《南乐县：建强创业扶持“体系” 助牢人才回归“磁场”》，https：//www. pydc. gov. cn/pc/news_ view. asp？ id = 14504，2022年4月10日；《南乐县：以返乡创业培育发展新动力》，搜狐网，https：//www. sohu. com/a/301394699_120056191，2019年3月13日。

造三大特色产业发展。在具体支持举措层面，南乐县结合“一带一路一园”返乡创业示范工程的实施，出台了《南乐县人民政府关于支持返乡创业的实施意见》《南乐县人民政府关于实施“一带一路一园”返乡创业工程的意见》等政策文件，重点就返乡创新创业财政资金的使用进行了规范，确保每一分财政资金“用在刀刃上”①。

具体举措方面，南乐县由县级财政列支2000万元返乡创业专项扶持资金和每年1000万元的农民工返乡创业专项扶持资金，对与重点支持的三大特色产业相关的创业项目择优进行扶持，对“一带一路一园”返乡创业示范项目进行奖补。相关财政补贴支持主要包括三个方面：一是开业补贴，对首次创办企业或从事个体经营的返乡创业人员，给予5000元的开业补贴；二是运营补贴，入驻人力资源和社会保障部门认定的创业孵化园区的返乡创业实体，3年内给予不超过当月实际费用的50%的运营补贴；三是创业贴息贷款，即根据创业类型给予20万—300万元不等的贷款额度支持：个人创业贷款限额20万元，合伙经营、组织创业贷款限额150万元，小微企业贷款限额300万元。

同时，南乐县人民政府将为返乡下乡人员提供创业担保贷款目标任务分解到各个乡镇，并纳入各乡镇政府的年底绩效考核，强化各乡镇政府的担保责任，确保支持返乡创业的担保贷款落到实处。此外，为了支持三大特色产业发展，南乐县通过分类对接、重点跟踪的方式，把有经验、有技术的南乐籍在外人才等作为重点服务目标，吸引他们返乡创业就业。

第二，强化创业培训服务，提升返乡创新创业人员能力。南乐县把创新创业培训服务作为农村创业服务的重点内容，通过实施全民技能振兴工程，申报特色品牌培训基地，推动县级创业培训标准化、规模化发展。具体措施主要包括两点，一个是由政府引导培训机构制定精准化的培训规划，实施专项培训。即针对返乡农民工创业的不同阶

① 南乐县人民政府办公室：《南乐县人民政府关于支持返乡创业的实施意见》（乐政办〔2018〕32号）；南乐县人民政府：《南乐县人民政府关于实施“一带一路一园”返乡创业工程的意见》（乐政〔2018〕11号）。

段、不同业态、不同群体和不同地域特色，编制差异化的创业培训内容，分别组织实施了“新型职业农民”“农产品经纪人”“农村电商”“巧媳妇工程”等专项创业培训计划。另一个是创新创业培训模式，实行“课堂培训+创业实训”“技能培训+创业培训”“示范基地培训+创业项目案例培训”等模式，并适应数字政府发展趋势，构建返乡农民工创业网络培训体系，通过在线培训提升返乡创业培训的可及性和有效性。

第三，发展创业市场中介服务，引导市场和社会力量服务返乡创新创业。南乐县响应国务院号召，通过支持创业市场中介服务和利用政府购买服务机制，引导和吸引创业孵化平台、教育培训机构、创业服务企业、电子商务平台、行业协会、群团组织等市场和社会力量积极参与到支持返乡下乡人员创业创新支持体系中来，有效地解决了返乡创业人员在项目开办、经营和发展中遇到的各类难题。尤其是通过培育和发展创业市场中介服务，推动形成专业化、社会化、网络化的市场中介服务体系，为返乡下乡创新创业人员在创业项目选择、管理能力提升、产品开发等方面都提供了很好的支持。与此同时，南乐县还整合各类公共创业服务机构，建立了全县统一的农民工返乡创业项目库，开发和征集了一大批创新创业项目供返乡创新创业人员选择。

第四，精准“供需”对接，优化创业公共服务。南乐县政府为了更好地服务返乡创新创业，在精简服务流程，提高服务效率方面很下功夫。一方面，南乐县开通创业绿色通道，开设返乡创业服务中心、返乡创业服务站、返乡创业党员服务窗口，简化流程、缩短业务办理时限，在劳动技能培训、社保经办、创业贷款审批等方面，提供“一站式”“保姆式”服务。另一方面，南乐县还重点做好产业发展与创新创业项目的精准“供需”对接服务，通过县乡人力资源和社会保障服务平台，定期发布产业发展引导目录和创业项目信息，引导返乡下乡人员围绕当地特色产业规划选择创新创业项目。

（2）加快公共就业服务体系信息化建设

在重点做好创业服务的同时，南乐县政府还在就业服务信息化方面进行了有益探索，大力推动公共就业服务体系信息化建设。2016 年县人民政府办公室发布了《南乐县公共就业服务信息化建设实施方案》，提出充分发挥现代信息技术对乡村就业创业服务的支撑作用，加快县域公共就业服务信息化建设步伐，并提出建设统一的数据中心、建设统一、规范、灵活的人力资源市场和建设公共就业服务信息系统等三大任务①。同时，还成立了由县委常委、常务副县长为组长，县政府办公室、县人社局、县财政局、县科技局、县工信委、县劳动就业服务管理中心主要领导组成的“南乐县公共就业服务信息化建设领导小组”领导和推进相关任务和工作。

（3）为贫困劳动力提供精准化专项服务

农村劳动力就业与脱贫息息相关。南乐县人民政府以人力资源和社会保障部门依托，把就业服务与贫困劳动力脱贫联系起来，重点为贫困劳动力提供精准化专项服务，推动贫困人口就业脱贫。具体采取两个方面的支持措施：一方面，县人力资源和社会保障部门为贫困劳动力提供量身定做的精准化培训支持。比如，针对贫困户个别家庭照料责任重而又缺乏稳定收入来源的贫困家庭，县人力资源和社会保障部门工作人员就主动上门推荐和提供无偿服务，女性就推荐她们参加育儿师、月嫂等家政服务业培训，男性就推荐他们参加钳工、电焊工等制造业相关技能培训。另一方面，南乐县还通过“春风行动”等公共就业服务专项活动，为返乡创业企业和贫困劳动力搭建供需交流平台，促进农村劳动力与县域用工企业的精准对接，积极引导广大贫困劳动力通过就近就地劳务输出实现就业转移增收②。

二　国内农村就业创业服务体系变革的经验

（一）以农民发展为核心驱动农村就业创业服务体系变革

综合上述四个地区农村就业创业服务改革创新的典型经验不难发现，各地方政府推动农村就业创业服务体系改革创新的核心动力来源于以下三个方面：

---

① 南乐县人民政府办公室：《南乐县公共就业服务信息化建设实施方案》（乐政办〔2016〕34号）。

② 《南乐县：以返乡创业培育发展新动力》，搜狐网，https：//www. sohu. com/a/301394699_120056191，2019年3月13日。

一是促进农民致富增收，尤其是促进农村贫困人口就业脱贫。推动农业农村现代化，促进农民致富增收始终是中国共产党治国理政的重要目标，尤其是进入21世纪以后，促进农民增收和促进农村贫困人口脱贫就成为中央政策文件关注的核心问题。早在2003年发布的《国务院关于印发中国21世纪初可持续发展行动纲要的通知》中，中央就明确提出了“尽快使尚未脱贫的农村人口解决温饱问题，并逐步过上小康生活”① 的发展目标。一年以后，即2004年“中央一号文件”中则明确指出，“当前农业和农村发展中还存在着许多矛盾和问题，突出的是农民增收困难”②。而近些年来，伴随着脱贫攻坚的全面实现，中央则在共同富裕的框架下推动农民致富增收和巩固脱贫攻坚成果，国务院于2021年发布《“十四五”推进农业农村现代化规划》指出，“要巩固拓展脱贫攻坚成果，全面推进乡村振兴，使更多农村居民勤劳致富，进城农民工稳定就业增收，全体人民共同富裕迈出坚实步伐”③。

而在地方层面，前述几个公共就业服务改革创新典型地区的地方政府也同样强调通过就业创业服务促进贫困人口脱贫和农民致富增收的重要意义。比如，湖南省江华瑶族自治县强化对脱贫农村劳动力的专项扶持，当地人力资源和社会保障部门不仅重点强化对就业扶贫车间的管理和开发，还多次开展“就业扶贫行动日”送岗入户专题活动，把促进农村贫困劳动力就地就近就业作为专门目标予以推进④。可见，从中央到地方促进农民致富增收，尤其是促进农村贫困人口脱贫成为地方推进农村就业创业服务体系改革创新的重要动力之源。

二是吸引和留住县域城乡融合发展所需人才。兼顾乡村振兴和新型城镇化，推进县域城乡融合发展是党的十九大以后逐渐形成的新发

① 国务院：《国务院关于印发中国21世纪初可持续发展行动纲要的通知》（国发〔2003〕3号）。

② 《十六大以来重要文献选编》（上），中央文献出版社2011年版，第671页。

③ 国务院：《国务院关于印发“十四五”推进农业农村现代化规划的通知》（国发〔2021〕25号）。

④ 参见《江华开展“就业扶贫行动日”专题活动》，http://www.jh.gov.cn/jh/jye/202011/43eb245eca25460b9791ca8064bb036e.shtml，2020年10月26日。

展思路。但县域城乡融合发展既需要吸引和留住以农村青壮劳动力为代表的实用人才支持，也需要农村劳动力作为县域城乡融合发展，尤其是县域城镇化的主体。如果乡村乃至县域无法吸引和留住这部分农村劳动力，乡村振兴和县域城乡融合发展也就成了无源之水、无本之木，城乡之间的发展差距将进一步扩大。如此，通过创新和优化农村公共就业创业服务，吸引和支持返乡下乡人员在县域就业创业就成为各地方政府关注的焦点。

三是“高层引领”。无论是中央政策构建层面，还是农业农村部和人力资源和社会保障部在推动政策贯彻落实方面都为地方的农村就业创业服务体系改革创新指明了方向，提供了支持。从2010年中央“一号文件”首次提出“建立覆盖城乡的公共就业服务体系”建设目标以后，中央多次在“三农”和就业相关政策文件中强调要建立健全农村就业创业服务体系。2018年《农业农村部关于大力实施乡村就业创业　促进行动的通知》更是对农村就业创业服务体系建设做了明确的规定，强调要“督促指导市县加快建设乡村就业创业共享平台和信息服务窗口，增强就业创业的引导性、精准性和协同性；进一步加强就业创业辅导培训，提升就业创业能力”[①]。正是在中央的领导和指引下，各地方围绕农村劳动力就业创业开展了一系列服务创新，很多地方还对中央相关政策文件精神进行了进一步细化，推动基层落实好中央关于健全农村就业创业服务体系的政策精神。比如，四川省5部门联合印发《关于加强就业帮扶　巩固拓展脱贫攻坚成果　推进乡村振兴的实施意见》明确对返乡创新创业和贫困人口就业支持的具体措施[②]。湖南出台了《关于推动返乡入乡创业高质量发展的实施意见》，在省级层面对农民工等重点群体返乡入乡就业创业进行整体布局[③]。

---

① 农业农村部：《农业农村部关于大力实施乡村就业创业促进行动的通知》（农加发〔2018〕4号）。

② 四川省人社厅、省发展改革委、省财政厅、省农业农村厅、省乡村振兴局：《关于加强就业帮扶　巩固拓展脱贫攻坚成果　推进乡村振兴的实施意见》（川人社发〔2021〕26号）

③ 湖南省发改委：《关于推动返乡入乡创业高质量发展的实施意见》（湘发改就业〔2020〕649号）。

（二）以创新创业为龙头，注重创新创业对农村就业的促进作用

通过对上述四个地区农村就业创业服务改革创新的典型经验的分析，还可以发现，各个地区政府均重视鼓励和支持返乡留乡农民工创新创业，寄希望于通过促进乡村创新创业来促进农村劳动力就地就近就业。比如河南省南乐县于 2018 年 6 月发布的《南乐县人民政府关于支持农民工返乡创业的实施意见》中就明确提出了“到 2020 年，力争扶持农民工返乡创业 1 万人，带动就业 10 万人左右，促进农村劳动力实现就地就近就业”[①] 的发展目标。

（三）地方重在政策落实，农村就业创业服务体系优化需进一步强化“高层引领”

脱离各地公共就业创业服务改革措施本身，通过对各地政策文本的梳理，我们可以看到的另外一个特点就是，各地本质上都是在落实党中央国务院政策精神，主动进行服务改革探索的意愿不足。比如《青岛市关于实施返乡创业工程　促进农村增收致富的实施意见》中指出“为贯彻落实《国务院办公厅关于支持农民工等人员返乡创业的意见》（国办发〔2015〕47 号）、《山东省人民政府关于进一步做好新形势下就业创业工作的意见》（鲁政发〔2015〕21 号）”而提出“实施意见”[②]。

这也就意味着在我国的农村就业创业服务体系改革创新过程中，中央的“高层引领”至关重要。在我国中央集权体系下，地方政府改革创新从根本上取决于中央的方向指引。所以，各地方政府在各地实际情况基础之上重在落实中央决策有关精神。未来进一步加速农村就业创业服务体系变革需要进一步强化中央顶层制度设计，通过党中央国务院相关政策设计的顶层引领才能更好地、更快地推动农村就业创业服务体系优化和创新。

（四）重点加强线上就业创业服务平台建设

适应数字乡村和数字政府发展趋势，推进农村就业创业服务数字

---

① 南乐县人民政府办公室：《南乐县人民政府办公室关于支持农民工返乡创业的实施意见》（乐政办〔2018〕32 号）。

② 青岛市崂山区人民政府办公室：《青岛市关于实施返乡创业工程　促进农村增收致富的实施意见》（青崂政发〔2016〕13 号）。

化转型是大势所趋，也是提升农村就业创业服务有效性和可及性的必然选择。上述四个案例地区均在就业创业服务数字化、信息化建设方面进行了大力投入，搭建了基于国家整体平台的或全市、全县范围内的统一线上服务平台，方便返乡下乡求职者和创业者办理业务获得服务。尤其是青岛市以“智慧就业服务”为抓手，在市级层面上统筹辖区城乡就业创业服务体系，为在全国范围内继续优化农村就业创业服务体系提供了很好的经验借鉴。数字化服务平台与整体性治理思路相通，通过在市级乃至更高层级上构建完善的数字化服务平台，能够最大限度地整合各方资源，方便农村劳动力在城乡整体范围内与用工企业之间实现满意匹配，也有助于劳动力跨区域进行流动，进而实现劳动力资源的最优配置；同时，线上一体化服务平台也方便创新创业者、求职劳动力和县域产业企业之间的直接沟通互动，降低政府的服务供给成本。

第七章　共生理论视域下农村就业创业服务体系优化的价值取向

从前述关于我国农村就业创业服务体系优化面临障碍的分析中可以发现，现阶段我国农村就业创业服务体系优化面临碎片化、定位偏差、供给不足等发展不平衡不充分问题。问题解决的思路是整体化，但碎片化如何整合，建设方向如何调整，供给如何强化，是“精准滴灌”，还是“大水漫灌”？是“锦上添花”，还是“雪中送炭”？是“效率优先”，还是贯彻“公平优先”？……包括上述诸多问题的回答都涉及明确的价值取向问题。

从根本上看，价值取向属于哲学的范畴，指的是“一定主体（个体、群体、社会）基于自己的价值观在面对或处理各种矛盾、冲突、关系时所持的基本价值立场、价值态度以及所表现出来的基本价值取向”①。它可以直接指导个人或组织的行为选择，甚至无形中影响人们的认知判断，进而是指导公共选择、公共政策的基础指南。就我国农村就业创业服务体系优化的价值取向而言，笔者认为整体性、可及性和有效性是核心要素，效率也是必须要考虑的价值问题。下面的章节我们将对此做详细的分析。

---

① 张大维：《城乡社区公共服务体系一体化建设研究》，华中科技大学出版社 2014 年版，第 227 页。

第一节　整体性视角：多维度协同整合，打造无缝隙的就业创业服务体系

一　整体性含义及其分析视角

高水平对称性互惠共生关系的实现和碎片化问题的治理，首先要坚持的是整体性视角。整体性视角强调从政策制定到执行、到监督的全过程整体主义思维，其核心思路是纵向协调、横向整合和跨部门合作。其中，纵向协调强调纵向跨层级间的政策与服务协同；横向整合强调不同职能部门间的跨部门整合或集成；跨部门合作则强调政府与市场和社会主体之间的合作，涉及的是政社关系和政府与市场主体间的关系。这与汤姆·林（Tom Ling）的“内、外、上、下”四个维度也是一致的。“内”即组织内部的文化和价值观、信息管理；“外”即组织间相互关系层面，指共同领导、共同预算、合并结构和联合团队等；“下”即客户提供服务相关方面，指的是与客户进行联合咨询、为用户提供“一站式服务”等；“上”即向上的问责和目标协同问题，指的是上下级目标的协同、共同责任、共同监管等内容。①

在具体实现机制上，要求政府相关部门以公众需求为核心，整合资源，进行整体性的制度设计和流程再造，为公众提供“一站式”的优质高效服务，并在系统内部展开合作，即“以公众需求为核心，每个运行环节相互协调、步调一致，形成一个整体性的运转流程——不是各个环节的简单排序，而是围绕最终目标、体现整体效益的运行流程”。②

二　整体性视角下的农村就业创业服务体系优化

就国内农村就业创业服务体系优化而言，当前重点是突破农村就

---

① Tom Ling, “Delivering Joined-up Government in the UK: Dimensions, Issues and Problems”, *Public Administration*, Vol. 80, No. 4, December 2002, pp. 625-626.

② 胡佳：《迈向整体性治理：政府改革的整体性策略及在中国的适用性》，《南京社会科学》2010 年第 5 期。

业创业服务体系中的服务碎片化问题和定位偏差问题。其整体性治理思路必须首先体现在政策设计上，即要求各级政府，尤其是县级政府，必须具备整体性政策协同的意识，在政策制定上实现目标、价值取向、政策工具手段等方面的协调一致，乃至统一。具体来说，就是把农村劳动力高质量充分就业确立为各部门协同进行重要政策设计的核心目标，并充分意识到县域产业和乡村产业在促进农村劳动力高质量充分就业中的核心地位，把县域就业、创业和产业发展作为一个共生的整体或系统来加以全面协调和整合。

纵向协调方面，以县政府为核心，上联省、市级政府，科学设定县域产业发展规划以及乡村就业创业目标导向；下联乡镇政府和“村两委”，在统一的目标导向下为农村劳动力提供针对性的服务，以确保目标与手段的协调。

横向整合方面，县乡两级政府各部门要以人力资源和社会保障部门和发展规划部门为核心，以满足农村劳动力充分高质量就业为中心，为农村劳动力提供多样化的、全方位的就业创业服务，包括配套的金融服务、教育培训服务、创业失败保险服务，以及相应的产业发展政策。

跨部门合作方面，不仅政府各部门之间要充分合作，甚至进行适当的整合（当然也可以建立领导小组等议事协调机构），政府各部门，尤其是县发展规划部门以及人力资源和社会保障部门还要通过政府购买服务、PPP 等方式充分利用非政府组织或群众团体在提供就业创业服务支持方面的作用。

此外，为了优化劳动力资源配置，最大限度实现农村劳动力高质量充分就业目标，在县域或乡村就业创业服务目标设定上，还要坚持“内外结合”策略，即在大力发展县域或乡村产业为部分农村劳动力创造尽可能多的高质量就业机会的同时，还要继续支持那些竞争力更强并且有强烈愿望到大城市打拼的农村劳动力外出到大城市就业创业，进而形成劳动力资源城乡双向流动、内外均衡供给的良好格局。从长远发展角度看，部分外出到大城市就业创业的农村劳动力以后还有可能成为新的返乡创新创业者，进而为乡村乃至县域创造更多的就业机会和产业发展契机。

第二节　可及性视角：双管齐下，让农村就业创业服务“触手可及”

一　可及性的含义及其分析视角

公共服务可及性，是公共服务体系建设的重要方向，也是中央强调的重点建设任务。不仅《关于创新政府配置资源方式的指导意见》《中共中央关于制定国民经济和社会发展第十三个五年规划的建议》《中共中央关于坚持和完善中国特色社会主义制度、推进国家治理体系和治理能力现代化若干重大问题的决定》等中央文件都明确提出了加强公共服务可及性的建设任务，在 2022 年 5 月新发布的政策文件中，还进一步明确了农村公共服务可及性的实现路径，指出，要“发挥县域内城乡融合发展支撑作用，强化县域综合服务功能，推动服务重心下移、资源下沉，采取固定设施、流动服务等方式，提高农村居民享受公共服务的可及性、便利性”。[①] 由此可见，在推进农村就业创业服务体系优化的过程中，强化服务的可及性也是势在必行。

公共服务的可及性就是要解决“公共服务的最后一公里”，让服务接受者切身触摸到、感受到、使用到服务项目。学术界一般从可获得性（Availability）、可接近性（Accessibility）、可适合性（Accommodation）、可负担性（Affordability）、可接受性（Acceptability）五个维度来加以测量[②]。简单来说，公共服务的可及性主要体现在公民和其他符合资质的法人有机会和有能力从公共服务机构获得自己所需的服务，并且在较短的距离和较少的时间内就能获得所需要的服务。从根

---

① 中共中央办公厅、国务院办公厅：《乡村建设行动实施方案》（国务院公报 2022 年第 16 号）。

② Penchansky, Roy, and J. William Thomas, “The Concept of Access: Definition and Relationship to Consumer Satisfaction”, *Medical Care*, February 1981, Vol. 19, No. 2, pp. 127 – 140.

本上看，可及性关注的核心是群体的差异，即能让不同的群体有能力接近、获得所需要的公共服务。因为，很多公共服务，居住在偏远地区的、认知和数字能力较差的群体可能难以获得。如此，让所有有需要的群体，尤其是社会弱势群体，有能力且方便地接近和获得所需要的服务，就成为了加强公共服务可及性建设的核心目标。

二　可及性视角下的农村就业创业服务体系优化

具体到农村就业创业服务的可及性，近十多年来，伴随着扩大就业战略的实施，国家加大了相关资源投入力度，按照中央统一领导、统一制度、统一管理、统一服务标准、统一信息系统的要求，统筹规划公共就业和人才交流服务机构建设，形成覆盖城乡的公共就业服务体系，极大地提高了农村就业创业服务的可及性。未来，需要进一步增加资源投入和充分利用现有服务资源，强化服务网点建设，最大限度地扩展公共就业创业服务的覆盖面和可及性，从服务对象的实际需要和便利出发，在确保服务功能不减少、服务能力不下降的前提下增加服务网点分布，确保农村劳动力和县域用工企业能够就近获得就业创业服务支持。2014 年国家发展改革委印发《基层就业和社会保障服务设施建设项目管理办法（暂行）》提出，基层就业和社会保障服务设施建设项目的主要内容是“建设县级服务中心和乡镇（街道）级服务站，并配置相关设备”，“基层就业和社会保障服务设施建设项目，应优先安排在服务设施缺乏、设备简陋，且劳动就业和社会保障任务较重地区”①。这也就意味着，扩大基层服务网点设置和重点补充服务供给缺口较为严重的地区，增加服务机构的可及性，是农村就业创业服务体系优化的重要方向。

当然，在强化基层实体服务机构设置的同时，也要适应数字化时代发展趋势和数字乡村建设的需要，并充分利用“数字化红利”，进一步加强一体化在线服务平台建设，并进一步优化在线服务平台功能，重点开发适合数字能力较低人群的服务链接，引导农村劳动力和

---

① 国家发展改革委：《基层就业和社会保障服务设施建设项目管理办法（暂行）》（发改就业〔2014〕2604 号）。

乡村企事业法人通过网上办理就业创业服务业务。尤其是重点开发基于智能手机的“掌上服务”，真正让就业创业服务变得“触手可及”。

第三节　有效性视角：以劳动力供需匹配为导向提供精准化的就业创业服务

一　有效性的含义及其分析视角

有效性（effectiveness）在汉语中有时也被翻译为“效能”或“效益”，三者之间基本含义是一致的，但在不同的语境中也有不同的理解应用[①]。也就是说，“理解有效性界定的关键是理解其情景依赖性。有效性在不同的组织环境、不同的组织类型与不同的组织目标下有着不尽相同的含义”[②]，但绝大部分情况下，作为一个概念，“有效性被用来作为一项一般化的成功指标，并且最常作为一个单一维度的结果变量被使用”[③]，尤其是在社会科学领域，“有效性”是针对个人或组织行为的预设目标或预期结果而言的，它指涉的是行为的正面效果。比如，伊弗雷姆·苏迪思（Ephraim F. Sudit）认为有效性是产品与服务之生产与提供对于实现组织最终目标（比如，利润、公正、社区服务、社会责任）的程度[④]。更多的情况下，西蒙·丽塔（Simon James Rita）探讨了法学院课程创新有效性问题，其效能指涉课程创新对于实现教学教育目标的程度[⑤]。冈萨雷斯·徐丽（Xulia

---

① 谢秋山：《中国地方政府创新有效性研究》，博士学位论文，武汉大学，2016 年，第 24—25 页。

② Cohen, Steven A., “Defining and Measuring Effectiveness in Public Management”, *Public Productivity & Management Review*, Vol. 17, No. 1, 1993, pp. 45-57.

③ 金·卡梅伦：《组织有效性：在积极组织学说演变中的湮没与再生》，转引自史密斯、希特主编《管理学中的伟大思想：经典理论的开发历程》，徐飞、路琳译，北京大学出版社 2010 年版，第 245 页。

④ Ephraim F. Sudit, *Effectiveness, Quality and Efficiency: A Management Oriented Approach*, Massachusetts: Kluwer Academic Publishers, 1996, p. 56.

⑤ Simon James Rita, “An Evaluation of the Effectiveness of Some Curriculum Innovations in Law Schools”, *The Journal of Applied Behavioral Science*, June 1966, Vol. 2, No. 2, pp. 219-237.

González)、乔迪·豪曼德鲁（Jordi Jaumandreu）和康斯洛·帕索（Consuelo Pazó）探讨了财政补贴有效性，其有效性指涉的是财政补贴能否促进企业研发行为[①]。当然，哲学领域对有效性有着更为抽象的界定，但无论是多么的抽象，不同学科领域对有效性内涵的理解在方向上是趋于一致的。比如，哈贝马斯从哲学高度来理解有效性，认为“凡是有效的东西，都能够在未来可能提出的实际反驳面前证明自身的价值”[②]。那些能够证明自身价值的创新也就是在很大程度上达到了创新主体初始预期目标的创新活动，自然也就具备社会科学领域所言的有效性。

同时，有效性还不同于效率。有效性与效率的区别是多维度的，不同的学者从不同的角度阐述了二者之间的差别。比如，彼得·德鲁克（Peter F. Drucker）从能力角度区分有效性与效率，认为“有效性是做正确的事之能力（the ability to get the right things done），效率是正确地做事之能力（the ability to do things right）”[③]。海德力·蒂莫西（Timothy P. Hedley）则从过程角度来区分有效性与效率，认为效率是产出与投入之比，涉及从投入到产出之间的过程；有效性则是产出符合标准或期望的程度，涉及的是从产出到标准比较的过程[④]（详见图7-1）。

当然，一般而言，有效的实践活动通常也应该是有效率的，即投入必须小于产出，否则就会产生浪费。伊弗雷姆·苏迪思则全面地阐述了效率与有效性之间的关系，将其概括为四个方面：（1）效率意味着正确地做事，而有效性意味着做正确的事；（2）效率聚焦于过程或手段（means），而有效性聚焦于结果（the end）；（3）效率仅限于现

---

① Xulia González, Jordi Jaumandreu and Consuelo Pazó, “Barriers to Innovation and Subsidy Effectiveness”, *The RAND Journal of Economics*, Vol. 36, No. 4, December 2005, pp. 930-50.

② Habermas Jurgen, *Between Facts and Norms: Contributions to a Discourse Theory of Law and Democracy*, trans. William Rehg, Cambridge: The MIT Press, 1996, p. 35.

③ Drucker F. Peter, *The Effective Executive*, New York: HarperCollins Publishers, Inc., 2002, p. 2.

④ Timothy P. Hedley, “Measuring Public Sector Effectiveness Using Private Sector Methods”, *Public Productivity & Management Review*, Vol. 21, No. 3, 1998, pp. 251-58.

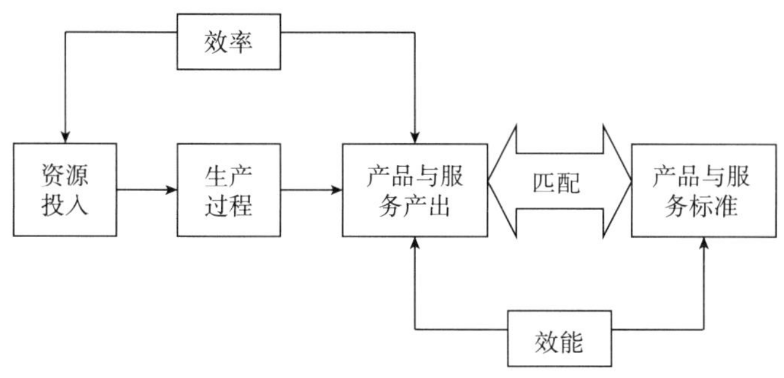

图 7-1　生产过程中的效率与有效性比较

在的状态，而有效性涉及长期的思考；（4）有效与有效率对于组织的成功都至关重要。同时，“效率和质量驱动有效性（efficiency and quality drive effectiveness）。组织通常追求高水平的效率与质量来实现高水平的有效性”①。

简而言之，效率只是有效性的前提，有效率不一定具备有效性，有效性还包含人们对结果的主观预期、价值判断；相反，有效的一定是有效率的，否则投入大于产出也就不存在有效性。也正是因为如此，国内学者马春庆认为，行政有效性（行政效能）是“数量与质量的统一，功效与价值的统一，目的与手段的统一，过程与结果的统一”②。

二　有效性视角下的农村就业创业服务体系优化

就业创业服务与其他公共服务不同的地方就在于，就业创业服务的好坏主要取决于最终的实效，重点不在过程，不在过程中的情感体验。比如，医疗、教育等领域的公共服务，政府给予服务接受者一定的支持，如资助服务接受者做“免费体检”，这种“免费体检”的服务本身就能直接改善他们的情感体验，并直接增进了他们享受的福利，让他们对自己的身体状况有了更为科学和准确的了解，即使政府

① Ephraim F. Sudit, *Effectiveness*, *Quality and Efficiency*: *A Management Oriented Approach*, Massachusetts: Kluwer Academic Publishers, 1996, p. 1.

② 马春庆：《为何用“行政效能”取代“行政效率”——兼论行政效能建设的内容和意义》，《中国行政管理》2003 年第 4 期。

不支持他们进行治疗，他们的福利也增加了。但就业创业服务不同，如果不能达到服务需求者的预期目标（主要指获得高质量或满意的就业机会），即使你给失业的劳动力提供了免费的职业技能培训服务，但他根本找不到相应的工作岗位，最后还是回家务农或闲置，那么这并不能代表他的福利增加了，相反，可能浪费了他的时间，增加了他的机会成本。在调研访谈中，就有一些接受访谈的农村劳动力表示，她们接受过缝纫、家政、茶艺等各式各样的培训，但是，这些培训并没有给她们的求职带来帮助。因为这些培训内容更多是“屠龙之技”，在当地几乎没有匹配的工作岗位。

所以，农村就业创业服务的有效性，指的就是农村就业创业服务能够满足农村劳动力和用工企业的需求，能引导企业找到最合适的劳动力，能帮助求职者找到符合自身专业知识和技能的工作岗位。这进一步要求政府以帮助和支持农村劳动力实现高质量充分就业为根本目标，针对求职者的不同状态、不同需求，提供精准的就业创业服务，避免无效供给、形式主义供给，真正在县域，尤其是乡村劳动力市场上发挥引导劳动力供需平衡和促进劳动力供需匹配作用，进而切实解决好“招工难”和“就业难”并存的结构性矛盾。如果不能做到这些，政府投入再多的人财物资源，也只能是浪费，谈不上有效服务，当然也就是毫无效率的服务。从结果测度角度看，农村就业创业服务结果考核的主要依据应该是有效性，即多少农村劳动力实现了相对满意的（相对高质量）稳定就业（一般要稳定在6个月以上）。经济学常用的宏观投入与产出分析在计算就业创业服务领域是不合适的，也是容易产生误导性错误的。

第四节　效率视角：经济地推进农村就业创业服务体系建设

承前所述，单纯的效率测度不适合用来考察农村就业创业服务的结果。但这并不意味着效率价值取向没有意义，而是说，效率的价值只有在有效性的前提下才有意义。即，在坚持有效性前提下，政府相关职能部门还要尽量有效率地提供服务。

党中央、国务院确立“建立健全县乡公共就业服务网络”“健全覆盖城乡的公共就业创业服务体系，提高服务均等化、标准化和专业化水平”等就业创业服务建设任务的前提，是有充足的财政、人力等资源支持服务体系建设。但现实却是，资源永远是稀缺的，公共财政资源和人力资源就更是稀缺，更何况“单纯地增加民生财政支出并不能有效地增加居民对地方公共服务的满意度”①。因此，农村就业创业服务供给的实践过程不仅要增加相关资源投入，更要经济、节约、有效地建设农村就业创业服务体系，即要从“效率”的价值取向来看待农村就业创业服务体系建设。

一　效率的含义及其分析视角

效率是公共行政早期追求的核心价值目标，即使在21世纪的今天也依然是政府行政的重要价值准绳，很多研究也专门探讨政府效率问题。美国知名公共行政学家德怀特·沃尔多（Dwight Waldo）就认为，“如果民主想要生存，就必须为它的自由和平等理念增添效率”② ——这充分显示了“效率”作为一种价值观对政府行政，尤其是公共服务供给理念带来的影响。

效率一般是与“市场竞争”“成本收益”“投入产出”等概念联系在一起，包括宏观和微观两个层面的含义：宏观层面上的效率指的是资源配置效率，也即强调帕累托最优和帕累托改进的重要性；微观层面的效率指的是劳动生产率，强调的是单位时间内投入与产出比，或者说是，如何以最少的投入获得最大的产出③。

从宏观层面，效率的视角要求我们在有限的“蛋糕”下，确保资源在各部门（包括公共部门和私营部门）之间合理进行分配和使用，

① 陈世香、谢秋山：《居民个体生活水平变化与地方公共服务满意度》，《中国人口科学》2014年第1期。

② ［美］德怀特·沃尔多：《行政国家：美国公共行政的政治理论研究》，颜昌武译，中央编译出版社2017年版，第12页。

③ 张大维：《城乡社区公共服务体系一体化建设研究》，华中科技大学出版社2014年版，第224页。

并且确保有限的资源能够进行优化配置，用在最需要使用的服务需求者身上。微观层面，效率视角要求公共部门用最少的投入获得最大的产出，或者在固定产出情况下使用尽可能少的投入。其分析视角主要聚焦在生产者或服务供给者的方面，或者说是聚焦在服务供给方面。

二 效率视角下的农村就业创业服务体系优化

可见，效率分析的视角，是从生产或供给的范畴去考量产出最大化问题，这聚焦到公共服务体系优化方面就是要从服务供给的角度来考量成本和收益，即主要从农村就业创业服务体系的承载客体——农村就业创业服务资源的角度来探讨如何最高效地利用资源，进而产生最大的经济和社会效益。

农村就业创业服务的特殊性在于农村就业创业服务机构所需服务的对象主要是在竞争性劳动力市场上处于弱势地位的农村劳动力，甚至主要是农村劳动力中人力资本水平较差者，而自身人力资本和社会资本水平较高的劳动者可能根本就不需要太多的公共服务机构支持，在劳资双边关系上，劳动者反而处于主导地位。简而言之，农村就业创业服务体系所要服务的对象，应该主要是那些在竞争性劳动力市场上处于弱势地位的群体。如果公共服务机构把主要资源用于给高技能、高人力资本的劳动者提供服务必然会产生边际效用递减问题，进而产生低效率，乃至完全无效率。所以，从效率的视角出发，农村就业创业服务机构要把服务资源主要分配给那些在竞争性劳动力市场上处于弱势地位的农村劳动力，进而利用边际效应递增实现就业创业服务总产出的最大化。这一点与社会公平实际上也是联系在一起的。不过与社会公平强调的对弱势群体的特殊关怀不同，效率强调的是边际效用的最大化和帕累托改进的问题，即把既有资源用于何处会产生最大的经济社会效益问题。

总之，从效率视角出发，公共就业创业服务政策设计及其机构执行都要把处于竞争弱势地位的农村劳动力作为主要服务对象，而无须自作多情为在劳动力市场上竞争力较强的高技能农村劳动者提供过多的服务支持，至少不需要投入过多的资源。

第五节　公平视角：让就业创业服务惠及全体农村劳动力

完善和优化农村就业创业服务体系的重要原因就是要建立健全覆盖城乡的就业创业服务体系，实现就业创业服务的城乡一体化，让就业创业服务的温暖惠及城市和农村的每一个阶层、每一个劳动者。从这个意义上讲，农村就业创业服务体系的优化必须要坚持公平的价值取向，让就业创业服务之光惠及所有有需要的农村劳动力。

一　公平的含义及其分析视角

一直以来，效率与公平之间都有着千丝万缕的联系，也是现代经济学研究争论的焦点。从根本上看，效率与公平之间既有一致的一面，也有相互冲突的一面。前者，如分配正义能促进效率提高，高效率也能通过做大蛋糕促进分配公平；后者，如过度强调结果公平并发展成为平均主义就会妨碍经济效率，过度强调经济效率也反过来会造成不公。所以，在坚持效率视角的同时，也必须强调公平的视角。

“公平”在不同的学科，乃至在不同的学者眼中有不尽相同的含义。比如伦理学上的公平注重个体的权利，一般指的是“对所有人‘一碗水端平’、一视同仁、不偏不倚”[①]，即罗尔斯所强调的“平等且广泛的自由权利”“正当挽救原则”和“机会均等开放原则”。法学意义上的公平“含有公正（正义）和平等两方面的意思”，包括“法律面前人人平等”“机会均等”“分配公平”“结果平等”等多重含义[②]。经济学意义上的公平多与功利主义联系在一起，强调帕累托最优和社会福利的最大化，而不会重点考虑单个个体。政治学和行政学的公平一般指的是旨在增强少数群体政治权利并改进他们的经济福

① 张大维：《城乡社区公共服务体系一体化建设研究》，华中科技大学出版社 2014 年版，第 227 页。

② 强世功：《法理学视野中的公平与效率》，《中国法学》1994 年第 4 期。

祉的一系列活动，强调政府服务的平等[①]。习近平同志指出，“要加快完善体现权利公平、机会公平、规则公平的法律制度”[②]。显然，在中国特色马克思主义理论体系下，公平有着更为广泛的含义，除了伦理学、政治学、经济学等学科重点强调的机会平等、权利平等、结果平等外，还包括规则的平等。

在我国宪法保证了法律面前人人平等，而结果不平等只能是有限的平等，过度强调结果平等只会带来“平均主义”，影响效率，最终也必然会损害社会公平。所以，公共服务领域所强调的平等更多的是机会均等和分配公平。这也是党中央、国务院一再强调城乡公共服务一体化、均等化的原理所在。只有让农村居民和城市居民在享有公共服务方面获得均等的机会，并且在财政、人力等方面资源的配置上都实现公平，才能实现城乡公共服务的一体化。农村就业创业服务体系服务的对象是在竞争性劳动力市场上的农村劳动力，更要把公平作为自身构建的价值准则。

同时，公平也包含正义，或者说是正义的近义词，都强调让每个人平等地获得他应该获得的权利和机会。这也是法学上往往把公平理解为平等和正义两个方面的根源所在。而在我国政策话语下，或在中国特色马克思主义理论框架下，公平和正义是存在区别的，公平和正义合为“公正”这一社会主义核心价值观。党的十八大指出，“公平正义是中国特色社会主义的内在要求”，“促进社会公平正义”和“增进人民福祉”共同成为国家“全面深化改革的出发点和落脚点”。

而在正义的视角看来，仅有机会公平并不是真正的公平，因为人们的生活不可避免地会受到社会的、自然的偶发性因素的影响，如天灾、人祸，因而必须要对因偶发性因素影响遭遇不幸的人们提供支持和帮助。换句话说，在强调机会平等、分配公平的同时，也要兼顾结

---

① ［美］弗雷德里克森：《新公共行政》，丁煌、方兴译，中国人民大学出版社 2011 年版，第 24—30 页。

② 习近平：《论坚持全面依法治国》，中央文献出版社 2020 年版，第 218 页。

果公平，即使结果公平不能被过分强调。美国政治哲学家约翰·罗尔斯（John Bordley Rawls）也指出，影响公民生活的偶发性因素是不可避免的，社会应当消除偶发性因素的不利影响，照顾最低收入者的利益，进而需要通过国家的制度安排来缓解偶发性因素的不利影响①。

当然，公平永远是与效率相伴的，必须在促进公平的同时，确保效率的实现，不能因为过度追求公平，而损害效率。这也就要求包括农村就业创业服务在内的公共服务供给体系建设必须明确追求的是机会均等，而不是结果平等。

二　公平视角下的农村就业创业服务体系优化

通过前述分析，可以看出，公共服务体系优化下的公平主要强调的是机会均等、分配公平，但也要兼顾结果公平，注重对社会弱势群体或在人们脆弱的时候进行补救。这也是中央政策一再强调要“使改革发展成果更多惠及全体人民”的重要原因所在。

从宏观角度来看，在公平视角下推进农村就业创业服务体系优化，就是要推动城乡就业创业服务的均等化、一体化，让城乡劳动者共享公共服务之福利。这也就进一步要求在制度规定、政策设计、政策落实上全面实现过程公平。虽然结果公平很难衡量，也很难完全实现，但过程公平却是相对容易把握。具体来说，农村就业创业服务供给的过程中要把公平作为基础，在机会均等和分配公平价值理念的指导下惠及所有农村劳动力，而不能仅仅聚焦进城农民工，更不能对城乡劳动者区别对待，给予城乡劳动者以不同质量的服务。

从国家政策导向上看，从 2003 年《国务院办公厅关于做好农民进城务工就业管理和服务工作的通知》提出“全面做好农民进城务工就业管理和服务的各项工作”②，到 2006 年《国务院关于解决农民工问题的若干意见》提出“要建立健全县乡公共就业服务网络，为农民

---

① John Bordley Rawls, ed., *Justice as Fairness: A Restatement*, London: Harvard University Press, 2001, pp. 135-161.

② 国务院办公厅：《国务院办公厅关于做好农民进城务工就业管理和服务工作的通知》（国办发〔2003〕1 号）。

转移就业提供服务”[①]，再到2010年中央“一号文件”提出“建立覆盖城乡的公共就业服务体系”“将农民工返乡创业和农民就地就近创业纳入政策扶持范围”[②]，最后到2013年《中共中央关于全面深化改革若干重大问题的决定》提出“完善城乡均等的公共就业创业服务体系”[③]，我国在促进就业创业服务体系优化方面的制度规则和政策设计方面都已经取得了显著的进展，并为政策执行尤其是就业创业服务体系完善提供了明确的发展方向。现在和未来的关键是如何在农村就业创业服务体系优化和具体服务供给过程中实现机会均等和分配公平。

微观层面，用公平的视角来分析农村就业创业服务体系优化问题，意味着要照顾到全体农村劳动力的需求和感受，根据不同类型劳动力的需求和特点给予差异化的服务支持。即在全覆盖的基础上做到差异化和针对性。外出劳动力和留乡劳动力之间、青年和大龄劳动力之间、不同人力资本水平劳动力之间、不同性别劳动力之间的需求存在差异，所需要给予的服务支持也存在差异，必须在坚持差异化的基础上，进行针对性的精准服务供给。

在具体执行方面，要以平等机会创造为基础，为所有农村劳动力提供就业选择的机会。当然，实现就业机会的公平，是以就业机会的创造为基础的。没有就业机会的创造，劳动者也就无从选择，更不用提公平了。实现就业机会的公平，重点在三个方面：一是“做大蛋糕”，创造更多就业岗位，为劳动者提供可供选择的就业机会；二是在各类就业岗位的获得上给所有劳动者提供平等的竞争机会；三是努力实现社会公平正义，注重对社会弱势群体和就业困难群体提供支持或救济补偿[④]。在更为具体的措施方面，要重点扩大服务职能，进行整体性服务供给；要扩大服务机构网点建设，增加农村劳动力和县域

① 国务院：《国务院关于解决农民工问题的若干意见》（国发〔2006〕5号）。

② 中共中央、国务院：《中共中央、国务院关于加大统筹城乡发展力度 进一步夯实农业农村发展基础的若干意见》（中发〔2010〕1号）

③ 《十八大以来重要文献选编》（上），中央文献出版社2014年版，第536页。

④ 莫荣、廖骏：《国外就业理论、实践和启示》，中国劳动社会保障出版2013年版，第399页。

乡村用工企业获得服务的便利性和可及性；要提升县乡劳动就业服务能力，让相关政府职能部门有资源、有能力为所有服务对象提供他们所需的服务。否则，再美好的制度和政策设计，也只能是“纸上谈兵”“镜花水月”。

第八章　农村公共就业创业服务体系优化的对策体系

从世界范围内看，各个国家虽然普遍建立了公共就业创业服务体系，但“它的任务、战略和组织却因国家不同而存在较大差异，因为这在很大程度上依赖于经济、社会、产业关系背景和政府所追求的就业政策”①。而就城乡差异明显的发展中国家而言，不仅经济社会、产业发展关联和政府就业政策目标存在明显差异，而且农村与城镇之间，或农村劳动力与城镇劳动力之间，在就业创业服务需求方面，也存在较大差异。这也就要求包括我国在内的发展中国家或地区政府，结合本国国情，因地制宜、因时制宜，制定适合本国、本地区的农村就业创业服务体系，并在整体上设计和推进农村就业创业服务体系的完善和优化。这种基于本国本地区实情进行整体性设计和推进的思路与前面章节中我们所强调的互惠共生理念是完全一致的。

第一节　农村公共就业创业服务体系优化的战略设计

立足于对称性互惠共生的理论高度，从整体上优化农村就业创业服务体系，是提高农村就业创业服务水平的关键，对于促进农村劳动力高质量充分就业，乃至促进县域市民化，实现城乡融合和共同富

① Phan Thuy, Ellen Hansen and David Price, *The Public Employment Service in a Changing Labour Market*, Geneva, International Labour Office, 2001, p. 27.

裕，都具有十分重要的意义。总体来看，近些年来，国内部分地方政府在优化农村就业创业服务体系方面进行了很多有益的探索，也取得了一定的成绩，积累了一些有益的经验，但也依然面临服务体系碎片化严重、服务定位偏差、服务有效供给不足等诸多问题，迫切需要在吸取国内外正反两方面经验教训的基础上，在对称性互惠共生和整体性治理的理念指导下，贯彻落实《“十四五”就业促进规划》提出的“打造覆盖全民、贯穿全程、辐射全域、便捷高效的全方位公共就业服务体系，提升劳动力市场供需匹配效率”以及“重大投资项目、各类基础设施建设积极吸纳更多当地农村劳动力参与”[①] 的有关要求，依托县域经济、乡村产业发展，为农村劳动力创造更多的高质量就地就近就业岗位，并加快完善农村就业创业服务体系，以更好地为农村劳动力实现高质量充分就业提供有效、坚实的支持。

一　农村就业创业服务体系优化的战略环境分析

本部分主要基于SWOT分析框架，探讨我国农村就业创业服务体系优化面临的外部环境和内部挑战。SWOT分析法是一种提供战略决策分析的工具。最早由美国的肯尼斯·安德鲁斯（Kenneth R. Andrews）提出。SWOT分析法最初主要是应用于企业或者区域的战略管理与决策分析，其本质是分析组织或地区进行决策或改革行动所面临的内外部环境因素，做到知己知彼，以增强战略决策的针对性和有效性。

具体来说，SWOT分析的主要框架是把与研究对象密切相关的内部优势、劣势与外部相关的机会、威胁等要素综合起来进行系统剖析，进而得出符合组织或者地区实际状况，做出具有建设性的决策信息和战略规划。农村就业创业服务体系优化作为影响农村发展，乃至影响整个县域城乡融合发展大局的重大问题，其战略决策或实施策略的构建，也要建立在充分的内外部环境分析基础之上，才能做到有的放矢，而事半功倍。

（一）农村公共就业创业服务体系优化的优势分析

1. 农村劳动力就业质量提升，渴求就业创业服务体系的支持

承前所述，由于历史、制度等多重复杂因素影响，我国农村劳动

---

① 国务院：《国务院关于印发“十四五”就业促进规划的通知》（国发〔2021〕14号）。

力在竞争劳动力市场上求职处于相对弱势地位，他们不仅自身的人力资本、社会资本处于较低的水平，而且他们自身还缺乏资源和能力来投资于自身的人力资本和社会资本建设，进而渴望和急需政府加强相关制度建设和资源支持，以弥补他们自身的资源投入局限性。单就宏观层面的人力资本而论，即使是1980年以后出生的新生代农民工，也依然处于相对较低的水平。1986年《中华人民共和国义务教育法》颁布之后，国家逐渐开始注意倾斜支持农村和偏远地区的基础教育，进而使得新生代农民工受教育水平普遍提高，绝大部分新生代农民工都完成了九年义务教育，但相较于城镇劳动力，他们的受教育水平依然偏低，在城镇劳动力市场上也依然会受到更多的歧视，他们不得不更多地从事那些城镇劳动者所不愿意从事的行业，如工作环境艰苦，需要风吹、日晒、雨淋的建筑工人、外卖骑手等。

根据《2021年农民工监测调查报告》，截至2021年，85.6%的农民工都完成了九年义务教育，具备了初中及以上文化程度，其中，还有17.0%的农民工具有高中文化程度，12.6%的农民工具备了大专及以上文化程度。知识文化水平的提高，使得以新生代农民工为代表的农村劳动力对未来就业质量的期望也有所提升。他们也不再像父辈那样，愿意从事“脏、累、苦”的一线体力劳动，而是要求从事更能发挥自己专长、更具职业发展前景、更能实现自我价值的工作。而要实现这样的职业地位升华，他们就需要在自身人力资本和社会资本上实现进一步的提升。比如，接受更多有针对性的职业技能培训、在社会保障方面获得更多制度性保障……这些都是他们自身所难以掌控和把握的，需要政府有关部门在尽可能地尊重他们的需求意愿基础上，进行精准和有效供给。这也就在客观上，为农村就业创业服务体系建设提出了更高要求。这种对就业质量提升的渴望和对人力资本和社会资本提升的需求，既对我国农村就业创业服务供给带来了挑战，也为优化农村就业创业服务体系提供了潜在的机会。尤其是农村劳动力具备的基础文化水平，可以有效避免或降低“数字鸿沟”，为继续开展就业创业技能培训奠定了基础，也适应了公共就业服务数字化转型的大趋势。

2. “集中体制”内含整体性治理框架，有助于整体性就业创业服务体系的构建

我国的政治体制具有典型的“集中体制”特征，横向权力集中于“党政一把手”、纵向权力更多集中于上级政府部门，这既方便了政府组织内部横向与纵向的行政协调，也方便了整体性政策目标的确立和整体性的政策执行与推进，甚至还在国家治理思想中内含整体性理念。

强调“系统性”是我国有中国特色社会主义政治体制下中央政策构建的重要特征，进而诸多相关决策文件本身就是一种整体性治理思路。比如，党的十九大报告中就强调“着力增强改革系统性、整体性、协同性”思想。再如，在本书所聚焦的农村劳动力就业创业服务领域，2022 年 7 月国务院办公厅转发国家发展改革委《关于在重点工程项目中大力实施以工代赈　促进当地群众就业增收工作方案》的通知中就强调，“重点工程项目业主单位、施工单位要根据能够实施以工代赈建设任务和用工环节的劳务需求，明确项目所在县域内可提供的就业岗位、数量、时间及劳动技能要求，并向相关县级人民政府告知用工计划。项目所在地县级人民政府要与业主单位、施工单位建立劳务沟通协调机制，及时开展政策宣讲和劳动力状况摸底调查，组织动员当地农村劳动力、城镇低收入人口和就业困难群体等参与务工，优先吸纳返乡农民工、脱贫人口、防止返贫监测对象”①。这其中，无论是强调重点工程项目业主单位、施工单位向相关县级人民政府告知用工计划，还是项目所在地县级人民政府要与业主单位、施工单位建立劳务沟通协调都是整体性治理理念的体现，凸显了我国集中体制下有助于推进整体性治理的优越性。

更为根本的是，在整体性农村就业创业服务体系构建的过程中，统一的权威的政策协调中心是至关重要的，而在我国政治体制下，市政府主管领导或县党政一把手就合情合法地，或者说顺理成章地充当

---

① 国务院办公厅：《国务院办公厅转发国家发展改革委关于在重点工程项目中大力实施以工代赈　促进当地群众就业增收工作方案的通知》（国办函〔2022〕58 号）。

整体性就业创业服务体系构建的协调者角色，可以有效地统筹安排就业服务、创业服务和县域产业发展相关事宜，进而有助于整体性农村就业创业服务体系的形成。这是在强调权力分散的“盎格鲁—萨克逊”传统下的欧美发达国家所无法实现的。

在具体实现机制方面，省市政府主管领导或县长县委书记能够很好地通过创设“就业创业服务领导小组”、召开县域产业就业协调发展大会等多样化渠道推动整体性农村就业创业服务体系的构建。

3. 已有农村就业创业服务经验为农村就业创业服务体系的优化奠定了基础

任何公共服务体系的建构或者优化，都离不开原有服务经验的支撑，或者是原有服务体系奠定的基础。近些年来，国家高度重视农村劳动力就业创业问题，在相关领域进行了诸多探索，取得了很多成功的经验。

第一，在过去几十年促进农业剩余劳动力转移就业的过程中，县乡两级政府联合村两委在引导农村劳动力外出就业创业方面取得了明显的成效，也积累了相关服务的经验。第二，近十多年来，在县域普遍开展的“春风行动招聘会”和针对农村贫困劳动力的专项就业支持计划也取得了明显进展，并锻炼了县乡相关职能部门和村两委工作人员的相关服务能力。第三，近二十多年来，伴随着返乡下乡创新创业人员的逐步增加，县乡政府在扶持返乡回乡劳动力创新创业方面也已经积累了较为成熟的经验，无论是扶持农业大户，还是建立工业园区服务县域产业企业，都已经形成了初步的政策体系和服务体系。这些就业创业支持经验的积累和服务能力的锻炼，均有助于提升县乡政府和村两委的工作能力，进而有助于后续农村就业创业服务体系的优化。

（二）农村公共就业服务体系建设的劣势分析

1. 农村劳动力个体差异较大，精准供给成本较高

承前所述，农村劳动力在人力资本方面差异较大，这会带来另外一个问题，那就是不同个体之间的就业创业服务需求差异较大。首先，在受教育程度方面，在农村劳动力整体受教育程度不断提高的背

景下，不同农村劳动力个体之间却存在较大差异。根据《2021 年农民工监测调查报告》，农民工队伍中既有很多小学文化程度及以下的（占比为 13.7%），甚至未上过学的（占比为 0.8%），也有大专及以上学历的受教育程度较高者（占比为 12.6%）。这种受教育程度的差异，直接影响了农民工对适宜和匹配的就业岗位和就业方向，同时也影响着他们对就业创业服务信息的理解和应用。这对农村就业创业服务的精准供给提出了挑战，即如何才能科学辨识不同农村劳动力群体的需求差异，并实现有针对性的精准服务供给。

其次，农村劳动力个体需求和兴趣偏好的差异巨大，同样为就业创业服务的精准供给带来了挑战和压力。以农民工为代表的农村劳动力在性别、年龄、婚姻状况等生理特征方面都存在较大差异。据《2021 年农民工监测调查报告》所提供的数据，截至 2021 年，性别方面，我国农民工总体中男性占比为 64.1%，女性占比为 35.9%；婚姻方面，未婚的占 16.8%，有配偶的占 80.2%，丧偶或离婚的占 3.0%；年龄方面，16—30 岁、31—40 岁、41—50 岁和 50 岁以上农民工占比分别为 21.2%、27%、24.5%和 27.3%。同时，这些不同的生理特征使得这一群体的就业创业需求和偏好都会有较大差异。比如，年轻的、未婚的农村劳动力更偏好去大城市闯一闯，或者到县城就业生存，乃至寻找更佳配偶的机会；大龄农民工可能更在意收入高低，而年轻的农村劳动力可能更在意工作的体面，进而有了“年轻人为什么不愿进工厂?”的社会舆论。

最后，在文化教育背景之外，农民自身的身体健康状况、工作经验等个体禀赋差异，也给农村就业创业服务体系的完善带来了困难。尤其是农村残疾劳动力和大龄劳动力的大量存在给农村就业创业服务体系优化带来了巨大的挑战。根据官方权威数据，截至 2011 年，我国农村仍有 2000 万以上的贫困残疾人[①]。这些农村残疾劳动力受到身体残疾束缚，受教育程度相对偏低、也缺乏职业技能，进而难以在竞

① 国务院办公厅：《农村残疾人扶贫开发纲要（2011—2020 年）》（国办发〔2012〕1 号）。

争性就业市场上获得较好的职业机会。如此，他们就成为农村扶贫和就业创业服务的重点人群，也成为就业创业服务最艰难的部分。可以说，如何创造更多的工作岗位，让残疾农村劳动力在置业参与中增强获得感和生存的意义不仅事关这一困难群体的经济生存，也事关他们对生命意义和生存价值的自我认知，必须要重点加以支持，但是又是最难进行支持的群体。这也极大地考验着各级政府平衡市场效率和社会公平正义的能力。

此外，农村大龄劳动力同样是就业创业服务供给的难点。现有县域就业岗位也主要限定在 45 岁以下，45 岁以上的大龄劳动力，尤其是 60 岁以上男性农村劳动力和 50 岁以上的女性农村劳动力作为“超龄劳动力”近年来越来越成为就业的“老大难”问题。由于缺乏完善的养老保障，农村 50 多岁的女性劳动力和 60 多岁的男性劳动力依然都有就业需求，但是，除了部分农业零工岗位[①]，很少有企业会接受这些大龄劳动力，很多地区还发出了“建筑行业超龄农民工清退令”，这更是令本身文化程度不高的大龄、超龄劳动力就业“雪上加霜”。这也就使得他们和农村残疾劳动力一起成为就业创业服务的“老大难”。这些劳动能力受限的农村劳动力很难及时恰当地为其提供适宜的工作岗位，也是农村就业创业服务体系优化的难点所在。

2. 农村公共就业服务的管理体制不科学

管理体制问题会直接影响就业创业服务体系的运行效率。长期以来，我国公共就业创业管理服务体系的建设推进是不同地区进度不一，不同时期效果不一。尤其是在农村就业创业服务方面的管理体制更是乏善可陈，甚至在相当长的一段时间内处于空白状态。管理体制的严重缺位也导致相应的公共就业服务机构难以建立明确有效的约束激励机制，从而严重影响了农村就业服务机构的服务质量。更为严重的是，低质量的服务机构不可能产出高效的公共服务，进而导致本就

① 课题组在全国很多农村的调研都发现，农村大龄劳动力主要在农业经营公司或农场中“打零工”，并且几乎全部都是按日计算工资。由于农业更多受到天气的影响和季节的影响，往往一年也只有 50—100 天的工作日。按日结算，每日工资在 60—150 元不等，多数停留在 100 元以下。

在公共服务领域投入积极性不高的地方政府更加不愿意加大对农村就业创业服务体系的财政投入和政策倾斜，从而令农村就业创业服务体系陷入一种“低成效—低投资—低成效”的恶性循环。

同时，财政资金投入的缺乏还会导致就业创业服务队伍建设的滞后，不仅相关私营机构工作人员面临稳定性差、流动性强的问题，以人力资源和社会保障部门为代表的公共服务机构的服务人员也规模有限，难以满足广大农村劳动力日益多元化的就业创业服务需求。此外，管理体制的不畅还导致了严重的信息壁垒现象。农村基层公共就业服务平台信息化建设本就滞后于城市，再加之缺乏清晰明确的管理体制，不同平台之间很难做到信息共享、资源互惠，进而造成了严重的信息碎片化问题。

（三）农村就业创业服务体系建设的机遇分析

1. 数字信息技术的发展提供了技术支持

随着数字信息技术发展的日新月异，数字化政府、数字化乡村建设成为了国家推进治理体系与治理能力现代化建设的重要工作，这种数字化发展趋势也深刻地影响到了农村就业创业服务体系建设。尤其是2020年以后，在数字化信息技术扩散和新冠肺炎疫情持续的共同影响下，在线提供就业创业服务已经成为服务供给的新趋势和主流。目前，通过持续的信息化建设投入，我国城市和乡村的数字化就业创业服务平台建设都取得了明显进展。同时，借助这些数字化服务平台，我国已经基本形成了省、市、县（区）、街道（乡镇）、社区（行政村）五级公共就业创业服务体系的总体框架。

简而言之，数字信息技术的发展，为优化我国农村公共就业服务体系提供了坚实的技术支撑。首先，数字化转型大大便利了农村就业创业服务体系的有效运行。数量庞大且复杂的农村劳动力就业创业需求信息和企事业单位用工信息，通过数字化存储，使得保存、查找、比对、更新等各个环节更加便利，既方便了求职者，也极大地方便了用工企事业单位。其次，政府就业创业服务数字化转型也极大地提高了公共就业创业服务的效率。通过大数据、人工智能等相关技术支持，政府工作人员能够非常快速和智能地定位到目标群体，并精确地促进人岗匹配。最后，就业创业服务的数字化、网络化有效地扩大了农村就业创业服务体系的知名度和影响力。人们使用移动互联网终端已成生活常态，通过网络宣传载体推广公共就业创业服务信息，并结合大数据“算法”可以有针对性地推送到求职者个人的智能手机，可以让更多的求职者和用工企业了解和使用就业创业服务系统。毋庸置疑，现代信息技术的进步在技术层面上为农村就业创业服务体系建设和优化提供了重要技术利好，有利于其智能化、信息化、数据化的长远发展，进而为农村就业创业服务体系的优化提供了机遇。

2. 中央高度重视提供了良好的政策支持和制度保障

近些年来，伴随着县域城镇化、乡村振兴战略的推进，以及农民工“就业难”和企业“招工难”并存的结构性矛盾日益突出，把城镇就业创业服务体系进一步向乡村延伸，构建城乡统一的就业创业服务体系已经成为国家政策关注的重要目标。为了支持乡村振兴战略和县域市民化的推进，完善和优化农村就业创业服务体系愈发受到国家层面的重视。承前所述，针对完善农村就业创业服务体系，党中央、国务院以及人力资源和社会保障部和农业农村部都出台了一系列针对性的支持性政策，并进一步修订了相关法规。李克强总理在2021年《政府工作报告》中也明确提出，要继续强化就业优先政策，做好农民工等重点群体就业工作，实施提升就业服务质量工程①。这些关于农村就业创业服务政策的出台和落实，将为完善和优化农村就业创业服务体系提供重要的政策保障。

（四）农村公共就业服务体系建设的挑战分析

1. 农村公共就业服务体系构建的制度环境不健全

从我国推进就业创业服务体系制度构建来看，农村层面的制度建设长期以来没有得到应有的重视，在早期甚至还把农村劳动力，尤其是在农村就业的劳动力排斥于公共就业创业服务体系之外。因此，未来要进一步优化农村公共就业服务体系，其制度环境的优化可谓是首

---

① 《政府工作报告——2021年3月5日在第十三届全国人民代表大会第四次会议上》，http：//www. gov. cn/zhuanti/2021lhzfgzbg/index. htm。

先要解决的问题。

其一，我国现有的就业创业服务的相关法律法规都只是把农村作为体系构建的一级平台纳入其中进行规范，还没有针对农村劳动力就业创业服务体系建设的专门法规。中央政府层面的法律规章制度更多的是宏观性、方向性、原则性的内容，在具体实操方面也没有引起地方政府的足够重视，未来需要进一步制定相应的政策法规指导细节。

其二，相关法律法规执行落实不到位，农村劳动力就业遭遇严重歧视、质量也难以保证。目前农村劳动力就业仍遭受到严重歧视，主要集中在脏乱差、苦累脏的行业，并伴随着相应的薪资待遇低、社会保障缺失、工作环境艰苦等问题。这些都是农村就业创业服务体系中缺乏相应的制度保障而难以得到有效解决和落实的问题。

其三，我国目前私营人力资源市场监管体系不成熟，私营服务平台乱象影响就业创业服务供给的有效性。包括智联招聘、58 同城、Boss 直聘、赶集网、猎聘网在内的大量网络人力资源服务平台近年来越来越成为人们求职就业信息的重要来源，包括很多农民工都会尝试通过这些私营网络平台寻找工作机会。但这些私营网络人力资源服务平台运作并不规范，里面充斥着很多虚假乃至违法招聘信息，导致很多农村劳动力求职受骗，不仅求职者个人遭受财产损失，甚至还有求职者被骗入“传销组织”，人身安全都受到威胁。

2. 农村就业创业服务体系的顶层设计不系统

农村就业创业服务的服务对象庞杂、服务需求复杂多样，受制于路径依赖，仅仅延伸城镇就业创业服务体系的农村就业创业服务供给难以全面和有效满足农村各类服务对象的复杂需求。承前所述，除了一般服务体系重点关注的青壮年农村劳动力外，贫困劳动力、残疾劳动力、大龄乃至超龄劳动力、留守女性劳动力等特殊群体在农村分布比较广泛，他们或者需要兼顾家庭和工作，或者自身人力资本严重不足，仅依靠将城镇服务体系向乡村延伸可能难以满足这些弱势群体的就业需求。

同时，为了实现“造血扶贫”“就业扶贫”的理想功效，农村就业创业服务的覆盖面涉及从劳动力求职意愿引导到信息咨询、信息匹配、技能培训、岗位培训以及成功就业后的反馈跟踪服务和失业援助等多方面的内容，环节众多，涉及多个相关政府职能部门，进而需要有一个整体规划的顶层设计来指引。但是，从现实来看，农村就业创业服务面临着顶层设计严重“缺位”的问题。

其一，政出多门，缺乏管理现有农村就业创业服务平台的统一机构。典型代表是农村就业往往与就业扶贫联系起来，这既涉及县级层面的农业农村局、人力资源和社会保障局、农业发展服务中心等县政府职能部门，也与直接提供扶贫服务的乡镇政府以及村两委有着直接的关系。承前所述，这些不同的职能部门治理或服务的目标各异，甚至彼此之间还会存在冲突，需要顶层设计来加以协调整合。

其二，地方各自为政，平台建设进展不一。就从东西部地区的机构建设情况来看，地区差异仍然比较显著。东中部地区的省份基本都已经建立起了覆盖城乡的公共就业创业服务体系。而西部地区则进展较慢，只有部分地区建立了基层公共就业服务平台，甚至还有大量的是处于窗口服务阶段。

其三，缺乏长期发展规划，资源统筹整合难度大，农村就业创业服务供给质量不高。“在已建立的基础公共就业服务平台中，办公场地紧缺、工作人员不足、经费支持匮乏等问题。”① 在实际的工作操作中，农村公共就业服务平台更多的是沦为与其他机构“一套班子，两块牌子”的尴尬境地。

3. 数字鸿沟影响就业创业服务的有效利用

“人们能否享受数字化时代带来的红利最终还要取决于需求端的数字化服务利用意识、利用能力，即人类个体的数字素养。当前，我国城乡数字鸿沟依然突出，尤其是农民数字意识和数字信息利用能力较差”②，严重影响了农村公共服务数字化转型进程，也成为制约农村就业创业服务体系数字化转型和有效利用的重要因素。

承前所述，很多农村劳动力，尤其是大龄劳动力的文化水平不

① 王丽平：《我国公共就业服务机构建设研究》，《中国行政管理》2013 年第 9 期。

② 谢秋山、陈世香：《中西部农村公共服务数字化转型面临的挑战及其应对》，《电子政务》2021 年第 8 期。

高，甚至很多处于文盲、半文盲状态。这种较低的文化水平不仅使得这部分农村劳动力在竞争性劳动力市场上处于弱势地位，难以获得高质量就业机会，而且还与“数字鸿沟”相互交织，最终影响这部分农村劳动力对就业创业服务的有效利用。尤其是伴随着就业创业服务数字化进程的推进，“互联网+”就业创业服务已经成为大势所趋，线上信息发布已经成为主流，即使线上线下同时发布就业信息，线上也会“优先一步”。但由于文化素养较低引致的“数字鸿沟”影响，以大龄和超龄农民工为代表的很多农村劳动力无法有效利用线上就业创业服务，进而也就影响了就业创业服务的可及性。考虑到近几年新冠肺炎疫情持续化的影响，部分农村劳动力无法充分有效利用数字化就业创业服务的不利影响就显得更加突出。

二　优化农村就业创业服务体系的战略定位

从根本上看，农村劳动力高质量充分就业目标内嵌于乡村振兴与县域城镇化的大目标、大环境之下，它不是一个单独的经济社会问题。所以，只有当我们从对称性互惠共生的理论高度来理解农村就业创业服务体系内部各要素之间，以及内部各要素与外部环境因素之间的关系，并从整体性治理的思路着手，系统推进农村就业创业服务体系优化才能真正地实现农村劳动力高质量充分就业的目标。这也就要求我们站在战略的高度来定位，或者说确定农村就业创业服务体系优化的重点努力方向。

基于对称性互惠共生理念，本书建议相关职能部门要以“努力形成产业发展促创业、创业促就业、就业促进县域市民化的良好局面”为指导，确定农村就业创业服务体系优化的战略定位，具体包括重协同、重投资、抓关键、强基层、保基本五个方面。

（1）重协同。重协同，要求各级政府相关职能部门摒弃或搁置部门利益，进行跨层次、跨部门之间的协同决策与协同服务供给。承前所述，乡村乃至县域就业、创业与产业发展之间存在着明显的对称性互惠性共生关系，其政策制定和服务供给必须实现整体协同。在跨层级方面，以县级职能部门的相互协调为中心，省与市级职能部门要支持和配合县级职能部门的工作，给予相应的资源支持和管理权限；乡镇和“村两委”则要服务县级职能部门的安排，积极配合县级职能部门进行直接的服务供给。

（2）重投资。重投资，也就是重市场。政府支持可以持续一段时间，但政府支持必须要有利于创造和激发乡村乃至整个县域的市场机会。即通过公共财政投资驱动市场发展，为农村劳动力就业创业提供更多的市场机会，而少用财政补贴输血的方式。促进农村劳动力高质量充分就业，不能像印度那样，仅仅通过提供临时性公共服务岗位或依托农业生产项目创造短期就业机会，而是要从为农村创造市场机会入手，通过优惠政策引导资金投向县域、投向农村，支持县域产业发展和优化县域产业结构，为农村劳动力创造更多更好的就地就近就业机会和创新创业机会。

（3）抓关键。农村就业创业服务体系受到内外部诸多要素的影响，既有政府组织内部的协调整合、资源协同、政策协同、服务供给能力问题，也有外部相关行为主体协调、产业发展支持等外部因素制约问题，还有农村劳动力就业创业服务需求问题。这些影响因素有些影响就业创业服务供给能力，有些影响服务需求识别，纷繁复杂，难以全面把握；同时，这些影响因素的作用方向、作用大小也不尽相同，甚至有些因素之间还存在明显的前因后果联系。只有厘清这些相关因素的关系，抓住关键，才能牵一发而动全身，推动农村就业创业服务体系整体优化提升。

当前完善我国农村就业创业服务体系的关键，是协调好农村劳动力高质量充分就业需求与乡村乃至县域产业发展之间的关系，力争以县域和乡村产业发展带动农村劳动力高质量充分就业和高质量创新创业。而要做到这一点的关键，是建立人力资源和社会保障部门和产业发展规划部门之间的常态化协同决策机制和协同服务机制，通过协同决策、协同服务，引导有利于提升农村劳动力就业质量的产业在县域迅速发展，最终形成县域产业发展、乡村创业、农村劳动力高质量充分就业相互促进的共生共荣局面。

（4）强基层。公共就业创业服务的精准有效供给，很大程度上取决于“站岗”在“公共服务最后一公里”上的基层政府职能部门及其服务人员。强基层的第一步是授权基层，让基层政府职能部门和相关服务人员有充分的权力和资源去主动提供服务支持。长期以来，受制于科层制结构下的部门壁垒和纵向自上而下的层级控制链条，公共就业创业相关管理权限和服务资源呈现出明显的碎片化分布状态，尤其是基层“一大两小”问题（即基层“责任大、资源少、权力小”问题），基层政府职能部门及其服务人员往往无法自主提供更为全面、及时、有效的就业创业服务。为此，必须要在农村就业创业服务领域给予基层职能部门及其服务人员更大的自主权。当然，授权不代表撒手不管，而是要通过服务接受者的评价来对基层职能部门及其服务人员进行监督和评价。

强基层的第二步是提升基层服务人员的管理和服务能力。权力和资源只有在有能力的人手中才能发挥最大的功效。当前我国农村就业创业服务领域的基层服务人员总体素质偏低、能力不足，难以高效利用有限的服务资源。未来，要通过引导大学毕业生和退役军人来充实农村基层服务队伍和强化针对性的教育培训等方式，进一步提升基层就业创业服务队伍建设。此外，还要重点加强人才队伍建设。提升能力关注的是服务人才队伍质量问题，但有质量也要有数量。因为，只有足够规模的服务队伍才能提供针对性的、精准性的服务供给。农村求职者和创业者形态多样、条件起点不同，比如青壮年劳动力与大龄劳动力、贫困劳动力与创新创业者……他们就业创业面临的困难存在较大差异，往往不存在统一的、标准化的服务模式，只有通过深入交流进行精准供给和引导，才能有效满足他们就业创业服务的需求。这也就需要基层职能部门要有相应规模的服务人员。否则，再理想的制度供给或政策设计也无法在服务实践中转化为有效的服务行动。

（5）保基本。农村就业创业服务体系不仅要与乡村振兴和县域城镇化等发展战略结合起来，还要考虑到部分农村劳动力可行能力较差，尤其是人力资本较为缺乏的现实困境，对在县域，尤其是农村就业的大龄劳动力、贫困家庭劳动力、残疾劳动力等给予基本的保障性支持。在中央政策的指引下，当前各地政府在为贫困家庭劳动力和残疾劳动力提供就业创业服务支持方面都已经取得了重要成就，相关服务支持举措也已经较为完善。但在为大龄劳动力就业创业提供服务支持方面还存在较大差距和缺口。尤其是考虑到第一代农民工已经全部进入大龄劳动力范畴，并且多有返乡就业需求的背景下，为这部分返乡和留在农村的大龄劳动力提供针对性的就业创业服务支持，保证他们获得足以维持体面基本生活的就业机会的兜底性工作，就成为县人力资源和社会保障部门和乡镇相关职能部门的重要工作。

三　农村就业创业服务体系优化的核心任务

结合《农业农村部关于大力实施乡村就业创业促进行动的通知》有关“政府搭建平台、平台集聚资源、资源服务就业创业”的总要求①和重协同、重投资、抓关键、强基层、保基本的战略定位，我国农村就业创业服务体系优化的核心任务可以概括为“一个政策、六个机制”。“一个政策”即县域产业结构优化政策；“六个机制”分别是农村创新创业主体培育机制、农村就业创业服务整体性协同供给机制、农村就业创业服务能力提升机制、农村就业创业服务投入保障机制、农民就业创业权益保护机制、农村就业保障与创业失败救助机制。

（一）县域产业结构优化政策

承前所述，县域产业结构，尤其是乡村产业结构决定着农村劳动力就地就近就业的质量和数量，也决定着乡村或县域创新创业的市场机会，仅仅依靠农业农村资源依托型产业可能无法满足部分人力资本水平较高的农村劳动力的体面劳动需求，也无法满足返乡创新创业人员的利润期待。所以，在维持农业农村资源依托型产业在县域尤其是农村产业体系中的主导性地位的同时，也要在县城或中心镇、中心村选择性地发展部分环境相对友好的资本密集型和技术密集型产业，以便为部分高技能农村劳动力就地就近获得高质量就业机会创造条件。

（二）农村创新创业主体培育机制

返乡下乡人员创新创业是乡村产业振兴的重要前提，也是避免农

---

① 农业农村部：《农业农村部关于大力实施乡村就业创业促进行动的通知》（农加发〔2018〕4 号）。

村持续衰败的重要手段。如何进一步吸引优秀人才返乡创新创业是乡村振兴、县域发展所必须要克服的重要挑战。一个关键举措就是要完善农村创新创业主体培育机制，让更多的优秀创新创业主体安心在乡村或县城创新创业。在培育机制建设方面，建议重点要做好两个方面的工作：一个是由政府相关部门协同和支持，选调优秀专家加强对现有乡村创新创业人员的指导和培训；另一个是结合近年来大学毕业生逐年增多、就业艰难的形势，采取更加有利的优惠政策和支持措施，引导人力资本水平更高的大学毕业生到县域，乃至乡村创新创业。

（三）农村就业创业服务整体性协同供给机制

承前所述，乡村就业、创新创业与乡村产业发展之间存在着明显的对称性互惠共生关系，需要通过就业创业服务与产业发展政策间的协同供给才能更好地实现三者间的互惠共生，产生最大的经济效益和社会效益。所以，通过政策协同、服务的整体性供给、跨部门之间的密切合作实现农村就业创业服务整体性协调是农村就业创业服务体系优化的重点工作，也是核心举措。

整体性协调供给机制的关键则是鼓励和支持市场和社会服务组织的发展，形成政府—市场—社会协同供给机制。其重点工作是加快市场服务组织建设和提升社会服务组织能力。当前以农村劳务经纪人为代表的社会力量已经在农村就业创业服务领域发挥了积极作用，未来要加强对农村劳务经纪人的培训和激励，增强他们服务的能力和积极性，让农村劳务经纪人队伍实现从“量”到“质”的提升。市场服务组织方面则需要通过政策引导，扶持市场服务组织在县域乃至乡村的建设。

（四）农村就业创业服务能力提升机制

承前所述，公共服务体系运行效果如何，首先取决于服务机构的服务能力。农村就业创业服务体系的优化，自然也要以县乡人力资源和社会保障部门及相关服务机构及人员的服务能力为前提。当前，制约县乡相关服务机构服务能力的因素既包括有服务职能碎片化、组织机构不良、财政资源紧张、人力资源短缺、信息化水平较差等“硬约束”，也包括以服务机构工作人员服务意识与服务技能不足为代表的

“软约束”。要多管齐下，从软硬两个方面提升县乡人力资源和社会保障部门及相关职能部门的服务能力和协作能力。尤其是要重点强化跨部门合作的意识与能力，因为只有从决策到执行和服务的全过程中加强不同职能部门之间、上下层级之间，以及公共服务机构与私营服务机构之间的协作，才能创造出相应规模的高质量充分就业机会，在乡村振兴乃至县域发展的框架下满足农村劳动力高质量充分就业的需求。

（五）农村就业创业服务投入保障机制。

由于长期以来的“城市偏向、重工业优先”发展战略，国家在包括农村就业创业服务及相关领域的财政投入都相对不足，加之近年来以“农村空心化”为代表的农村经济社会衰败也恶化了农村自身的财政投入能力。必须要在“以工促农、以城带乡”的整体框架下进一步加大对农村就业创业服务体系的投入，以支持相关配套服务设施的完善和相关服务人员的配备。在具体投入机制上，既要加强公共财政投入，也要建立相应的投资获益机制，引导社会资本加大相关资金投入，形成农村就业创业服务投入的“双管齐下”格局。

（六）农民就业创业权益保护机制。

由于农村劳动就业与社会保障体系不健全，以及人情社会氛围更为浓厚等原因影响，农村劳动力在就业和创业过程中往往会发生更多的人情交易和有更多的非正规就业。在发生劳动权益纠纷或其他相关利益纠纷时往往难以获得正规的保护支持。这不仅会造成大量的劳动纠纷，还会影响农村劳动力及相关下乡创新创业者对在农村长久生产生活的信心和决心，进而会决定人才的去留，最终影响乡村振兴和县域发展。必须要以县人力资源和社会保障部门为核心完善队伍、提升能力、强化权威执行，尽快完善农民就业创业权益保护机制，为农村就业创业保驾护航。

（七）农村就业保障与创业失败救助机制。

相较于城市而言，留在农村的劳动力自身劳动权利保护意识和维权能力都较差；同时，在农村空心化、农业关联产业抵御市场风险能力较差等因素的共同影响下，返乡下乡人员在县域，尤其是在乡村创新创业也面临着更大的风险[①]。国家要通过多样化政策支持降低农村市场机会利用过程中可能出现的各种风险，尤其是要通过完善相关保险制度体系、强化地方政府有限兜底等方式强化对返乡下乡创业失败的风险保护，建构创业失败救助机制。同时，也要针对贫困家庭劳动力、大龄返乡农村劳动力的特点，采取开发公益性就业岗位、支持小微创业等形式进一步加强对这些弱势群体的兜底性就业保障支持。

第二节　农村公共就业创业服务体系优化的实施策略

通过前文分析，不难看出，近些年来“乡村三业”间的共生状况不断改进，但整体耦合共生发展水平仍处于非对称的不稳定阶段。这种非对称的、不稳定的共生体产生的新能量难以支持共生体以良好的状态去应对外界环境的变化，更难以满足乡村振兴、城乡融合发展的需要，需要针对互惠共生障碍，系统地进行优化，以实现对称性互惠共生的最优状态。

对称性互惠共生模式下农村就业创业服务体系优化的战略目标是保证就业创业服务惠及全体农村劳动力，其具体目标是以整体性服务确保效能、以科学管理提高效率、以整合服务资源促进资源共享、以精准分类服务惠及不同群体。但实现上述战略目标并非易事，受到服务碎片化、定位偏差、供给不足等多方面因素的影响，需要采取系统化的策略来加以推进。

具体而言，农村就业创业服务体系优化的最终目标，是形成一个以资源保障与能力提升为基础，以理念与目标协调为核心，以流程再造、体制重构和机制优化为重点，以环境优化为支撑的系统化实施策略体系。具体来说，为了构建整体性农村就业创业服务体系，农村就

---

① 谢秋山：《中国农民市场机会70年：回顾与反思》，《中国农业大学学报》（社会科学版）2019年第5期。

业创业服务体系优化的实施策略要从整体性服务理念塑造、服务目标整合、服务流程再造、服务体制改革、服务供给机制创新、服务能力提升、服务资源保障和服务环境优化等多个方面进行推进。

一 以整体性服务理念重塑县乡政府组织文化

理念或信念是制度和政策设计的基础，也是制度或政策得以按照初始理想设计来贯彻和执行的基础。共生理念指导下的整体性农村就业创业服务体系的构建，自然也离不开整体性服务理念的指导。整体性服务理念是基于对治理不同单元、不同要素之间共生关系的充分认知而形成的系统观、整体观，即要求政府各职能部门及其人员有系统思想、整体主义思想，在制定与执行决策时都充分考虑本部门决策和所采取的治理手段方法是否与其他相关部门有冲突，是否需要与其他部门进行协调沟通，而不仅仅是基于本部门利益而匆忙做出决策或采取相应的执行手段。

具体到农村就业创业服务领域，在服务体系构建中塑造整体性服务理念的主要目标是塑造共生共存的组织文化理念，让政府相关职能部门形成整体性责任意识与协同服务的意识。而要在农村就业创业服务领域形成整体性服务理念，重点要做好以下两个方面的工作：一是强化整体性责任与协同服务效率为主题的公共行政教育；另一个是明确“服务产业，就是服务就业、服务创业”的整体性思路。

（一）强化整体性责任与协同服务效率为主题的公共行政教育

强化以整体性责任与协同服务效率优势为主题的公务人员培训，与公共行政教育息息相关。受到欧美学术界的主导性影响，世界范围内的公共行政教育都强调培养公共服务动机的重要性。而事实上，公共服务动机是与“经济人”的人性假设存在根本性的冲突。道德本身具有脆弱性，尤其是在面对经济利益诱惑的时候，道德往往后被抛诸脑后。无论是公共部门人员，还是私营部门人员，在面对重大自身利益时，基本都会选择自身的经济利益。所以，公共行政教育过度关注和强调的公共服务动机很难真正内化为公共部门人员的内心价值体系。

概而言之，考虑到道德和道德说教本身在面对经济利益诱惑时的脆弱性，无论是在学校教育阶段，包括大学阶段的公共行政学本科和硕士教育，还是进入公共部门以后的继续教育，都难以让公共服务动机深入人心。但这并不意味着公共行政教育无关轻重，因为整体性责任和协同服务效率等与“经济人”行为不相冲突的理念是可以借助公共行政教育而深入人心的。为此，在此建议学校教育和进入公共部门后的继续教育都应当以整体性服务理念教育为核心，通过案例讲解、整体协同指导等内容的教学，让公共行政人员充分意识到跨层级协同、跨部门整合的重要性和必要性。只有具备了这种整体性责任和协同服务效率理念，在农村就业创业服务体系构建和优化过程中，县政府及相关职能部门才能充分承担起这一责任，上联市级和省级政府相关部门，下联乡镇；横向上，以县人力资源和社会保障部门为核心才能充分进行政策协调和服务整合。

（二）树立“服务产业，就是服务就业、服务创业”的服务理念

县乡相关政府职能部门需要确立的另外一种理念就是——服务产业，就是服务就业、服务创业。正如本书前面章节中我们所一再强调的那样，就业、创业和产业发展共处于一个共生系统之内，相互影响、相互支持。但产业在整个共生系统之中是最为根本的，发挥着更为核心的作用。县域或乡村产业不仅是乡村创新创业项目的重要来源，也是农村劳动力实现高质量就业的基础。

各地县乡政府，包括作为上级领导部门的省市政府，均要充分意识到、并树立“服务产业，就是服务就业、服务创业”的理念，在推进农村就业创业服务整体性治理的同时，把县域或乡村产业发展作为优化农村就业创业服务体系的基础。

二 以服务目标整合、服务体制改革和服务供给机制创新加速共生单元交流

促进共生单元之间的高效交流是优化农村就业创业服务体系的关键，这不仅需要政府职能部门树立整体性的服务理念，还需要有更为明确的制度或机制做支撑。具体来看，加速乡村乃至县域就业、创业、产业三个共生单元间的交流需要在服务目标整合、服务体制改革和服务供给机制创新等三个方面同步展开。

（一）以服务目标整合引导共生单元交流

加速共生单元交流，需要一致性的整体服务目标或政策目标。美国学者安东尼·唐斯（Anthony Downs）认为，“当环境的或者职能的因素对官员的目标形成强大的离心力时，要有效履行组织职能，官僚组织通常必须采取强有力的措施来确保组织行为的一致性”。这些措施主要包括两个方面：一个是“建立强大的外部控制和汇报机制，或者促进相对深层目标的高度一致”；另一个是“通过将目标一致融入组织成员的价值系统来实现控制过程的内在化”①。农村就业创业服务体系的优化同样是如此，必须在共生理念指引下，采取有效措施确保和促进就业服务、创业服务和乡村产业发展政策这三个单元之间深层目标的一致性，并将共生理念，尤其是目标一致性理念融入县乡村各级政策执行者和服务提供者的价值系统。

服务目标整合的内容包括三个方面：整体性目标、常态化政策协同机制、线上线下融合的一站式服务中心。

1. 一致性目标

在“乡村三业”共生系统中，共生单元间的有效交流融合是产生共生能量的首要前提。而促进共生单元间有效交流融合的首要前提是，在政策和战略制定领域达成共识，进而在“乡村三业”间形成相互促进、相互增强的整体性、一致性目标。

以2018年中央一号文件提出“促进农民工多渠道转移就业，提高就业质量”② 为标志，提升农村劳动力就业质量已经开始进入中央政策视野。但总体来看，当前国家农村就业创业服务政策的主要目标仍然是聚焦于促进农村劳动力充分就业和增加农民收入，对农村劳动力就业质量关注严重不足。同时，国家乡村产业发展政策的主要目标则聚焦于促进乡村经济发展和提高农民收入，尚未从农村劳动力高质量充分就业的核心目标出发来进行政策设计。比如，在2019年《国

---

① ［美］安东尼·唐斯：《官僚制内幕》（中文修订版），郭小聪等译，中国人民大学出版社2017年版，第185页。

② 中共中央、国务院：《中共中央、国务院关于实施乡村振兴战略的意见》（中发〔2018〕1号）。

务院关于促进乡村产业振兴的指导意见》中特别强调，乡村产业“是提升农业、繁荣农村、富裕农民的产业”①。但从根本上看，让返乡留乡农村劳动力在乡村实现高质量充分就业才是繁荣农村和富裕农民的关键。

更为重要的是，乡村产业振兴，必然要以返乡留乡农民工的高质量充分就业为前提，否则留不住乡村振兴所需实用人才，乡村产业振兴自然也就成了“无源之水”“无本之木”，促进乡村经济发展和提高农民收入就更无从谈起。现有“以农业农村资源为依托推动农村一二三产业融合发展”的乡村产业振兴思路虽然在一定程度上能带动农民增收致富，但无法为新时代乡村发展所需大量实用人才提供足够多的高质量充分就业机会，进而无法为乡村产业振兴提供持久动力支持。

为此，要在促进农村劳动力高质量充分就业的目标导向下，进一步优化县域，尤其是乡村产业发展思路和做好配套服务支持，并兼顾乡村产业持续发展和农村劳动力高质量充分就业的双重目标；同时，还要重点支持有利于优化乡村产业结构和促进乡村就业的创新创业项目发展。这进一步要求各级政府的乡村产业规划部门和劳动就业保障部门加强协调沟通，确保政策方向的一致性，避免政策目标间的相互冲突。一个可行的建议是推广联合政策制定，即在制定重要产业政策、就业创业服务政策时，由上级主管部门领导出面组织相关政府部门联合进行讨论和决策，或者成立一个由上级“一把手”领导主导的政策制定领导小组专门负责跨部门间政策协调。当然，其前提就是上级政府部门领导，比如县长、县委书记要具备强烈的整体性治理意识，充分意识到“三业”间的互惠共生关系，认可整体性治理的政策目标。

2. 常态化政策协同机制

服务目标整合致力于链接共生单元，让不同职能部门之间就服务目标达成共识，其关键是确立常态化的协同机制。偶尔的政策沟通并

① 国务院：《国务院关于促进乡村产业振兴的指导意见》（国发〔2019〕12号）。

不能从根本上破解农村就业创业服务体系中发生的碎片化问题，要从常态化机制入手，建立稳定的协同整合机制，让不同职能部门在政策目标、政策价值取向、政策执行落实与服务供给方面均实现常态化协同，才能从根本上解决农村就业创业服务体系的碎片化问题，进而提供整体性的高效服务。

常态化政策协同机制具体包括逐级目标确立机制、目标实现标准制定机制和目标确立的参与机制建设等三个方面。其一，逐级目标确立机制。逐级目标确立机制包含三个步骤：首先，省或市级发展规划和人力资源管理部门根据国务院的文件精神，并结合本地劳动力市场的实际情况，确定农村就业创业服务目标和服务方向；其次，市级职能部门指导县级政府职能部门，根据本县劳动力供需和县域产业发展需要，确立本县的就业创业服务目标和服务重点方向；最后，在县级发展规划、人力资源和社会保障部门的指导下协同乡镇和村两委开展具体工作。

其二，目标实现标准制定机制指的是上级政府主管领导或县一级党政一把手要主导制定标准，明确下属各职能部门的任务目标，强化目标执行的监督落实。

其三，目标确立的参与机制指的是在确立农村就业创业服务目标时要广泛整合相关职能部门目标和吸纳利益相关者的意见，确保政策目标或服务目标的一致性。实践中，要优先考虑把人力资源和社会保障部门、发展规划部门、自然资源管理部门、教育培训部门、金融服务部门等相关职能部门聚集在一起，进行集体决策或集体目标协商。当然，现实中可能还需要类似县委书记或县长牵头的领导小组来进行召集协调，或者由市政府相关职能部门主要领导出面召集，进行集体讨论和决策，最后确定协同目标。

3. 线上线下融合的一站式服务中心

服务供给方式创新的重中之重，是建立线上线下融合的一站式服务中心。一站式服务中心的本质是层级式服务供给和顾客为中心的整合，“目的在于通过纵向和横向相关部门协作？将相关部门的活动集中到一个业务处理平台上，追求某一项政府业务效能最大化"[①]，减少企业和求职者"跑路"的时间，降低企业和求职者交易成本和摩擦成本。

具体形式，可以是线下的行政服务中心，也可以是依托政府门户网站、App或公众号平台的统一大数据平台。如欧美发达国家一样，基于网络平台构建以求职者自主选择为基础的多层次服务供给模式，是满足不同类别农村劳动力就业创业服务需求的必然选择。而线上线下融合的一站式服务中心，是构建以求职者自主选择为基础的多层次服务供给模式的重要前提。

（二）以服务体制改革降低共生阻尼

服务体制改革通过破解体制性障碍，致力于降低共生阻尼程度。其主要目标是打破城乡之间、横向政府不同职能部门之间以及纵向政府部门之间的合作壁垒，以促进政策和服务的整体性供给，确保目标和手段之间的协调。

长久以来，我国实际执行的是城乡分离的就业创业服务体制，城乡服务理念有别、服务导向有别，尤其是相当长的时期内把农村劳动力的未来定位于外出转移就业，寄希望于让农业剩余劳动力全部转移到城市从事非农产业。然而，大中城市虽然能吸纳很多农村剩余劳动力，却无法完全和长久吸纳全部农村劳动力实现高质量就业。尤其是伴随着"机器替代"成本的降低，农村劳动力在大中城市就业的空间进一步受到挤压。与此同时，大城市和超大城市的发展也并未带来农业转移人口的大规模市民化，外出的农业转移劳动力依然不得不在城乡之间做"候鸟式"的流动，即使是那些长期居住在城市的农民工也多是如此。在此背景下，近些年来，县域城镇化和乡村振兴的号角吹响，国家不得不重新审视农业转移劳动力的长久未来，发展小城镇，尤其是发展县城，成了国家促进城乡融合发展的优先方向。而现有的国家就业创业服务体制尚不能完全适应新的形势变化和政策要求。未来，要在中央关于"覆盖城乡""提高服务均等化、标准化和专业化

---

① 顾平安：《面向公共服务的电子政务流程再造》，《中国行政管理》2008年第9期。

水平”“促进农民工多渠道转移就业，提高就业质量”等有关政策支持下，破解城乡体制壁垒，实现城乡就业创业服务的一体化。

横向政府部门间整合层面，在市委市政府的领导下，要在县域内部建立健全强制性部门间信息共享制度以及就业、创业服务与产业政策服务统一领导机制，打破就业、创业、产业等横向各单元职能部门间的部门壁垒，进行整体性的决策和信息共享，以提高决策的科学性和实现决策目标的统一性。此外，为了确保统一领导和信息共享制度的稳定性，还要在市县乡三级政府部门内，精准划定人力资源和社会保障部门、发展规划部门、自然资源管理部门等相关责任部门在就业创业服务和产业政策调整方面的责任比例和奖惩措施，实施部门整体绩效预算和整体性问责模式。

纵向政府间协调层面，也要制定多层次服务清单，精准划分各级政府相关服务职能，确保县人力资源和社会保障部门及发展规划部门能精准有效协同上级政府部门制定整体性的县域产业规划，并协同提供整体性的就业创业服务。

（三）以服务供给机制创新为共生单元间的交流创造条件

作为“未知的条件下被触发的或带有不确定结果的、经常发生且容易识别的因果模式”①，机制不仅能够很好地解释为什么，还有助于启示我们如何触发正向的因果联系，促进事物的发展。经过几十年的探索和经验总结，目前看来，为了促进县域就业、创业与产业发展三大共生单元之间的交流，确立共生单元相互交流的组织架构，未来的服务供给机制需要在供给主体间协同、供给方式多样化和相关属类公共服务协同供给等三个方面进行改进。

第一，供给主体间协同，指的是形成多元主体协同供给就业创业服务的格局。当前我国农村就业创业服务主要由政府供给，甚至在部分地区完全由政府供给。但受制于政府相关职能部门能力不足，尤其是人员和经费不足等方面因素的影响，县乡政府相关职能部门尚不能

① ［美］乔恩·埃尔斯特：《解释社会行为：社会科学的机制视角》，刘骥、何淑静、熊彩译，重庆大学出版社 2019 年版，第 34 页。

有效满足所有农村劳动力的需求，存在覆盖面不足、有效性不够的问题。借鉴欧美发达国家和印度等发展中国家经验，引导和促进市场服务组织和社会组织投身农村就业创业服务供给势在必行，也是未来农村就业创业服务体系优化的重点方向。

第二，供给方式多元化，指的是采取灵活多样的形式为服务需求者提供所需求的服务。在我国农村就业创业服务供给方面，政府直接供给是最主要的就业创业服务供给方式，这在农村创业服务领域具有重要优势，尤其是便于政府担当担保人角色为创业者融资提供便利。但承前所述，政府自身毕竟资源有限，难以做到精细全面的服务。为此，可尝试重点采用扩大兼职农村劳务经纪人队伍和合同委托的办法吸纳和引导非政府主体供给相关服务。兼职农村劳务经纪人是近年来各地在农村就业创业服务供给探索中的重要创新，其主要做法是通过召集有一定文化知识、身体健康，热心服务工作的村民、居民进行集中培训，并将其纳入劳务经纪人培训平台管理，按项目和工作量获取一定就业创业服务补贴的兼职人员。他们的主要工作是协助人力社保部门做好更新人力资源数据库信息、提供就业创业服务以及培训信息推送等各种服务①。合同委托是指通过竞标的方式，把对就业困难农村劳动力的服务支持项目委托给以社工组织为代表的社会组织，让社会组织通过长期全面的跟踪和针对性的培训和引导来促进就业困难劳动力就业创业。

非政府主体供给相关服务则主要指的是私营就业服务机构提供就业创业服务。受到农民市场机会捕捉能力有限、体制机制障碍以及劳动力市场信息不对称等多重复杂因素影响，当前“农村劳动力市场化依然呈现程度低、市场规模小的特征”②，农民工获得就业岗位也主要

---

① 相关界定参见《重庆 1.4 万“劳务经纪人”打通农民工服务“最后一公里”》，中国新闻网，https：//baijiahao. baidu. c om/s? id = 1723295408561353699&wfr = spider&for = pc，2022-1-29。

② 孙博文、谢贤君、程志强：《城乡劳动力市场一体化的可持续减贫效应——基于 OECD 绿色增长框架下的绿色减贫效率》，《生态经济》2019 年第 12 期。

依靠非正式网络[①]，尽管这种方式的求职成功率较高，但局限性较大，农民的选择较少，往往处于被动地位。同时，受限于农村劳动力市场功能不健全的影响，以企业为主体的用人单位用工也更多地依赖于“私人网络”或“政府牵线招工”。因此，建立健全农村就业服务市场，创造条件拓宽农村劳动力正式求职渠道，让用人单位和农村劳动力通过正规渠道进行沟通协商，就显得十分紧迫。为此，在强化和提升乡村劳动就业和社会保障服务机构的服务能力和服务范围的同时，还要完善相关支持政策，引导和促进私营就业服务机构的发展，进而实现劳动力市场上搜寻匹配的多元化和平衡，为用人单位招工和农村劳动力求职创造更多正式渠道。

现阶段，农村劳动力求职就业更多地依赖于政府组织的“春风行动”招聘，自主性的私营就业服务机构较少，进而尚未能在乡村就业市场中发挥应有的功能和作用。伴随着返乡下乡人员的增加和外出劳动力就业诉求的多样化，有必要通过适当政策支持，引导和支持私营就业服务机构发展，拓宽农村劳动力，尤其是就地就近就业农民工的求职渠道。具体举措方面，可以在每个县城重点支持两三家就业创业服务市场化组织，在中心乡镇重点支持一家就业创业服务市场化组织，强化市场主体在供给就业创业服务方面的作用，其主要目标是引导技能较高农村劳动力外出或在本地实现高质量就业。

第三，相关属类公共服务协同供给，主要指的是强化高质量基础设施、公共服务和法律政策供给。在大力推进县域城镇化和乡村振兴背景下，优化“乡村三业”共生环境的重点是“提质增量”，为乡村乃至县域就业、创业和产业发展提供更多、更可靠的支持。其中，共生硬环境的优化指向乡村公共基础设施建设。要贯彻2021年中央一号文件有关“加强乡村公共基础设施建设”[②]的精神，针对“乡村三业”共生发展需要，重点加强能源、电力、通信、交通等领域的乡村

① 梁辉：《农民工职业搜寻过程及其对职业向上流动的影响——基于搜寻与匹配理论》，《农业技术经济》2016年第2期。

② 中共中央、国务院：《中共中央、国务院关于全面推进乡村振兴　加快农业农村现代化的意见》（中发〔2021〕1号）。

基础设施建设；同时，在建设思路上则要坚持“速度快”“标准高”的原则，确保率先完成乡村公共基础设施“提质增量”，为乡村产业振兴和创新创业提供切实有效的支持，为“乡村三业”共生系统优化创造条件。为了更好地促进农村劳动力就业，促进“乡村三业”协同发展，可以考虑结合乡村振兴，尤其是乡村建设行动，在乡村建设工程方面，引导相关政府部门和企业优先吸纳本地农村劳动力，提高他们就地就近就业的比例。这不仅有利于乡村产业的持续发展，也有利于农村劳动力就地就近就业，进而促进乡村和县域的繁荣，为农村劳动力高质量充分就业创造条件。共生软环境优化方面，一方面，要强化有关“乡村三业”协同发展的法律政策供给，加强法律政策执行监督和配套支持，推动政策落实，破除乡村企业发展和返乡下乡人员创新创业的制度性障碍。另一方面，也是更为重要的，是提升县域，尤其是乡村公共服务质量，为返乡留乡农村劳动力和下乡人员安心在县域进行生产生活提供支持，比如，加大投入和政策支持吸引和留住优秀师资、优秀医务技术人员，以提高乡村基础教育质量和公共卫生服务质量。再如，创新服务供给机制，通过强化公私合办、对口支援、城市专业技术人员定期服务的方式大力加强县城和中心镇的公共服务质量，让在乡村就业创业者能够就近享受尽可能高的优质公共服务。此外，也要充分考虑乡村企业的劳动用工需求，在进一步做好“人才引留”工作的同时，重点优化乡村人力资源培训，为乡村产业发展培育更多的紧缺人才。具体可考虑优化课程设计，把通识教育和职业教育相结合，建立多样化、多层次的就业培训基地，增强农村劳动力教育培训的选择性和择业的竞争性。

三　以服务流程再造和服务环境优化促进稳定高效共生界面的形成

多重有效的共生界面是共生单元融合的基本渠道。当前，我国农村劳动力市场尚无法为“乡村三业”提供充足的交流介质，严重影响了“乡村三业”共生单元间的交流融合。有鉴于此，在推进整体性服务与政策体系设计的同时，还要通过服务流程再造和服务环境优化建立健全“政府积极有为、市场功能有效”的农村劳动力市场体系，拓宽农村劳动力正式求职渠道和用人单位的招工渠道，促进稳定高效共生界面的形成。

（一）以健全农村劳动力市场和扩大服务范围促进稳定高效共生界面的形成

增强农村劳动力市场功能、扩大服务范围，才能引导更多农村劳动力在正规劳动力市场上求职。近年来，城乡劳动力市场一体化水平不断提高，但受到历史、制度和乡村政府服务能力等多方面不利因素影响，相较于城镇劳动力市场，农村劳动力市场的功能依然相对有限，失业登记、失业救助、劳动关系协调、职业技能鉴定等服务功能严重缺位。同时，我国农村劳动力市场服务对象范围也相对较为狭窄。改革开放以后，尤其是20世纪90年代以来主要致力于服务于农民工外出转移就业，对返乡留乡农村劳动力的服务严重不足。而在新时代乡村振兴背景下，伴随着返乡留乡农村劳动力的增加，寻求就地就近就业的农村劳动力越来越多，必须要加大相关资源保障和投入力度，提升县域，尤其是劳动就业和社会保障服务机构的服务能力和服务范围。

（二）以服务流程再造优化共生界面功能

服务流程再造是以服务链、服务流程为改造对象，致力于精简服务程序、强化服务流程的连接。对于农村就业创业服务体系优化而言，通过精简相关服务流程不仅能增强用工企业对县乡政府服务的信任、对当地经济发展前景的信任，加速招商引资的进程，还能让求职劳动力能更便利地获得所需的就业创业服务。更重要的是，优化就业创业服务流程还能进一步优化作为共生界面的劳动力市场功能，促进用工方与求职方之间的沟通，发挥促进共生单元交流的作用。

经过多年的探索和创新，当前，基于“互联网+监督”平台和行政服务中心为载体的集中办理在县域包括部分地区乡村都已经基本实现，服务流程也已经比较简化，在进一步推广和整合服务职能的同时，未来重点工作是强化对私营就业服务机构监管，促进相互信任形成。

信任是有效协商、合作、参与的基础，而求职者和用人单位对地方政府和就业服务机构的信任则是劳动就业服务提供方有效发挥功能的前提。为此，一方面要大力推进农村“放管服”改革，提升县乡劳动就业和社会保障服务机构自身的服务能力和服务质量，增强农村劳动力对公共服务机构的信任度；另一方面，要理顺各级政府部门职责，明确和强化相关政府部门对私营就业服务机构的监管，确保私营就业服务机构提供真实有效的就业服务，并强化透明监管，尤其是信用黑名单制度，增强农村劳动力对私营就业服务机构的信心和信任。

（三）以服务环境优化促进共生界面的稳定

稳定高效的共生界面，不仅需要通过服务流程再造提供架构支持，还要通过服务环境优化形成正向的环境诱导机制，避免共生界面本身出现阻碍。农村就业创业服务体系优化的主要工作是健全农村社会保障机制、农村创业金融服务支持体系以及约束和惩戒失信行为机制等。

首先，农村社会保障机制是吸引和留住农村劳动力在乡村就业创业的重要保障。在县域，尤其是在乡村就业所获得的经济福利，往往与外出到大中城市就业所获得的收入有较大的差异，只能通过在县域为一部分农村劳动力提供相对健全的社会保障，增加他们在县城或乡村生产生活的整体福利，才能真正吸引和留住这部分县域经济发展和乡村振兴所需要的劳动力人才。

其次，在留住一部分县域或乡村产业和创业所需劳动力的同时，县域还要想法留住产业和吸引创新创业，这就需要进一步完善县域创业金融服务支持体系。2016 年的《国务院办公厅关于支持返乡下乡人员创新创业　促进农村一二三产业融合发展的意见》明确提出，要“采取财政贴息、融资担保、扩大抵押物范围等综合措施，努力解决返乡下乡人员创新创业融资难问题”，并建议采取“农村承包土地的经营权抵押贷款”“包括农业设施、农机具在内的动产和不动产抵押贷款”“推进农村普惠金融”[①] 等方式提升返乡下乡人员金融服务可

① 国务院办公厅：《国务院办公厅关于支持返乡下乡人员创新创业　促进农村一二三产业融合发展的意见》（国办发〔2016〕84 号）。

获得性。但现实的问题是，农村承包土地、农业设施、农机具等资产并不具备太大的担保价值，银行不愿意为返乡下乡人员提供相应的抵押贷款。未来，政府可以考虑通过“上级财政补贴+县乡政府担保+贷款人征信惩戒”的综合方式来降低银行提供金融支持服务的风险，进而提高其服务积极性。

最后，还要构建和明确约束和惩戒失信行为机制。在农村就业创业服务领域，尤其是创业服务和企业投产过程中都经常会发生道德风险，创新创业失败者的金融违约风险和空壳企业“卷款携逃”的风险都非常大。这些道德风险行为都会对县域尤其是乡村产业、就业带来极大的损害，必须把约束和惩戒失信行为机制全面向乡村推广，把失信人和失信行为记入黑名单，严惩在农村发生的失信行为，为县域，尤其是乡村就业创业和产业发展创造良好的环境。

四 以服务能力提升、服务资源保障创造更多高质量就业机会，引导共生能量均衡分布

实现对称性互惠共生理想状态的关键，在于减少共生体偏离现象的存在。承前所述，“乡村三业”对称性互惠共生的主要阻碍是共生能量间的非对称性分布，进而影响了“乡村三业”间互惠共生关系的稳定性和持久性。其中，尤以产业单元的能量激发最为关键，是“乡村三业”互惠共生的“火车头”。因为只有乡村产业结构优化，提供更高质量的就业机会才能吸引更多优秀人才返乡留乡就业和创业；相反，有了优秀人才返乡留乡就业创业，乡村产业结构才能得以实现进一步升级和优化。为此，适应从“产业引人”到“人引产业”转变的发展趋势①，有必要在兼顾乡村产业持续发展和农村劳动力高质量充分就业的双重目标下，进一步优化乡村产业发展思路和做好配套服务支持，吸引和留住更多农村发展所需人才。

一方面，要以促进充分和高质量就业为目标，进一步扩大乡村产业发展类型，实现乡村产业结构的多样化。乡村产业发展要立足于促

---

① 吴瑞君、薛琪薪：《中国人口迁移变化背景下农民工回流返乡就业研究》，《学术界》2020年第5期。

进农民在小城镇充分和高质量就业，不仅要大力发展农业农村资源依托型产业和劳动密集型产业，还要动态考虑农民向往美好生活的需要，为部分农民提供更高质量的就业岗位，发展部分环境友好的资本密集型产业。根据配第-克拉克定理，劳动力总是由低收入产业向高收入产业转移[①]，其关键的原因就在于不同产业、不同行业的就业质量存在明显差异。国内研究者俞宪忠也认为，过度依赖某些产业，尤其是以劳动密集型产业为代表的低端制造业，会使劳动就业形成一个"'充分就业陷阱'或'劣质就业均衡'"[②]。为此，还要立足于各地农村的交通地理环境、资源禀赋、人口就业需求等统筹多种产业协调发展，引导农业农村资源依托型产业以外的其他环境有益的劳动密集型、资本密集型和知识密集型产业在农村的协同发展，促进乡村产业结构走向多样化、多元化，让农村劳动力在乡村实现高质量充分就业。还可以考虑借鉴发达国家工业分散政策经验，引导东部城市和中西部大城市工业向乡村和小城镇聚集。在三大产业中，第二产业的就业吸纳能力最强，就业质量也相对较高，更契合"乡村三业"互惠共生需要。

另一方面，要充分考虑农村劳动力充分就业和高质量就业需求之间的动态平衡，在区域内部形成层次性产业布局，满足乡村人口多样化就业需要。不同年龄、不同性别、不同教育水平、不同来源的乡村劳动人口就业需求是存在明显差异的。比如，受教育水平较高的部分新生代农民工可能更向往有充分发展空间的全职工作，受教育水平偏低且年龄偏大的第一代农民工可能更重视工作的稳定性，而女性求职者则可能更重视家庭与工作平衡，需要兼业或者临时工作。乡村产业布局要充分考虑这些就业需求差异，努力在充分就业和高质量就业之间寻求动态平衡，在致力于促进乡村劳动力充分就业的同时，满足部分高素质劳动力的高质量就业需求。一个可行的思路就是协调区域内不同产业间的协同发展，在县城中心发展部分能够提供高质量就业机

---

① ［英］威廉·配第：《政治算术》，陈冬野译，商务印书馆 1978 年版；［英］科林·克拉克：《经济进步的条件》，张旭昆、夏晴等译，中国人民大学出版社 2020 年版。

② 俞宪忠：《劳动密集型劣质就业均衡》，《学术界》2016 年第 11 期。

会的资本密集型和技术密集型产业，在人口密集的乡镇大力发展劳动密集型产业，而在一般乡镇重点发展部分适合于劳动者灵活就业的乡村资源依托型产业和农村电子商务服务业，进而满足不同劳动力的多样化需要。

为了实现上述目标，以县乡人力资源和社会保障部门为核心的相关政府职能部门需要在服务资源保障和服务能力提升上下功夫，切实提升服务有效性。承前所述，县乡相关政府职能部门要树立“服务产业，就是服务就业、服务创业”的理念，做好产业企业服务。不仅要引导产业企业在县域落户发展，还要从产业企业发展的长远需求出发，帮助它们吸引和留住县域或农村产业发展所需要的优秀劳动力人才。而这些在很大程度上取决于县乡相关职能部门的服务资源和服务能力。

从根本上看，服务能力与服务资源息息相关，服务资源保障是服务能力的重要前提，也是服务体系有效性提升的重要前提。尤其是财政资金、人力资源是公共服务能力的重要基础，只有有足够的资金支持和配备足够的工作人员，县乡政府职能部门才有能力针对用工企业和劳动者的多样化需要，提供多元化的、有针对性的就业创业服务。也正是在此种意义上，服务资源保障是服务能力提升的基础。为了切实有效加强服务资源保障和提升县乡政府职能部门的就业创业服务能力，我们建议中央或省级政府通过强制性政策规定，确保市级掌握的管理权限和资源要适当下移给县一级职能部门，乃至下放到乡镇一级，加强农村基层政府的服务能力。

除了通过服务资源保障支持服务能力提升之外，县乡政府相关职能部门还要通过招聘选优、教育培训、技术支持和完善评价激励机制等手段进一步促进县乡政府和“村两委”的就业创业服务能力提升。

招聘选优即通过选拔优秀人才进入和充实县乡基层服务部门。经过二十多年的高等教育扩招，现阶段我国已经储备了充足的高素质人才，当下高校毕业生也面临着严重就业难的问题，要充分利用这个机会加大宣传引导、强化相关优惠政策支持（如职称评定指标向农村倾向、加大对农村服务人员的财政补贴支持）等方式，吸引高校毕业生到县乡政府职能部门乃至“村两委”工作。

教育培训的对象则是现有县乡政府职能部门工作人员和村两委工作人员，主要致力于通过继续教育培训增强他们的服务意识和服务能力。

技术支持则主要指的是数字信息技术的支持，具体要结合数字乡村建设和数字化政府建设，强化县域，尤其是农村就业创业服务线上一体化平台建设。

完善评价激励机制则指按照《关于促进劳动力和人才社会性流动体制机制改革的意见》“完善评价激励机制，拓展社会性流动空间”有关精神，强化对县乡政府职能部门工作人员的奖励激励力度①。具体可以采取把县乡职能部门工作人员的绩效工资与就业创业服务“好差评”制度结合起来，通过用工企业和农村劳动力的满意度评价来引导县乡政府职能部门真正把促进农村劳动力高质量就业和提升就业创业服务质量作为工作的重心。

① 中共中央办公厅、国务院办公厅：《关于促进劳动力和人才社会性流动体制机制改革的意见》（厅字〔2019〕56号）。

附录1：农村就业创业服务体系调查问卷

尊敬的先生/女士：

您好！我们是湘潭大学公共管理学院“农村就业创业服务体系优化研究”课题组的师生，为了了解农村就业创业公共服务体系建设情况，为政府进一步完善农村就业创业服务体系提供政策建议，我们在湖南、贵州、广东等地展开这项调查，我们诚挚邀请您参与此次调查。您的合作对于我们了解有关情况和政府完善农村就业创业公共服务体系都具有十分重要的意义。为了获得准确的数据，请您依据实际情况回答访问员提出的问题。如果因此而对您的生活和工作造成不便，我们深表歉意，请您理解和帮助我们的工作。

本问卷采取不记名方式，问卷中不会涉及您姓名、身份证号码、电话号码等敏感信息，不会造成您个人、家庭信息的泄漏。同时，对于您的回答，我们将只用于科学研究，敬请您放心。

真挚地感谢您的支持与合作！

湘潭大学公共管理学院“农村就业创业服务体系优化研究”课题组

2019年7月

一　基本信息

A1. 您的性别是

□男　　　　□女

A2. 您的年龄是____周岁。

A3. 您的文化程度

□小学及以下　　　　□初中

□高中（含中专、技校、职高等）　　□大专

□本科及以上

A4. 您个人去年（2019）全年的总收入大约是多少？

□10000 元及以下　　□10001—30000 元

□30001—50000 元　　□50001—70000 元

□70001—90000 元　　□100000 元及其以上

A5. 您的身体状况是

□健康　　□一般

□患病有劳动能力　　□患病没有劳动能力

A6. 您的婚姻状况是

□未婚　　□已婚

□离婚　　□丧偶

A7. 您目前的户口登记状况是

□农业户口　　□非农业户口

□居民户口（以前是农业户口）

□居民户口（以前是非农业户口）　　□其他（请注明：____

A8. 您家目前住在一起的通常有几个人（包括您本人）？____

A9. 您家中未满 18 周岁的孩子有几个？____

A10. 您家中 60 岁以上的老人有几个？____

二　农村就业创业服务体系

B1. 您家所在的村庄离县政府大约有多远？（家住县城请选择 5 千米以内）

□5 千米以内　　□5—10 千米

□10—20 千米　　□20 千米以上

B2. 您最后务工或现在所从事的行业是什么？

□农林牧渔业　　□住宿餐饮业

□制造业　　□建筑业

□交通运输业　　□仓储邮政业

□批发与零售业　　□居民服务业

□个体经营□其他

B3 您目前工作的年收入大约是多少？

A. 2 万元及以下　　B. 2 万—4 万元

C. 4 万—6 万元　　D. 6 万元以上

B4. 您目前工作的地点是？

□户籍所在地县乡

□户籍所在的城市（如果选择前两项，请跳过 B6 题）

□户籍所在城市以外（如果选择此项，请跳过 B5 题，回答 B6 题）

B5. 你在家乡就业/创业（指家乡所在县域之外），或考虑回家乡就业创业的主要原因是什么？（多选，限选三项）

□家乡的就业（创业）机会越来越多

□就近，方便照顾家庭（照顾老人、孩子等）

□大城市工作和生活压力大，难以长久立足

□年龄大在城市的发展空间越来越小

□在城市工作受到歧视或得不到尊重

□亲朋好友和关系都在农村，有归属感

□其他（请说明）____________________

B6. 你选择外出就业/创业（指家乡所在城市之外）的主要原因是什么？（可多选，但不超过 3 项）

□就业机会多、就业收入高

□想到外出就业所在城市定居生活

□子女在外求学/就业，离子女近一点

□其他（请注明）____________________

B7. （如果有机会）在家乡创业，您认为面临的最大挑战或困难是什么？（限选 3 项）

□缺乏启动资金　　□缺乏合适的项目

□政府的支持力度不够

□基础设施和公共服务配套体系不健全影响发展前景

□创业的风险太大　　□其他（请注明）______

B8. 如果有机会在家乡创业，您最想得到什么帮助？（多选题）

□健全的融资体系　　□良好的创业氛围

□完善农村市场　　　　　　　　　　□完善交通、物流、网络等基础设施

□完整的创业培训体系　　　　　　　□积极的政策支持

□良好的创业项目　　　　　　　　　□提供创业场地

□其他（请注明）__________

B9. 您对所在地政府公共就业创业服务体系的整体满意情况如何？

□完全不满意　　　　　　　　　　　□不太满意

□一般　　　　　　　　　　　　　　□比较满意

□非常满意

B10. 您对下列农村就业创业服务项目满意程度

服务项目	非常满意	比较满意	一般	比较不满意	非常不满意	不清楚
就业创业政策咨询						
就业技能培训						
就业信息服务						
职业指导和介绍						
就业和失业登记						
创业指导服务						
创业金融服务						

B11. 总体来说，您认为政府有责任提供“人人有工作机会”的福利吗？

□绝对有责任　　　　　　　　　　　□可能有责任

□可能没责任　　　　　　　　　　　□绝对没责任

□不确定

B12. 您就业/创业信息获取途径主要是？（可多选，不超过 3 项）

□委托亲朋好友寻找的

□利用网络及其他媒体找的（例如报纸、电视等）

□县乡政府提供，或通过县乡政府组织的招聘会

□私营职业介绍机构其他（请说明）________________

B13. 您认为当前在家乡就业主要存在哪些困难?(多选题,不超过 3 项)

□工作岗位和机会少

□工资福利待遇低或无法得到保证

□就业培训不健全　　　　　　□家乡企业发展潜力不足

□政策支持不到位(例如服务政策不连贯、未考虑农民长远发展)

□其他(请注明)________________

B14. 您是否登录过县(市)人力资源和社会保障局的网站,或关注过县(市)人力资源服务中心/县(市)人力资源市场的微信公众号?

□登录/关注过　　　　　　□未登录/关注过

B15. 您是否参加过户籍所在地政府组织的就业招聘会?

□参加过

□未参加过(请忽略 B15、B16 题)

B16. 如参加过所在地政府组织的就业招聘会,您是否找到了合适的工作?

□找到了(请忽略 B16 题)　　　　□未找到

B17. 如果没找到合适工作,主要原因是什么?(最多选 3 项,可单选)

□年龄不符合工作岗位要求

□性别原因不符合岗位要求

□自己不具备工作岗位所需的劳动技能

□工资待遇达不到自己的预期

□没有适合自己技能专长的就业岗位

□工作时间不合理,不便照顾家庭

□其他(请注明)________________

B18. 您觉得当前女性和大龄人群就业创业是否面临更多困难或受到更多歧视?

□是　　　　　　□不是

□不清楚

B19. 你认为当前各级政府对女性和大龄人群就业创业问题的重视程度如何？

□非常重视 □比较重视

□一般 □比较不重视

□非常不重视

B20. 您认为当前国家就业/创业政策主要存在哪些问题？（多选题，限选3项）

□政策种类繁多，难以理解

□政策倡议很美好，但地方落实不到位

□政策规定限制较多，办理手续烦琐

□政策享受的对象和范围较小

□政策支持力度不够

□政策知晓率低、解读不到位

□其他（请注明）__________

B21. 你未来的就业创业意愿或计划是？

□继续留在家乡就业创业 □返乡就业创业

□外出就业创业 □赋闲在家或其他

B22. 为了促进返乡下乡本乡人员在家乡就业创业，您认为政府最应该在哪些方面进行改进？（可多选，限选3项）

□加快招商引资，创造更多的就业岗位与就业机会

□提供更多就业创业信息和组织更多招聘会

□及时更新并加强招聘、求职、培训、创业优惠政策等信息的宣传

□加强劳动技能、创业和市场经济知识培训

□提供更多贷款优惠

□完善配套社会保障（如落实五险一金）

□完善相关政策

□完善教育、医疗等农村配套公共服务

□改善乡村产业结构，吸引工资待遇高的企业入驻

□加强交通、物流、通信网络等农村基础设施建设

□其他（请注明）____________________

B23. 请您根据您的就业经历及需求，对下列影响就业因素的需求程度进行评价

	非常重要	比较重要	无所谓	不太重要	完全不重要
1. 工作稳定					
2. 收入高					
3. 离家近					
4. 自由的工作时间					
5. 良好的升职机会					
6. 健全的工作福利					
7. 社会声望和地位					
8. 符合自身兴趣爱好					
9. 服务和奉献社会					

B24. 您对完善政府公共就业创业服务还有哪些建议：__________

附录 2：县政府工作人员访谈提纲

1. 请问贵地政府在促进农村劳动力高质量充分就业方面有哪些方面的激励措施？

2. 请问贵地政府出台促进农村劳动力就业创业政策或提供相关服务的出发点，或者说是主要目标是什么？

3. 您觉得农村劳动力就地就近就业与县域产业，尤其是乡村产业发展之间是何种关系？

4. 在促进农村劳动力就业创业问题上，您觉得与上级政府相关职能部门之间，以及与我们县里其他相关部门之间沟通协调存在哪些困难？

5. 在吸引和促进返乡农民工就业创业方面您还有哪些好的建议？尤其是对于中央政府和上级政府您有什么样的期待？

6. 从提高农村劳动力就业质量角度看，您觉得我们县政府以及上级政府相关部门应该从哪些方面进行改进？

参考文献

中文文献

［英］阿瑟·塞西尔·庇古：《论失业问题》，包玉香译，商务印书馆 2014 年版。

［美］安东尼·唐斯：《官僚制内幕》（中文修订版），郭小聪等译，中国人民大学出版社 2017 年版。

［英］庇古：《论失业问题》，包玉香译，商务印书馆 2014 年版。

［美］布赖恩·琼斯：《再思民主政治中的决策制定：注意力、选择与公共政策》，李丹阳译，北京大学出版社 2010 年版。

蔡昉、都阳、杨开忠：《新中国城镇化发展 70 年》，人民出版社 2019 年版。

蔡昉：《如何进一步转移农村剩余劳动力?》，《中共中央党校学报》2012 年第 1 期。

陈晨、陆铭、周国良、阮杨、罗仁勇：《关注城市化进程中的弱势群体——对被征地农民经济补偿、社会保障与就业情况的考察》，《经济体制改革》2004 年第 1 期。

陈际华、韩振燕：《论构建城乡统筹的公共就业服务体系——以农村剩余劳动力转移为视角》，《甘肃社会科学》2009 年第 1 期。

陈世香、谢秋山：《居民个体生活水平变化与地方公共服务满意度》，《中国人口科学》2014 年第 1 期。

程国秀：《后扶贫时代农村就业创业服务体系的革新与完善研究》，《农业经济》2021 年第 12 期。

程怀儒：《农村工业化是解决中国农村剩余劳动力的主渠道》，《甘肃社会科学》2008 年第 1 期。

程又中等：《外国农村公共服务研究》，中国社会科学出版社2011年版。

［美］德怀特·沃尔多：《行政国家：美国公共行政的政治理论研究》，颜昌武译，中央编译出版社2017年版。

翟年祥、项光勤：《城市化进程中失地农民就业的制约因素及其政策支持》，《中国行政管理》2012年第2期。

杜威漩：《农民工返乡创业减贫效应生成机理及政策启示——政策激励视角的分析》，《经济体制改革》2019年第2期。

樊振佳、程乐天：《面向农村创业的信息服务体系：政策分析和田野调查》，《中国图书馆学报》2017年第3期。

范明、肖璐：《基于社会网络视角的大学生村官创业意愿研究》，《农业经济问题》2012年第5期。

［美］弗雷德里克森：《新公共行政》，丁煌、方兴译，中国人民大学出版社2011年版。

付光伟：《从"两栖"到"三栖"：农民工生存方式的变化及其影响》，《西北农林科技大学学报（社会科学版）》2018年第3期。

葛新权、和龙：《促进我国农村产业融合发展的政策取向》，《经济纵横》2017年第5期。

顾平安：《面向公共服务的电子政务流程再造》，《中国行政管理》2008年第9期。

郭芸芸、杨久栋、曹斌：《新中国成立以来我国乡村产业结构演进历程、特点、问题与对策》，《农业经济问题》2019年第10期。

国务院发展研究中心课题组：《中国失地农民权益保护及若干政策建议》，《改革》2009年第5期。

贺雪峰：《谁是农民：三农政策重点与中国现代化农业发展道路选择》，中信出版社2016年版。

侯永雄、谌新民：《创业如何带动就业？——基于1997—2013年中国省区数据的创业与就业关系及时滞性》，《华南师范大学学报》（社会科学版）2017年第3期。

胡佳：《迈向整体性治理：政府改革的整体性策略及在中国的适

用性》，《南京社会科学》2010 年第 5 期。

胡月、田志宏：《如何实现乡村的振兴？——基于美国乡村发展政策演变的经验借鉴》，《中国农村经济》2019 年第 3 期。

姜晓萍、范逢春、郭金云等：《建设服务型政府与完善地方公共服务体系》，中央编译出版社 2015 年版。

［美］金·卡梅伦：《组织有效性：在积极组织学说演变中的湮没与再生》，转引自史密斯、希特主编《管理学中的伟大思想：经典理论的开发历程》，徐飞、路琳译，北京大学出版社 2010 年版。

金丽馥、陈红艳：《构建失地农民充分就业的长效机制》，《青海社会科学》2009 年第 6 期。

［英］科林·克拉克：《经济进步的条件》，商务印书馆 1940 年版。

孔祥智、张效榕：《从城乡一体化到乡村振兴——十八大以来中国城乡关系演变的路径及发展趋势》，《教学与研究》2018 年第 8 期。

赖德胜、李长安、张琪：《中国就业 70 年：1949—2019》，中国社会保障出版社 2019 年版。

劳动部就业问题研究小组：《中国农村就业问题研究》，载王郁昭、邓鸿勋《农民就业与中国现代化》，四川人民出版社 1999 年版。

李冬慧、乔陆印：《从产业扶贫到产业兴旺：贫困地区产业发展困境与创新趋向》，《求实》2019 年第 6 期。

李沛瑶：《正确分析中国农村就业形势，加强对农村就业工作的指导》，转引自劳动部、农业部、国务院发展研究中心中国农村劳动力开发就业试点项目工作小组（编）《中国农村劳动力开发就业启示录》，中国劳动出版社 1997 年版。

李天娇、曹广忠：《珠三角地区新生代农民工求职渠道特征及影响因素》，《城市发展研究》2013 年第 9 期。

李文琦：《论中国城乡一体化进程中的公共就业服务体系建设》，《云南行政学院学报》2012 年第 6 期。

李晓龙、冉光和：《农村产业融合发展如何影响城乡收入差距——基于农村经济增长与城镇化的双重视角》，《农业技术经济》

2019 年第 8 期。

练宏：《专栏导语：中国政府行为的注意力分配研究何以有特色?》，《公共行政评论》2020 年第 1 期。

梁辉：《农民工职业搜寻过程及其对职业向上流动的影响——基于搜寻与匹配理论》，《农业技术经济》2016 年第 2 期。

刘海莺、林木西：《公共就业服务述评：由 2010 年诺贝尔经济学奖生发》，《改革》2010 年第 12 期。

刘锐：《农村产业结构与乡村振兴路径研究》，《社会科学战线》2019 年第 2 期。

刘轩：《返乡创业失败人员职业转换意向及影响因素》，《技术经济与管理研究》2019 年第 10 期。

楼栋、郭红东：《影响大学生农村就业意愿的实证分析——以浙江省大学生为例》，《西北农林科技大学学报（社会科学版）》2008 年第 6 期。

卢亮、邓汉慧：《创业促进就业吗？——来自中国的证据》，《经济管理》2014 年第 3 期。

麻宝斌、董晓倩：《中国公共就业服务均等化问题研究》，《东北师大学报》（哲学社会科学版）2009 年第 6 期。

马春庆：《为何用“行政效能”取代“行政效率”——兼论行政效能建设的内容和意义》，《中国行政管理》2003 年第 4 期。

莫荣、廖骏：《国外就业理论、实践和启示》，中国劳动社会保障出版 2013 年版。

年猛：《“十四五”农村就业创业的战略思路与政策》，《中国劳动关系学院学报》2020 年第 5 期。

农业部课题组：《21 世纪初期我国农村就业及剩余劳动力利用问题研究》，《中国农村经济》2000 年第 5 期。

农业部课题组、张红宇：《中国特色乡村产业发展的重点任务及实现路径》，《求索》2018 年第 2 期。

蒲晓红、鲁宁宁、李军：《提升我国农业转移人口就业质量的途径——基于公共就业服务视角》，《上海行政学院学报》2015 年第

5 期。

［英］齐格蒙特·鲍曼：《工作、消费主义和新穷人》，郭楠译，上海社会科学院出版社 2021 年版。

强世功：《法理学视野中的公平与效率》，《中国法学》1994 年第 4 期。

［美］乔恩·埃尔斯特：《解释社会行为：社会科学的机制视角》，刘骥、何淑静、熊彩译，重庆大学出版社 2019 年版。

任义科、王彬、杜海峰：《网络还是市场：农民工流动的有效性——基于信息级联的研究》，《西北人口》2021 年第 1 期。

睢党臣、张朔婷、刘玮：《农村公共服务质量评价与提升策略研究——基于改进的 Servqual 模型》，《统计与信息论坛》2015 年第 4 期。

孙博文、谢贤君、程志强：《城乡劳动力市场一体化的可持续减贫效应——基于 OECD 绿色增长框架下的绿色减贫效率》，《生态经济》2019 年第 12 期。

孙德超、贺晶晶：《公共就业服务不均等的现实考察及均等化途径研究》，《河南师范大学学报》（哲学社会科学版）2011 年第 5 期。

王春城：《政策精准性与精准性政策——“精准时代”的一个重要公共政策走向》，《中国行政管理》2018 年第 1 期。

王德召、梁成艾、黄玖琴：《西部农村劳动力就业创业问题研究综述》，《中国成人教育》2014 年第 12 期。

王丽娟、刘彦随、翟荣新：《苏中地区农村就业结构转换态势与机制分析》，《中国人口·资源与环境》2007 年第 6 期。

王丽平：《我国公共就业服务机构建设研究》，《中国行政管理》2013 年第 9 期。

王美艳：《城市劳动力市场上的就业机会与工资差异——外来劳动力就业与报酬研究》，《中国社会科学》2005 年第 5 期。

王阳：《基本劳动就业创业服务建设与促进就业》，《中国软科学》2019 年第 3 期。

王郁昭、邓鸿勋：《农民就业与中国现代化：中国农村劳动力资源开发研究的十年》，四川人民出版社 1999 年版。

［英］威廉·配第：《政治算术》，商务印书馆 1978 年版。

韦吉飞：《新形势下农民创业问题研究》，博士学位论文，西北农林科技大学，2010 年。

吴泓、顾朝林：《基于共生理论的区域旅游竞合研究——以淮海经济区为例》，《经济地理》2004 年第 1 期。

吴瑞君、薛琪薪：《中国人口迁移变化背景下农民工回流返乡就业研究》，《学术界》2020 年第 5 期。

吴向东：《论马克思人的全面发展理论》，《马克思主义研究》2005 年第 1 期。

吴要武、陈梦玫：《当经济下行碰头就业压力——对中国城乡劳动力市场状况的分析》，《劳动经济研究》2018 年第 3 期。

谢玲红、吕开宇：《“十四五”时期农村劳动力转移就业的五大问题》，《经济学家》2020 年第 10 期。

谢秋山、陈世香：《中国农民公共就业服务政策演变的逻辑、趋势与展望》，《中国农村经济》2021 年第 2 期。

谢秋山、陈世香：《中西部农村公共服务数字化转型面临的挑战及其应对》，《电子政务》2021 年第 8 期。

谢秋山：《中国地方政府创新有效性研究》，博士学位论文，武汉大学，2016 年。

谢秋山：《中国农民市场机会 70 年：回顾与反思》，《中国农业大学学报》（社会科学版）2019 年第 5 期。

谢小青、吕珊珊：《贫困地区农村剩余劳动力转移就业质量实证研究——以鄂西为例》，《中国软科学》2015 年第 12 期。

许晓红：《农村劳动力转移就业质量的个体特征及影响因素分析》，《内蒙古农业大学学报》（社会科学版）2021 年第 1 期。

杨璟：《安徽农村劳动力转移就业与农民持续增收互动共赢》，《安徽农业科学》2020 年第 21 期。

杨秀丽：《返乡农民工转职就业力的改进 Career EDGE 模型构建研究——以乡村振兴为背景》，《经济问题》2020 年第 3 期。

叶继红：《失地农民职业发展状况、影响因素与支持体系建构》，《浙江社会科学》2014 年第 8 期。

俞宪忠：《劳动密集型劣质就业均衡》，《学术界》2016 年第 11 期。

袁纯清：《共生理论兼论小型经济》，经济科学出版社 1998 年版。

［美］约翰·罗尔斯：《作为公平的正义——正义新论》，姚大志译，上海三联书店 2002 年版。

张大维：《城乡社区公共服务体系一体化建设研究》，华中科技大学出版社 2014 年版。

张宏军：《公共就业服务均等化及其实现路径》，《商业经济研究》2015 年第 10 期。

张亮、李亚军：《就近就业、带动脱贫与农民工返乡创业的政策环境》，《改革》2017 年第 6 期。

张文礼、卢少波：《甘肃省城乡基本公共服务均等化状况调查分析》，《西北师大学报》（社会科学版）2011 年第 4 期。

张秀娥、张峥、刘洋：《返乡农民工创业动机及激励因素分析》，《经济纵横》2010 年第 6 期。

赵军民、李廷臻：《长垣县“用工难”和“就业难”的情况分析》，《人才资源开发》2016 年第 17 期。

赵美玲、李小静：《经济新常态下大学生农村创业前景及实现路径研究》，《未来与发展》2016 年第 9 期。

折晓叶、艾云：《城乡关系演变的制度逻辑和实践过程》，中国社会科学出版社 2014 年版。

［美］珍妮特·V. 登哈特、罗伯特·B. 登哈特：《新公共服务：服务，而不是掌舵（第 3 版）》，丁煌译，中国人民大学出版 2016 年版。

郑功成、黄黎若莲：《中国农民工与社会保护》，人民出版社 2007 年版。

郑兴明、曾宪禄：《农科类大学生能成为新型职业农民的主力军吗？——基于大学生农村基层服务意愿的实证分析》，《华中农业大学学报》（社会科学版）2015 年第 5 期。

《中国农民工战略问题研究》课题组、韩俊、汪志洪、崔传义、金三林、秦中春、李青：《中国农民工现状及其发展趋势总报告》，《改革》2009年第2期。

周柏春：《乡村振兴动力梗阻因素及其破解——以公共政策调整为视角》，《理论导刊》2019年第7期。

周其仁：《机会与能力——中国农村劳动力的就业和流动》，《管理世界》1997年第5期。

周泽炯：《试论我国农村剩余劳动力转移与小城镇发展》，《农业经济问题》2004年第11期。

朱侃、郭小聪：《公共就业政策范式变迁及其逻辑研究》，《求实》2019年第5期。

朱侃、郭小聪、孙枭坤：《公共就业政策的变革与驱动机制》，《上海行政学院学报》2020年第1期。

朱艳艳、唐衡：《城市化进程中北京市农村劳动力转移与高质量就业问题探析》，《粮食科技与经济》2020年第4期。

卓玛草、孔祥利：《农民工收入与社会关系网络——基于关系强度与资源的因果效应分析》，《经济经纬》2016年第6期。

外文文献

Abraham Vinoj & Karthika Sasikumar, "Good Practices in Using Partnerships for Effective and Efficient Deliveryof Employment Services and Active Labour Market Policies in India", Employment Policy Department Employment, Working Paper No. 233, International Labour Office, December 2017.

Albert Otto Hirschman, *The Strategy of Economic Development*, New Haven: Yale Uniwersity Press, 1958.

Anderson, Dennis, and Mark W. Leiserson, "Rural Nonfarm Employment in Developing Countries", *Economic Development and Cultural Change*, Vol. 28, No. 2, January 1980, pp. 227–48.

Avila Zulum and Tian Guangzhe, "Good Practices in Using Partnerships for the Delivery of Employmentservices in China", *Employment Policy*

Department Employment, Working Paper No. 229, International Labour Office, June 2018.

Balducchi David and Christopher J. O' Leary, "The Employment Service – Unemployment Insurance Partnership: Origin, Evolution, and Revitalization", Upjohn Institute Working Paper No. 17-269, Kalamazoo, MI: W. E. Upjohn Institute for Employment Research. https://doi.org/10.17848/wp17-269, April 2017.

Barbier, Jean – Paul, Hansen, Ellen. And Samorodov, Alexander, "Public-Private Partnerships in Employment Services", ILO Working Papers No. 17, February 2003.

Bhalla, Gurwinder Singh Bhalla, and Peter Hazell, "Rural Employment and Poverty: Strategies to Eliminate Rural Poverty within a Generation", *Economic and Political Weekly*, Vol. 38, No. 33, August 2003.

Bryden Jane. & Bollman Ray., "Rural Employment in Industrialised Countries", *Agricultural Economics*, Vol. 22, March 2000.

Chitsike, Colletah, "Culture as a Barrier to Rural Women's Entrepreneurship: Experience from Zimbabwe", *Gender and Development*, Vol. 8, No. 1, March 2000.

Clare Leckie, Rebecca Munro, and Mark Pragnell, "Rural as a region: The Hidden Challenge for Levelling Up: A Report for the Rural Services Network", Pragmatix Advisory Limited, Rural Services Network, https://rsnonline.org.uk/images/publications/rural-as-a-region-the-hidden-challenge-for-levelling-up.pdf, 2022.

Cohen, Steven A., "Defining and Measuring Effectiveness in Public Management", *Public Productivity & Management Review*, Vol. 17, No. 1, 1993.

Dan Finn and Miguel Peromingo, "Key Developments, Role and Organizationof Public Employment ServicesinGreat Britain, Belgium-Flanders and Germany", International Labour Organization, https://www.ilo.org/global/publications/lang--en/index.htm, 2019.

Daniel Johnson, Marco Ercolani, Peter Mackie, "Econometric Analysis of the Link Between Public Transport Accessibility and Employment", *Transport Policy*, Volume 60, November 2017.

David L. Barkley, Mark S. Henry and Yunsoo Kim, "Industry Agglomerations and Employment Change in Non-Metropolitan Areas", *Review of Urban & Regional Development Studies*, Vol. 03, No. 11, November 1999.

Desmond King and Randall Hansen, "Experts at Work: State Autonomy, Social Learning and Eugenic Sterilization in 1930s Britain", *British Journal of Political Science*, Vol. 29, No. 1, January 1999.

Drucker F. Peter, *The Effective Executive*, New York: Harper Collins Publishers, Inc., 2002.

Dunn William N., *Public Policy Analysis: An Integrated Approach* (6th ed.), New York: Routledge, 2018, p. 69.

Dutta, Subrata, and Subhendu Chakrabarti. "Rural-Urban Linkages, Labor Migration & Rural Industrialization in West Bengal", *Indian Journal of Industrial Relations*, Vol. 50, No. 3, 2015.

D. Narasimha Reddy, A. Amarender Reddy, Madhusudan Bhattarai, N. Nagaraj and Cynthia Bantilan, "MGNREGS Implementationsand the Dynamics of Rural LabourMarkets", in Madhusudan Bhattarai, P. K. Viswanathan, Rudra N. Mishra & Cynthia Bantilan, eds, *Employment GuaranteeProgramme and Dynamicsof Rural Transformationin India: Challenges and Opportunities*, Springer Nature Singapore Pte Ltd., 2018.

Ephraim F. Sudit, *Effectiveness, Quality and Efficiency: A Management Oriented Approach*, Massachusetts: Kluwer Academic Publishers, 1996.

FAO, *Rural Women and Food Security: Current Situation and Perspectives*, Rome: FAO, 1998.

Fink Margit, Regina Grajewski, Rosemarie Siebel and Katja Zierold, "Rural Women in East Germany", in David Symes and Anton J. Jansen, eds. , *Agricultural Restructuring and Rural Change in Europe*, Wageningen: Agricultural University, 1994.

Frank M Häge, "Political Attention in the Council of the EuropeanUnion: A New Dataset of Working Party Meetings, 1995–2014", *European Union Politics*, Vol. 17, No. 24, May 2016.

Government of India Ministry of Labour & Employment Directorate General of Employment, *Employment Exchange Statistics* 2019, New Delhi: Government of India Ministry of Labour & Employment Directorate General of Employment, 2021.

Habermas Jurgen, *Between Facts and Norms: Contributions to a Discourse Theory of Law and Democracy*, trans. William Rehg, Cambridge: The MIT Press, 1996.

Hedley, Timothy P. , "Measuring Public Sector Effectiveness Using Private Sector Methods", *Public Productivity & Management Review*, Vol. 21, No. 3, 1998.

Herbert Alexander Simon, *Administrative Behavior: A Study of Decision-Making Processes in Administrative Organizations* (4th Ed.), New York: The Free Press, 1997.

Hugh Heclo, *Modern Social Politics in Britain and Sweden: From Relief to Income Maintenance*, New Haven and London: Yale University Press, 1974.

IBRD, Euroconsult and Centre for World Food Studies, "Farm Restructuring and Land Tenure in Reforming Socialist Economies, A Comparative Analysis of Central and Eastern Europe", World Bank Discussion Papers 268, 1995.

Ida J. Terluin, Jaap H. Post and Heino von Meyer et al. , "Lessons For Employment Creation in Rural Regions", in Terluin J Ida & Post H Jaap eds. , *Employment Dynamics in Rural Europe*, New York: CABI Publishing, 2000, p. 227.

International Labour Organization, "Rural Women at Work: Bridging the Gaps in Gender, Equality and Diversity & ILOAIDS Branch", https://www.ilo.org/wcmsp5/groups/public/---ed_protect/---protrav/---ilo_aids/documents/publication/wcms_619691.pdf, 2018: 1-3.

John Bordley Rawls, ed., *Justice as Fairness: A Restatement*, London: Harvard University Press, 2001.

Kumar Sachin, "The National Career Service of India: An Appraisal of a Dream that Could Come True", *Indian Journal of Career and Livelihood Planning*, Vol. 01, No. 04, December 2015.

Madhusudan Bhattarai and P. K. Viswanathan, "Introduction", in Madhusudan Bhattarai, P. K. Viswanathan, Rudra N. Mishra and Cynthia Bantilan, eds., *Employment GuaranteeProgramme and Dynamicsof Rural Transformationin India: Challenges and Opportunities*, Singapore: Springer Nature Singapore Pte Ltd., 2018.

Mark Bovens and Paul't Hart, "Frame Multiplicity and Policy Fiascoes: Limits to Explanation", *Knowledge and Policy*, Vol. 04, No. 8, December 1995.

Martin L. Philip, "Public Service Employment and Rural America", *American Journal of Agricultural Economics*, Vol. 59, No. 2, May 1977.

May Peter, "Policy Learning and Failure", *Journal of Public Policy*, Vol. 12, No. 4, December 1992.

Mirjana Radović Marković, "Rural Entrepreneurship and Sustainable Economic Development in Serbia", *Economics of Agriculture*, Vol. S1-2, No. 57, March 2010.

Ocasio William, "Towards an Attention-Based View of the Firm", *Strategic Management Journal*, Vol. 18, Special issue, December 1997.

OECD, *The New Rural Paradigm: Policies and Governance*, Paris: OECD Publishing, 2006.

Oppenheimer Terri, "10 Best Rural Jobs For 2022", https://www.universities.com/learn/articles/10-rural-jobs/, November 9, 2021.

Penchansky, Roy, and J. William Thomas, "The Concept of Access:

Definition and Relationship to Consumer Satisfaction", *Medical Care*, February 1981, Vol. 19, No. 2.

Perri 6, Diana Leat, Kimberly Seltzer and Gerry Stoker, *Toward Holistic Governance: The New Reform Agenda*, Houndmills: Palgrave, 2002.

Peter A. Hall, "Policy Paradigms, Social Learning, and the State: The Case of Economic Policymaking in Britain", *Comparative Politics*, April 1993, Vol. 3, No. 25.

Phan Thuy, Ellen Hansen and David Price, *The Public Employment Service in a Changing Labour Market*, International Labour Office, 2001.

Power Thomas Michael, "The Supply And Demand for Natural Amenities: An Overview of Theory And Concepts", in Gary Paul Green, Steven C. Deller and David W. Marcouiller, eds., *Amenities and Rural Development: Theory, Methods and Public Policy*, Northampton: Edward Elgar, 2005.

Roland Beshiri and Ray Bollman, "Rural and Small Town Employment: Structure by Industry", Agriculture and Rural Working Paper Series No. 50, July 2001.

Simon James Rita, "An Evaluation of the Effectiveness of Some Curriculum Innovations in Law Schools", *The Journal of Applied Behavioral Science*, June 1966, Vol. 2, No. 2.

Surajit Deb, "EmploymentOpportunities Across Social Classes in RuralIndia", *Social Change*, Vol. 1, No. 49, March 2019.

Tine Andersen, Lizzi Feiler and Gregor Schulz, "The Role of Employment Service Providers: Guide to Anticipating and Matching Skills and Jobs", Vol. 4, No. 26 January 2016, https://www.ilo.org/skills/areas/skills-training-for-poverty-reduction/WCMS_445932/lang--en/index.htm.

Tom Ling, "Delivering Joined-up Government in the UK: Dimensions, Issues and Problems", *Public Administration*, Vol. 80, No. 4, December 2002.

Verma Shilp and Shah Tushaar, "Beyond Digging and Filling Holes: Maximizing the Net Positive Impactof MGNREGA", In Madhusudan Bhattarai, P. K. Viswanathan, Rudra N. Mishra & Cynthia Bantilan, eds., *Employment Guarantee Programme and Dynamicsof Rural Transformationin India: Challenges and Opportunities*, Springer: Springer Nature Singapore Pte Ltd., 2018.

Xulia González, Jordi Jaumandreu and Consuelo Pazó, "Barriers to Innovation and Subsidy Effectiveness", *The Rand Journal of Economics*, Vol. 36, No. 4, December 2005.

后　记

本书是笔者主持的教育部人文社科青年基金项目“共生理论视阈下农村就业创业服务体系优化研究”（项目编号：19YJCZH196）的最终成果。

公共就业创业服务是弥补劳动力市场失灵，促进劳动力市场上供需平衡的重要手段和工具。当前，我国依然有大量农村劳动力在县域乃至乡村就业创业，也有大量进城务工劳动力徘徊在城乡流动就业之中，如何促使这部分农村劳动力真正实现高质量充分就业，并稳定下来顺利实现市民化，是当前国家政策关注的焦点问题，也是农业转移劳动力自身热切期望的民生发展问题。正是基于这种思考，博士毕业后我决定把农村劳动力就业创业和公共服务结合起来，聚焦到农村就业创业服务这个研究主题，并将其作为自己基金课题申报的主题，进而有了这本略显单薄的著作。

从 2019 年开始，历经三年，团队围绕农村劳动力就业问题先后承担了湖南省社科基金项目、湖南省教育厅重点项目等相关研究课题，力图在农村就业创业及相关服务体系建设领域有所突破，也取得了一系列成果，发表相关论文 6 篇，其中 CSSCI 来源期刊 3 篇。这些成果均在本书中有所体现。未来我们将以本书研究成果为契机，继续围绕农村就业创服务体系和农村劳动力高质量充分就业问题展开研究，并期待有新的研究成果得以延续和深化相关主题研究。

最后，要特别感谢教育部人文社科基金和湖南省普通高校“十三五”专业综合改革试点项目的资助。同时，在本书写作过程中，很多亲朋好友以及我的研究生李琳杰、张瑶、卢洋洋都在实地调研和数据搜集整理等方面提供了很多帮助，在此一并表示感谢。

谢秋山

2022 年 12 月 8 日